한국교회와 선교사

대전 I

한국교회와 선교사

대전 I

손석원 지음

KSI 한국학술정보[주]

머리말

한 나라의 흥망성쇠는 외세의 침입이나 내부의 변혁이 아니라 순교자의 피에 달렸다고 해도 과언이 아니다. 한국의 선교역사를 보면 수많은 역경과 고난의 과정에서 오늘에 이르렀다. 한국의 선교는 다른 나라도 비슷하겠지만 선교사의 숭고한 순교정신에 의해 싹 트게 되었다. 한국교회가 이제는 세계에서 크게 성장했다고 자랑하지만 그 이면을 보면 말할 수 없는 고난과 시련의 역사이다. 아울러 이름 없이 빛도 없이 눈물로 자기의 청춘을 송두리째 미지의 땅 한국에 완전히 바친 무명의 선교사가 있었기에 오늘의 한국교회가 존재한다. 만약 그들의 희생과 인내가 없었다면 오늘의 한국교회가 존재할 수 있을까?

본서가 다른 책과 다른 것이 있다면 첫째, 단순히 한국에 온 선교사를 나열한 것이 아니라 그들의 선교 사역을 집중적으로 다루었다. 둘째, 그 선교사들의 연보나 사진을 첨가하여 생동감 있게 다루었다. 셋째, 각 교단별로 선교사역한 대표적인 선교사를 안배하여 균형 있게 구성하였다. 넷째, 특히 부록에 한국성경 전래역사 등 역사적인 선교자료를 추가하였다. 기타 참조할 자료는 홈페이지를 첨가하여 더 연구할 수 있도록 하였다.

본서는 그동안 여러 해 동안 학생들에게 지도하면서 다루었던 한국에 온 선교사들에 대하여 틈틈이 정리한 것이다. 그동안 나를 물심양면으로 아낌없는 조언과 함께 지도해주신 증경 총회장 이규진 목사님과 늘 채찍질하여 주신 증경 총회장님이신 김재용 목사님께 이 지면을 통해 진심으로 감사를 드린다. 그리고 이 책을 정리, 출판하는 데 불철주야 수고한 나의 사랑하는 제자들이 있었기에 가능했다. 막상 출판하려니 부족한 부분이 많음을 발견하게 되었다. 그래서 망설였지만 새로운 측면에서 더 좋은 글이 나올 수 있도록 노력할 것이고 앞으로도 여러분들의 지도와 편달을 기대하면서 필자는 더 열심히 노력할 것이다.

그리고 이 책이 한국선교지망생들에게 조금이라도 도움이 된다면 무한한 기쁨으로 생각할 것이다. 끝으로 서구선교사님들의 수고에 다시 한번 머리 숙여 감사드리며, 그들의 고귀한 희생을 우리 한국교회는 깊이 간직하며 이제 세계에 복음을 전하는 데 혼신의 노력을 아끼지 말아야 할 것이다. 나아가서 한국교회는 더 많은 선교사들을 해외에 파송하고 관리하는 데 최선을 다해야 할 것이다. 이 책이 나오도록 기도와 후원한 김오복 사모와 문장 하나하나 토씨 하나를 밤을 세워 교정한 이수환 박사, 바쁜 선교사역에도 열심히 수고한 김민섭 목사, 그 외 이름없이 빛없이 수고한 김에이미 씨, 이 책을 뒤에서 정신적으로 자문해 주신 선교 동역자 박희성 박사님, 그리고 한국학술정보에서 수고하신 담당자에게 지면을 통하여 진심으로 감사를 드립니다.

2011년

손석원

성기호 박사_전 성결대학교 총장

미국 유학을 하며 기독교의 구원관과 불교를 비교 연구하였고, 필리핀에 유학하며 미신화된 천주교를 고찰한 손석원 박사께서 『한국교회와 선교사 대전 Ⅰ』을 펴내신다기에 그 원고의 일부를 읽어보았다. 기독교가 전파되는 과정에서 토속신앙과 결합한 변형된 형태의 기독교가 있고, 기독교 기본진리를 고수하려다가 겪는 순수 신앙의 소유자들도 있다.

신라시대에 우리나라에까지 전파된 것으로 알려진 경교(景教)의 시작과 중국을 통해 우리나라에 들어온 과정 등은 한국에 언제 기독교가 전파되었나를 논하는 이들에게 흥밋거리가 될 만하다. 경교를 정통 기독교로 인정하기는 어렵겠지만 신라시대에 십자가 문형과 복음이 전해졌다고 하는 것은 시사하는 바가 클 것이다.

직접적으로 한국에 와서 복음을 전하지 않았어도 한국 선교에 영향을 끼친 이들을 찾아 연구하고 그들의 사역을 기록하는 것도 필요하리라 본다. 그리고 한국 선교를 위해 개척자적인 고난을 겪었던 분들과 성공적 선교를 이룬 이들을 조명함으로 『한국교회와 선교사 대전 1』은 선교의 올바른 방향을 생각해보도록 하는 귀한 자료가 될 것이다. 피상적으로만 알던 선교사들의 삶과 사역을 상세하게 소개하는 내용들도 선교사(宣教史) 연구에 귀중한 사료(史料)가 될 것이다.

『한국교회와 선교사 대전 1』은 선교를 받던 나라에서 선교사를 파송하는 선교국으로 발전한 한국교회와 파송된 선교사들이 어떤 자세로 선교에 임하여야 할까를 생각하게 하는 선교의 지침서 역할도 할 수 있으리라 생각한다. 학생들을 지도하는 한편 지도안을 손질하여 책으로 출판하는 손석원 박사의 세심함과 부지런함이 한국 선교는 물론 세계 선교에 필요한 자료들을 계속하여 발굴하고 출판할 수 있기 기대하며 『한국교회와 선교사 대전 1』 발간을 축하하는 바이다.

정흥호 박사_아세아연합신학대학교 선교학 교수

세계 선교의 방향을 보면 한국 선교의 역할이 그 어느 때보다도 중요해졌다. 서구선교에 비하면 우리 한국선교는 후발주자임이 틀림없다. 그러나 현재의 상황은 서구 선교의 힘이 미약해 지고 있는 반면에 한국선교는 비약적인 발전 도상에 있다. 이는 그만큼 더 책임감이 무겁다는 것이며 해야 할 일이 많다는 것을 의미하는 것이기도 하다. 이렇게 주어진 하나님의 선교를 지혜롭게 잘 감당하기 위해서는 무엇보다도 역사를 통해 잘 배워서 적용해야 한다.

이번에 선교학계에서 오랫동안 공헌하시고 후학들을 위해 꾸준히 가르쳐 온 손석원 박사님께서 역사적 관점에서 믿음의 선배들을 조명해 주신 것은 선교사가 되었거나, 선교에 관심을 갖고 배우고 있는 사람들에게 매우 유익한 책이 될 것이다. 각 시대의 인물사별로 선교사역을 알아봄으로써 앞으로 선교를 감당해야 사람들에게 어떤 점에서 귀감이 되며, 어떤 점을 우리가 지혜롭게 피해 가야 하는지를 알아가게 될 것이다.

선교사역을 하는 사람들에게 있어서 결단코 희생을 피할 수는 없다. 그러나 우리가 불필요한 희생을 해서는 안 된다. 우리가 사용하고 있는 것은 하나님의 자원이며 성도들의 고귀한 헌금과 기도이기 때문이다. 부디 손석원 박사님의 이번 저술을 통해 선교역사에 남는 선배들의 행적이 후배 선교사들에게 잘 전해질 수 있기를 바란다.

아시아에 기독교를 뿌린 선교사 네스토리우스

(Nestorius, 381~451)

Ⅰ. 서론

한국에 기독교가 언제 유입되었는가에 대한 논쟁은 Nestorius를 어떻게 보느냐에 따라 다르다. 어떤 학자는 Nestorius를 한국에 유입된 것을 부정하는 자도 있고, 또 다른 학자는 Nestorius가 중국을 경유하여 최초로 한국까지 유입되었다고 보는 자도 있다. 기독교의 동방을 향한 선교진출은 메소포타미아 서북방지점에 있는 Edessa를 최초의 기점으로 한다. Edessa는 지리적으로 유브라테스 강 동쪽에 위치하고 있으며 안디옥의 동방 약 60마일 지점에 있는 작은 도시다. 현재 Urfa 이름으로 바빌로니아 왕조 이래 알려진 고장으로 아람어를 사용하였다. B.C. 332년 알렉산더 대왕에게 점령되어 한때 그리스의 영토가 된 일이 있었으나 B.C. 335년 시리아의 국왕 셀기스 1세가 시리아 일부임을 선포한 이래 이 Urfa는 Edessa라는 이름으로 불리게 되었다.

Nestorius는 원래 안디옥 근처 수도원의 한 수도사로서 학식이 높고 설교가 능한 자였는데 콘스탄티노플의 감독직을 두고 알력이 심해지자 황제 Theodosius II는 아무 파에 소속되지 않은 Nestorius를 파송하였다. Nestorius는 A.D. 431년 에베소에서 열린 제3차 전(全) 교회회의(3rd Ecumenical Council)에서 당시의 동로마제국 수도 콘스탄티노플(Constantinople)의 주교였던 Nestorius가 마리아를 '그리스도의 어머니'(Christotokos: Mother of Christ)라고 불러야 된다고 주장하는 것을 이단으로 정죄하면서부터 생겨난 기독교의 한 분파다.

그 당시 대부분의 교회는 마리아를 '하나님의 어머니'(Theotokos: Mother of God, 神母設)라고 인정한 때였다. 그런데 Nestorius가 콘스탄티노플의 감독으로 취임할 때(A.D. 428), 예수의 신성을 강조한 사람들과 인성을 강조하는 사람들 간의 신학적인 갈등이 있었다. 그때에 Nestorius는 중도의 입장으로 마리아를 '그리스도의 어머니'로 부르는 것이 좋겠다고 여겼다. 그러나 Nestorius가 제국의 수도인 콘스탄티노플의 감독이 된 것에 대해 시기하고 질투하던 매우 정치적이고, 성격이 간교한 Alexandria의 감독 Cyril이 Nestorius의 그런 주장에 대하여 정치적으로 시기하여 'Nestorius는 그리스도의 신성을 부정했다'고 문제를 제기하기 시작되었다. 이 문제는 급기야 교회의 뜨거운 논쟁으로 확대되어 이 문제를 해결하기 위해 에베소회의를 소집하였다. Cyril은 간교한 방법으로 Nestorius를 이단으로 정죄하는 데 성공하였다. S. H. Moffett는 이 회의에 대해서 고대기독교회사에서 그 중요한 일곱 차례의 공의회 중 가장 격렬하고 또 가장 형평을 잃은 회의라고 했다.

이단으로 정죄된 Nestorius는 에베소 공회의 결정을 인정하지 않던 그의 추종자들과 함께 로마제국에서 살 수 없게 되었다. 그들은 페르시아의 Edessa에 정착하여 사산왕조(226~637)하의 페르시아의 보호를 받게 되었다. 자기 영토 내에 로마의 어떤 세력도 인정하지 않으려는 페르시아 국왕은 Nestorius파의 학설을 수용하게 되어 페르시아에서는 번창하게 되었다.

451년 Chalcedon공회의에서 이단으로 확정된 Nestorius는 서방교회와 관계를 끊고 스스로 '앗시리아 교회' 혹은 '갈데아 교회'라고 부르면서 독자적인 교회로 성장해 갔다. Edessa에서 Nisibis로 근거를 옮긴 뒤 674년 페르시아가 아라비아에 의해 멸망당한 후 회교권의 지배에도 불구하고 칼리프의 신임을 얻어 본거지를 Baghdad로 옮겨 더욱 교세 확장에 힘썼다. 그 후 아라비아의 Petra로 다시 유배되었다가 결국에는 이집트의 먼 사막으로 끌려가 451년에 사망하였다. 그러나 그의 제자들이 페르시아(현재의 이란)제국에서 피난처를 찾아 그곳에 수도원을 세우고 전도하여 메소포타미아, 페르시아 교회를 설립하였는데, 이 교회가 네스토리안 교회이다. 이들은 그곳에 신학교를 세우고 인재를 양성하여 각지에 선교사를 파송하여, 인도, 아라비아, 중국, Tartary까지 퍼져 나가 전도를 하였다. 이 Nestorius교회는 5세기 중엽, 페르시아 내에서 상당히 왕성하게 발전하였으며, Baghdad를 중심으로 멀리 인도와 더 멀리 중국에 이르기까지 교세를 확장하는 크나큰 선교 사업을 수행하였다.

Ⅱ. 네스토리우스의 중국 전래

Nestorius파가 중국에 전래한 때를 唐(618~907) 왕조 초기였다고 보지만 어떤 학자는 後漢(A.D.) 왕조 때에 순수한 불교가 아니라 기독교와 혼합된 불교가 전래되었다고 본다. 한국에도 삼국시대에 처음 불교를 가져온 이들 가운데 적어도 한 부분은 경교 그리스도인이었을 것이라는 추론이 있다. 4세기경 페르시아 국내에서 심한 박해가 일어나자 이를 피하기 위해 Kunai Thomas라는 무역상의 안내를 받아 약 400명의 일단이 인도 Marabhal에 도착하게 되었다.

네스토리우스 유행 중국비 781년,
중국 서안 소재

1625년 중국 西安府 근처에서 발견된 큰 돌 비석머리에 '大秦景教流行中國碑'라고 쓰였다. 이 비는 시리아어와 중국어로 쓰여 졌는데 Nestorius선교사들이 어떻게 중국에 와서 선교를 했는지를 상세히 기록되었다. 이 비에 의하면 Alopen(아브라함의 중국 이름, 阿羅本)이 선교단장으로 중국 長安에 도착한 것이 주후 635년이고, 이때가 당 太宗(629~649) 9년이었는데 그는 신하 房玄齡을 파견하여 뜻하지 않게 따뜻한 대접을 받았다. Alopen(Abraham, 阿羅本) 등 21명의 일행은 의전 재상인 房玄齡의 환영을 받았다. 태종은 Alopen의 설교를 듣고 크게 기뻐하였고 당에 전래된 경교는 왕실의 보호와 지지를 받았다. 638년 7월에 태종은 '이 종교는 도덕적으로 숭고하며 심오한 신비성을 풍부히 가지고 평화를 존중하는 종교이므로 나라가 공인하는 종교로 한다.'는 칙령을 내려 공인하고, 선교를 허락하였으며, 638년에는 토지를 하사하였고, 국비로 派斯寺도 건립케 하였으며, 경전을 번역하게 하였다. Alopen은 641년까지 시리아로 된 경전 중에서 '예수메시아經', '一神論', '一天論', '世尊布世論' 등 몇몇 경전을 번역하여 전도활동을 하였다. 고종 때에는(650~638) 경교가 더욱 활발하여 국교로 인정을 받고, 전국 각지에 사원이 건립되었으며

Alopen에게 높은 관직까지 주었다.

당나라에서는 이 Nestorius가 서역에서 온 색다른 종교를 페르시아에서 왔다고 하여 派斯教라고 하였고, 후에 이 종교의 진원지가 로마라는 것을 알고 로마라는 한자인 大秦이라는 말에 따라 大秦教라고 불렀다. 그러나 후에는 광명의 종교란 의미인 '경교'(景教)라는 이름으로 당에서는 불렀다. 그 경교는 여러 왕들의 호혜에 의해 세력이 상당히 확대되었다. 태종은 Alopen에게 秦國大法主라는 관직을 부여하였고, 10도와 385주에 경교 사원을 건립하도록 명령하고, 태종 때에는 성탄절에 향과 음식을 하사하고 축하하였다. 당나라는 285년간 계속되었는데 경교는 약 250년간 황실의 보호와 국민들의 호응 속에서 착실하게 그 선교의 영역을 확장하였다. 경교는 초기에는 당나라의 여러 지역에 전파되었다. 수도인 장안을 비롯하여 洛陽, 霙武, 沙州, 成都, 廣州 등지에 경교사원이 건립되었다. 그 당시에는 고위관리들 중에도 경교를 신봉하는 자도 있었는데, 현종 때에는 高力士, 숙종, 대종, 덕종 때의 명장 郭子儀와 伊斯였다.

특히 이 무렵 고구려 멸망 때에 당나라에 포로로 끌려간 고구려의 후예들이 그곳에 만연된 경교를 접촉했을 것이다. 현종의 친구로서 景教大秦寺에 황제의 五聖眞寫를 안치하기 위하여 칙사로 갔던 대장군 高力士, 郭子儀와 함께 안녹산의 난을 평정하고 북경유수하동절도사 겸 어사대부에까지 이른 王思禮, 숙종 때에 영주부장을 지내고, 그 후 정일품의 司徒 겸 太子太保를 걸쳐 饒陽郡王으로 봉해진 李正己 등은 경교에 접촉했을 것이다.

8세기 후반 대종과 덕종 때에 경교승 景淨의 활동이 활발하였다. 그는 郭子儀와 伊斯의 지원을 받아 기념비를 건립하고 경교경전을 번역하였고, 781년에 장안에 大秦景教流行中國碑를 건립하였고, 志玄安樂經, 大秦景教宣元本經, 景教三威蒙度讚, 尊經을 번역했다. 大秦景教流行中國碑는 경교가 중국에 성행하게 된 것을 기념하기 위해 세운 것인데, 신의 존재와 인간의 죄악, 예수의 탄생과 전도, 635~781년간의 중국에서의 경교의 선교 역사, 그리고 경교는 광명이 충만한 종교이고 당나라 황제들에 대한 칭송 등이 기록되었다.

중국은 경교를 수용하여 토착적인 성격이 되었다. 경교는 중국의 전통을 수용하여, 동양의 효와 조상숭배를 용납하였고, 일부다처제를 묵인하였다. 그들은 성령을 玄風, 기도를 修功德, 수도사를 僧, 주교를 大德, 죄악을 惡業, 삼위를 三身 혹은 三威, 천부를 天尊 등으로 번역하였다. 경교가 2백 년 동안 중국에서 존재할 수 있던 이면에는 이와 같은 수용정책이 있었기에 가능했다. 경교가 당나라에서 성행하던 것이 9세기 중엽부터 쇠퇴하기 시작하였다. 694년에 중국에 들어와 천문학 등으로 중국문화에 공헌한 마니교를 박해할 당시에 경교도 박해를 당하게 되었다. 9세기 중엽 열렬한 도교 신자였던 武宗(840~846)이 등극하면서 외래 종교를 탄압하려고 845년에 외래종교의 척결을 선포하였는데, 이것은 나라가 어려움에도 많은 농토와 재산을 소유하고 있던 불교사원들의 승려들이 무위도식하는 것에 대한, 주로 불교를 겨냥한 것이었다. 불교와 더불어 경교에도 3,000명 이상의 경교와 조로아스터교(Zoroastrianism) 사제들이 환속을 당했다. 845년 '회창멸법'으로 경교가 핍박을 받아 많은 경교 승들이 환속되고, 경교 도들이 개종하거나 흩어지게 되었다. 중앙아시아나 북방 몽고 지방에 도망한 이들은 13세기 몽고가 등장할 때에 '也理可溫' 혹은 '阿爾開溫'이란 이름으로 나타났다. 이 말은 몽고어로 Arkaun, Arcoun, Arkaiun, Erkeun 등을 한자로 음역한 것으로 '福分人' 또는 '복음을 섬기는 자'라는 뜻이다.

따라서 경교는 당나라에서 더 이상 존속하기 어렵게 되어 당 태종의 호혜 아래 150년간 탄탄하게 성장한 경교가 역사의 종말을 맞게 되었다.

Ⅲ. 경교와 한국인과의 접촉

경교가 중국에서 활발하게 선교되고 있을 때 한국은 신라가 삼국을 통일하던 때였다(668년). 신라(B.C. 67~A.D. 935)는 당과 동맹관계를 맺어 백제와 고구려를 멸망시키고 한반도를 통일하였다. 그 뒤 당나라와 신라는 6년간(670~676) 전쟁이 있었으나, 그 뒤에는 두 나라는 밀월관계를 유지하면서 지냈다. 더욱이 두 나라는 상호 교역이 활발하였는데 중국 해안 지역에 신라인의 거주지인 新羅坊과 관청인

新羅所, 그리고 신라인들의 해상활동과 해외 안녕을 빌었던 新羅院이 있었다. 여기에서 당나라와 이렇게 밀월관계를 유지하였던 신라가 200년간 번창하였던 경교를 만나지 않았다고는 못할 것이다.

경교가 신라에 유입되었다고 언급한 외국학자가 있는데, 그는 영국의 여류 고고학자인 E. A. Gordon이다. 그녀는 기독교의 동양전래 및 기독교와 불교의 교류에 대한 연구에 전념하며 한국에 수년간 머물면서 한국의 경교 전래 가능성을 인정했다. 그녀는 경주 불국사 내에 觀音菩薩像, 羅漢像 등의 불상에서 경교의 흔적을 볼 수 있다고 말했다. 또한 통일신라시대의 능이나 묘 앞에 세운 武人像 등에서도 경교의 흔적을 볼 수 있다고 주장하였다.

그녀는 자기의 연구를 기념하기 위하여 금강산 장안사에 大秦景敎流行中國碑의 모조비를 건립하였는데 이 비가 1917년 발견되었다. 이 Gordon의 주장을 한국의 김양선, 오윤태, 이장식 등의 학자들은 수용하였다. 그중에서 김양선은 경교의 한국 전래의 가능성을 뒷받침하는 증거를 제시했다. 즉, 1956년 불국사 경내에서 발견된 돌 십자가, 마리아의 모습을 닮았다는 관음상, 또한 전남해남 대흥사에 소장되어 있다는 銅십자가 등이다. 김양선 목사의 『한국기독교 연구』에 의하면, 일찍이 Jesuits의 신부로 중국 명나라에 선교하러 왔던 Matteo Ricci는 경교에 관해 기록한 한국 서적을 본 일이 있다고 했고, 조선 후기의 실학자 李圭景의 五洲衍文長箋散稿에서 경교를 소개하고 있다. 김양선 목사는 통일신라시대의 陵墓制度의 특색이 되어 있는 護石에 부조된 十二支像이나 능묘 앞에 배치된 페르샤 武人像은 경교의 영향으로 보았다. 또 경주 석굴암 前室 양 벽에 부조되어 있는 八部神將 중 두 상이 페르샤 무인상과 비슷하고, 石窟 內壁에 부조되어 있는 十一面 觀音像, 十羅漢像, 梵天 및 帝釋天像 등의 衣紋과 발에 신은 샌들, 손에 든 유리잔 등은 모두 경교의 영향이라고 한다.

특히 도쿄 한인교회를 섬기었던 오윤태 목사는 1973년에 『한국기독교사 제1권』 韓國景敎史編을 저술하였는데, 그 책에서 경교가 한국에 전래되었을 것을 주장한다. 그는 小乘佛敎 때까지 자력적인 해탈을 강조하던 불교가 大乘佛敎 때에 와서 타력적인 해탈을 강조한 것이나, 불교의 미륵신앙과 기독교의 메시아 신앙과 관련문제,

관세음보살의 이적과 거기에 보이는 기독교적 요소의 문제 등을 볼 때에 한국기독교는 경교에 영향을 받았다고 말한다. 즉, 그는 한국에 전래된 淨土教 등을 볼 때 겉모양은 불교이나 그 내용은 기독교를 그대로 수용했으며, 예수의 이름이 彌勒佛, 阿彌陀佛로 바뀌어 전해진 것이라고 주장한다.

칭기즈칸(成吉思汗)은 자신의 대승을 예언한 기독교에 호감을 가졌으며 그들과도 혼인관계를 맺게 되었고, 그의 세 아들 夢哥, 忽必烈, 旭烈兀 등은 천하를 지배하였다. 그들은 그의 어머니의 기독교적인 교육의 영향을 받았으며, 후에 황제가 된 쿠빌라이(忽必烈)는 열정적인 신자로서 고려와의 관계가 깊었다.

원나라 세조인 쿠빌라이는 열렬한 기독교인으로 그의 딸과 사위(고려 충렬왕)에게 깊은 영향을 끼쳤을 것으로 추정한다. 충렬왕의 아들 충선왕이 재임 시에 행한 많은 불교의식과 축복행사는 기독교와 관련성이 있을 가능성이 있다. 원나라 군대 중에서 십자가 모양을 무기에 새긴 것을 보아 기독교의 영향으로 볼 수 있다. 만주 지방의 분봉된 내안(乃顔, Naiyan)이 원 세조에게 반기를 들었을 때, 십자가의 군기를 날리면서 전투하였는데 이때 내안은 참패하게 되자 주위에서 비웃음을 보내니 원 세조는 십자가를 조소하는 자들을 꾸짖으며 하나님께서 내안을 돕지 않은 것은 선한 십자가를 불의 목적에 사용하여서 하나님이 도와주지 않았다고 하며, 십자가는 정의로울 때만 도와준다고 위로하여 주었다고 한다.

일본의 문헌인『續 日本書紀에 聖武天皇紀』에 보면, 783년(당 開元 24년, 일본 天平 8년)에 당나라 사람 황보(黃甫)가 페르샤 경교 선교사 李密을 일본에 동반하여 보냈고 그들은 聖武天皇을 만났고, 李密은 의사였는데 원명은 Millis로 의료선교사임을 알 수 있다. 그렇지만 당시의 일본은 奈良朝의 불교 전성기였으므로 경교의 전파란 생각지도 못했다.

804년(延曆 23년), 고오보다이시(弘法大師)는 당나라에 건너가 장안 西明寺에서 수학했다. 그는 장안에 머물러 있는 동안 般若로부터 梵語를 배웠다. 이 반야는 大秦景教流行中國碑의 문장을 기초한 아담과 교제가 아주 두터운 사이였고, 또 이 둘은 협력하여 西明寺에서 오랫동안 같이 교제했다. 이런 이유로 고오보다이시는 아담과 깊은 경교에 대한 교류가 있었을 것으로 추정된다.

특히 괄목할 만한 것은 고오보다이시가 쓴『三教指歸』란 책의 결론에서 景教碑文 중의 道無常名 聖無常體라는 말이 있다. 이것을 보아 고오보다이시가 경교의 영향을 받았을 것이고, 아울러 일본에서 유명한 고오보다이시에 의해 크게 영향권에 있었을 것을 유추할 수 있다.

1928년 6월에는 압록강을 건너 우리 땅과 인접한 남만주 안산 부근에서 경교도의 많은 분묘가 발견되었는데, 거기서 7개의 人骨과 瓦製의 경교 십자가가 출토되었다. 그리고 동방박사의 아기예수 경배도가 조각된 큰 바위도 발견되었다. 이것으로 보아 당시 이 지역 일대에서 경교가 만연되었음을 알 수 있다. 한국에 기독교토착화 문제 연구자인 윤성범 박사는 발해에 크게 공헌한 것을 三一神教관념이라고 설명한다. 그런데 그 관념은 경교에서 영향을 받았다고 주장하면서, 그 경교의 전파는 제주도에도, 심지어는 일본에도 건너갔다고 본다.

오윤태에 의하면, 신라 말, 고려시대에 한국에 보급된 禪宗佛教는 기독교와 연관이 되었다고 본다. 선종불교의 교조인 달마가 예수의 12사도 중의 한 사람인 도마(Thomas)와 일치한다고 하면서 도마는 선교하려고 인도까지 왔다고 한다. 둘이 일치하는 근거로 달마는 머리에 수건을 썼는데 이는 유대 지방의 풍습과 비슷하고, 그의 얼굴과 용모도 유대인의 모습이었으며, 달마의 기일(10월 5일)이 희랍교회가 지키는 도마의 기일(10월 6일)과 같은 것을 거론하고 있다.

이상에서 신라시대에 경교가 한국에 들어올 가능성이 있었으나 사료가 빈약하여 입증하기 어렵다. 그러나 신라가 고려에 멸망을 당하고, 고려가 한반도를 치리하였을 때 경교가 아닌 로마 가톨릭이 한국에 스쳐간 흔적이 보인다.

Ⅳ. 중국의 경교와 선교방법

大秦景教流行中國碑石을 통하여 경교의 선교의 역사와 방법을 추론할 수 있다. 네스토리우스파 교회는 이전에 언급한 것같이 선교에 전념하는 교회였다. 그들의 선교 정책을 다음과 같이 나누어 설명할 수 있다.

첫째로, 네스토리안파교회가 중국에 들어와서 문화적 융화정책을 폈다. 그들은 선교하는 데 그 당시의 당나라의 문화를 파괴하는 정책을 펴지 않고 현지인들이 가지고 있는 문화를 수용하고 또 그들의 문화를 무시하지 않고 융화하려고 애썼다. 그리하여 타 종교와 중국의 문화를 포섭하였다. 먼저 그들은 기독교의 신앙과 교리를 전하기 위하여서는 불교와 유교와 또는 도교가 사용하는 용어를 사용하여 당시의 문화와 이질감을 줄였다. 天尊을 하느님으로, 世尊을 성자로, 閻羅王, 지옥, 천당 등이다. 또 조상의 제례를 수용하고, 황제의 초상화를 사원 안에 걸어놓고 충성 서약을 표현하기도 했다. 다른 종교가 실시하던 죽은 자의 기도회도 가졌다. 또 당시의 중국사회가 실시하는 일부다처제도 묵인한 것은 그 당시 중국 관리들과 충돌을 피하기 위한 하나의 선교정책이라고 할 수 있다.

경교의 복음전달 수단으로 보면 중국의 儒佛仙 三教의 문화적 표현과 예술을 모방한 것을 볼 수 있는데 이는 大秦景教流行中國碑石을 보아 알 수 있다. 경교비석의 맨 윗부분에는 雙龍이 珠玉을 받들고 있고, 그리고 그 아래에는 蓮臺 위에 십자가가 조각되었다. 또 그 蓮臺 아래는 白雲이 조각되었다. 여기에서 雙龍은 그 당시에 불교에서 잘 쓰던 상징으로 二大龍王을 상징하고, 蓮臺도 불교의 상징 중의 하나이고, 珠玉은 如意珠라는 불교적인 靈能을 상징한다. 그리고 白雲은 그 당시 도교와 회교를 상징한다. 그러나 경교는 불교나 도교의 상징물을 혼용하여 당시의 경교를 불교의 한 일파로 오해받기도 하였다.

둘째로, 경교는 문서를 통한 선교를 실시하였다. 당나라의 태종은 阿羅本을 영접하여 경전을 번역케 하였고, 경교비문을 작성한 景淨은 30여 종의 경전을 번역하였다. 경교비문을 보면 "경서를 궁내에서 번역하게 하였고, 황제는 내전에서 도를 묻고 그 참된 진리를 깊이 이해하여 전도를 특명으로 허락하였다(飜經書殿 問道禁闈 探知正眞 特命傳受)"고 한 것은 경교의 선교사들이 경교의 진리를 문서로 제작했음을 알 수 있다. 초기 경교 선교사들은 경교사전을 보면 용어의 표현이 불일치한 것을 볼 수 있다. 예를 들면 '메시아'를 한자음표기에 대하여 불교학자와 도교학자의 도움으로 이루어져 있기에 용어의 불일치함을 나타내고 있다. 그러나 경교 선교사들은 경서의 번역과 저술에 주력하여 많은 책을 출판하였다. 하지만 남아 있는 문헌으로는 10여 종에 불과하다. 그리고 그 문헌은 번역과 저술에서 난해한 점이 많고, 필사 과정에서 생긴 오자가 많아 이해하기가 쉽지 않다.

셋째로, 경교는 중국황제와 긴밀한 밀착관계를 유지하였다. 경교 선교사들 중에는 의술에 정통한 자들이 있었는데 이들 경교 선교사들은 선교에 잘 응용시켜서 활동하였다. 舊唐書에 보면 睿宗의 아들이자 玄宗의 동생인 憲이 병에 걸렸을 때에 경교의 선교사인 崇一이 치료한 것을 볼 수 있다. "開元 28년 겨울, 憲이 병들어 눕자 의사와 진귀한 음식을 보냈으나 별 차도가 없었다. 승려인 崇一이 憲을 치료하니 완쾌했다. 황제가 크게 기뻐하여 緋袍와 魚袋를 특별히 하사했다(舊唐書 卷95 <讓皇帝憲傳>: "開元. 二十八年冬 憲寢疾 上令中使送醫藥及珍膳 相望於路 僧崇一療憲稍瘳 上大悅 特賜緋袍魚袋 以賞異崇一)." 여기에서 승려 崇一은 불교 승려를 말하는 것이 아니라 경교 선교사를 의미한다고 王治心은 말한다. 또 경교 선교사들은 선교를 위해 중국황제에게 진귀한 물품들을 헌사하였고, 阿羅本이 중국에 왔을 때도 景書와 聖像을 황제에게 헌사했다(경교비문: 大秦國大德阿羅本 遠將經像 來獻上京). 則天武后 때에 경교가 어려움에 처해 있을 때도 羅含과 及烈이 진귀한 물건을 헌상하여 경교의 회복을 꾀했음을 알 수 있다.

이같이 경교는 어려운 일이 있을 때에 황제의 비호로 번성하였음을 알 수 있다. 경교는 선교하는 데 먼저 정치가들과의 우호적인 긴밀한 관계 속에서 선교의 정책을 펴고 있었다.

넷째로, 경교도들의 생활을 보면 그들은 그리스도인의 표시로서 십자가를 가지고 다녔다(印持十字). 그들은 나무의 종을 쳐서 복음을 전하였고(擊木震仁惠之音), 또 그들은 동편을 보고 예배를 드렸는데 이는 사람이 살고 번영하는 길이라고 생각했다(東禮趨生榮之路). 경교 승들이 수염을 기른 까닭은 성직자가 나가서 선교하기 위한 것이고, 머리를 깎음은 안으로 욕심이 없음을 뜻하기 때문이다. 남녀의 종들을 두지 않았는데 이는 사람에게는 귀천이 없고, 평등함을 실천하기 위함이며, 또 재물을 비축하지 않았는데 이는 재물은 남에게 나누어 주기 위함이고, 단식을 행하고, 계율을 굳게 지키며 하루에 일곱 번 예배와 찬미를 드리고 산 자와 죽은 자를 위로하고 칠일에 한 번씩 성찬을 베풀고, 마음을 씻고 뉘우쳤다(存鬚 所

以有外行 削頂所以無內情 不蓄臧獲 均貴賤於人 不聚貨財 示罄 遺於我齋以伏識而成 戒以靜愼爲固 七時禮讚 大庇存亡 七日一薦 洗心反素). 또한 사회사업 역시 경교를 전파하는 데 적지 않은 역할을 하였다.

당나라 초기에 들어와 당 말기까지 약 200년간 당나라에 유행한 경교는 중국문화와 역사에 많은 유물과 문화를 남겼다. 기독교의 진리를 중국에 최초로 소개한 것이 대표적인 업적이라고 할 수 있다. 635년 阿羅本이 당나라에 와서 황제에게 간청하여 4권의 기독교 서적을 한문으로 소개한 것이다. 이는 한문문화권에서 최초로 소개된 기독교의 서적이다. 그것은 예수의 가르침과 행적을 복음서 형식으로 저술한 序聽迷詩所經과 景敎一神論, 즉 喩第二와 一天論第一과 世尊布施論第三 등이다. 그 후에 약 150년이 지난 후에 저술된 것으로 추정되는 景敎後期文獻으로는 志玄安樂經, 大秦景敎宣元本經, 大秦景敎三威蒙度讚, 尊經, 大秦景敎大聖通眞歸法讚 등이 있다.

다음으로 당대에 경교는 경정(Adam)의 학문적인 노력으로 불교계와 친근한 교류가 이루어져 종교 간의 대화의 교류가 이루어졌다. 경정은 인도로부터 온 般若三藏法師와 胡本과 함께 六波羅密多經 7권을 한역하였다(786). 경정은 장안 義寧坊의 경교 대진사에 있었고, 그 가까운 곳에 西明寺라는 불교사원이 있어서 서로 상종하기 쉬웠으며, 이때에 일본에서 유학 온 弘法大師도 이 절에 거하였으므로 경정과 弘法大師는 접촉하였으리라고 추측된다. 경교와 불교와의 관계는 경전의 공동번역과 학자 간의 교류뿐만이 아니라 불교가 기독교의 여러 祭式을 모방한 것으로 본다. 먼저 불교는 사람의 사후의 삶에 대한 교훈이 빈약한데 기독교의 영생교리에 영향을 받는다. 그리하여 죽은 자를 위한 기도와 미사의식이 불교에 영향을 주어서 불교의 死者法會가 이때에 시작되었다. 그리고 淨土宗에서는 망혼, 곧 죽은 사람을 위한 법회의 기간을 7주, 즉 49일로 잡는데 이는 기독교의 사순절 절기의 기간과 같다.

경교도들은 기독교의 표시인 십자가를 가지고 있었다. 擊木은 선교를 의미하고 "仁惠之音", 곧 복음을 전한다는 말이다.

"東禮"는 동편을 보고 예배를 드린다는 말인데 초대교회의 교회 건축의 전통은 교회당을 동향으로, 곧 제단이 동쪽에 있으므로 교인들이 동향하여 예배를 드리게 되었다. 경교도들은 중국의 도교와 조상제사를 채택했다.

V. 경교의 교리적 내용

경교비문의 내용은 크게 두 가지로 나누어지는데, 즉 간단한 교리적인 진술과 중국의 景教 宣教史로 되었다. 비문의 교리적 진술은 중국의 재래 종교들의 철학적인 용어를 빌려 진술된 것이어서 그 의미가 매우 애매하고 막연한 면이 있으나 성서적으로 기본적인 교리에 어긋나는 것은 아니다.

1. 신론과 창조론

경교는 유일신을 설명할 때에 비유로 하는데 한 집에 한 주인이 있는 것같이 천지에는 유일신이 지배하고 있지만 사람의 눈에는 보이지 않는다고 가르친다. "비유로 한다면 하나의 집에는 하나의 집주인이 있고, 두 주인이나 혹은 세 주인이 없듯이 천지에도 오직 한 분의 신이 있고 둘이나 혹은 셋이 있을 수 없다. 한 분의 신은 천지에 계시며 볼 수 없는 것은 사람의 몸에는 혼백이 있는 것과 같다(警如一箇舍 一舍主 兩主 亦無三 天地唯唯一神 更無二 亦無三 一神在 天地不可見亦如魂魄在人身)." 이 유일신은 천하 어디에서나 편만하게 존재하며 시간과 공간을 초월하여 있는 무소 부재한 존재라는 것이다. 또 만물은 하나님을 드러내며, 일체의 만물이 하느님이라고 말한다. 이렇게 볼 때에 경교도들은 유일신 사상을 믿고 있으며 하나님의 존재양식을 '無接界'라고 하고 있다. 만물이 하나님을 드러내는 이유는 하나님이 만물을 지으셨기 때문이다. 그렇다고 하나님의 사상이 범신론적 사상은 아니다.

그들의 유일신 사상은 창조 사상을 전제로 하고 있다. 즉, 하나님의 영이 움직여서 빛과 어둠이 생기고 어둠이 바뀌어 천지가 개벽하며, 해와 달이 움직여서 낮과 밤을 지어내고, 하나님은 만물을 지으시고 사람을 만들었다고 설명한다(鼓元風

而生二氣 暗空易而天地開 日月運而晝夜作 匠成萬物 然立初人). 또 천지가 유일신이 창조자로 되었기에 그의 神力으로 천지가 안정되어 있다. 하늘은 그것을 떠받칠 기둥이 없이도 안정되어 있어서 위로부터 떨어져 내리지 않고 중심을 잡는다고 설명한다(譬如射人力既盡箭便落地 若神力不在天地必壞 由是神力 天地不敗 故天地 竝是一神之力 天不墮落 故知一神妙力不可窮盡 其神力無餘神 唯獨一神旣有).

경교에서는 하나님의 속성을 "常然眞寂"이라고 묘사하고 있다. 이 말은 하나님의 영원불변성을 말한다. 眞寂은 영원한 진리의 영계이며, 이 영계는 초월계다. "先先牙元"은 하나님의 선재와 만유의 시원으로 "알파"(계 1:8)를 의미한다. 그러므로 하나님은 만물의 근원을 말한다.

또 하나님을 "窅然靈虛"로 즉 사람이 만질 수 없는 심원한 존재이며, 무형무체의 영원한 존재다. 하나님은 만물의 마지막 오메가시니 "後後而妙有"로 만물이 다 가고 없어질 때도 없어지지 않는 신묘한 존재가 하나님이다. 또 하나님을 "元尊"이라고 표현한다. "尊"은 불교적인 표현이다. 경교에서는 성부를 天尊, 성자를 世尊이라고 호칭한다. 元尊은 곧 하나님을 의미하는데 그가 곧 우리의 삼위일체 하나님, 즉 三一妙身이다. 여기에서 그들은 삼위일체라는 용어는 쓰고 있지 않지만 삼위의 신비한 일체를 妙身이라고 표현하고, 하나님을 진 아라사, 곧 참된 주, 하나님이라고 부르고 있다.

둘째는 천지창조를 진술하고 있는데 십자를 가지고 서방, 곧 동서남북을 판정한다고 한다. 경교비문에 鼓元風而生二氣라는 말이 있는데 이 말은 창세기 1장 2절에 비추어 설명할 수 있다. 元風, 곧 하나님의 靈(風)이 수면에 운행(鼓)하시고 빛이 있으라 하시니 빛과 어둠(二氣)을 나누시다(生). 또 "暗空易而開天地"는 빛이 없던 어두운 하늘에 하나님이 빛을 만드시니 비로소 낮과 밤으로 나누어지게 되고 하늘과 땅의 구별이 있게 되어서 이 세계가 생겼고 해와 달이 움직이면서 낮과 밤이 왔다고 본다(창 1:5). "然立初人"은 최초의 사람을 지었다는 말인데 이는 아담을 의미한다. 여기에서 천지창조에 관한 내용이 매우 간단하나 하나님이 첫 인간을 창조한 것을 설명한다. 하나님은 사람에게 자기의 형상대로 良和, 곧 特質을 別賜로 인간을 다른 피조물과 구별한다는 말이다. 또 인간이 "化海" 곧 이 세상의 모든 피조물을 다스린다는 말이다.

2. 인간론

한 뿌리에서 두 싹이 나듯이 인간은 영혼과 정신으로 나누어져 있으며, 이 둘이 잘 조화하여 한 인간이 된다. 사람은 영혼과 정신 중에 한 가지만 없어도 완전한 사람이 될 수 없음을 말한다. 이는 데살로니가전서 5:23의 "너희 온 영과 혼과 몸이 우리 주 예수 그리스도 강림하실 때에 흠 없게 보전되기를 원하노라." 하신 말에 근거한 것이다.

경교문서에 "渾元之性虛而不盈"이라는 말은 인간의 순수함과 인의 본성을 잘 표현하고 있다. 이는 인간의 본래 본성은 욕심도 없고 악한 의지로 채워지지 않았다. 이와 비슷한 말로 "素蕩之心本無希嗜", 인간은 본래 소탕하여 즐기는 것을 추구하지 않는다는 인간의 순수성을 표현하고 있다.

"沙殫施忘"은 사탄의 악한 유혹을 받아 錮飾純精, 곧 순수하고 소박한 본성이 악한 의지로 꾸며져 그 본성을 흐리게 하였다. 이는 인간의 타락하는 경위를 설명하고 있는 창세기 3장의 아담과 하와의 타락하는 경위와 비슷하다. 인간이 타락한 이후 인간은 법을 만들어 서로 넘어지게 하고 우상을 섬기어 선악이 혼돈하고, 자기의 선을 가장하여 남을 꾀고 사람들의 마음이 날로 악해지고 그러므로 인간은 더욱 악해지고 있다.

3. 기독론과 구원론

성자를 '三一分身'이라고 표현한 것은 삼위일체 하나님의 分身으로 이해하는 것이다. 예수는 '彌施訶'라고 표현하는데 '戢隱眞威', 곧 하나님으로서의 참된 위엄을 숨기시고 혹은 자기를 비우시고 '同人出代', 곧 사람과 같이 되어(成肉身) 세상에 오셨다. 천사가 이 경사(慶事)를 선포하였으니 처녀가 성자를 로마제국에서 낳았다. 하늘에서 큰 별이 나타나서 성자의 탄생한 것을 파사에서 알고 예물을 바쳤다. 이 얘기는 예수의 탄생을 나타내고 있다. 예수 그리스도의 새 종교를 '新敎'라고 하고 또 '三一淨風無言'이라고 말한다. 三一은 삼위일체의 한 분인 예수를 말하고, 淨風은 그가 보낸 성령을 일컫는 것이다. 이 새 종교를 無言이라는 말로 형용하는데 이는 형용할 수 없다는 말이다. 이 신교가 '陶良用於正信', 곧 바른 신앙으로 감화를 주고 교회의 여덟 가지의 계율을 만들어서 신도들을 훈련시켜 험한 세상의 인간들을 참된 인간이 되게 하려 함에 있다. 이 말은 예수 그리스도를 통하여 인간의 重生과 新生의 聖業을 말한다. 또 이것은 '開生滅死'와 '破暗府'의 '聖業'을 진술한다. '三常之門'은 고린도전서 13:13의 믿음, 소망, 사랑을 의미한다.

예수 그리스도가 사탄을 하늘에서 박멸하였다는 말씀이 누가복음에 나타난 것을 '魔安於是乎摧'라고 표현하였다(눅 10:18). 그의 최후를 고난스러운 것으로 표현하지 않고 불교적인 표현인 '棹慈航以登明宮'이라고 표현하였다. 이 말은 순풍에 돛을 달고 저어서 하늘의 명궁으로 올라가셨다는 말이다. 그리스도는 자기의 영역에서 이미 구원을 성취하였다는 교리를 가르치기 위하여 '能事斯畢', 그는 구원의 사업을 능히 마쳤다는 말이니 이는 예수 그리스도가 "다 이루었다."는 말이다. 그리고 '亭午昇眞'이란 말은 낮 열두 시에 예수 그리스도께서 眞의 세계로 올라갔다는 말이다. 여기에서 昇眞이란 말은 예수가 3일 후에 부활보다 숨을 거두시고 召天되었다는 뜻이다. 경교에서는 예수 그리스도의 생애와 가르침이 신약성서에 기록됨을 "經留廿七部"라고 표현하였다.

4. 구원론

경교도들은 교회에 대하여 매우 귀중하게 여겼다. 교회가 없이는 신앙이나 교리가 전수될 수 없었기 때문이었다. 경교비문 57절에 다음과 같이 기록되었다. "所司卽於京義寧坊, 造大秦寺一所, 度僧二一人." 이는 관직자가 수도에 있는 義寧坊이라는 곳에 교회(9사원)를 세워 21명의 경교 승들을 취임하라고 명령했음을 알 수 있다. 또 경교비문에 61절에는 "天姿汎彩, 英郎景門"이라는 말이 있는데 이는 거룩한 교회는 점점 부흥하여 찬란하게 빛난다고 설명하고 있다.

그러나 경교도들은 경교 사찰, 즉 교회를 짓기 위하여 국가에 의탁하여 세울 수 있도록 요청한 것이다. 이는 그 당시 경교와 국가와의 관계가 밀접하여야만 하는 특수 상황에 처해 있음을 알 수 있다. 고종황제도 선조들의 선한 종교정책을 본받아 경교의 부흥에 노력했음을 알 수 있다. 고종황제는 모든 주에 경교의 사원을 세웠고, 阿羅本을 높여서 鎭國 大法主로 삼았고, 경교의 교리가 당나라의 十道에 전파되어 나라가 부유하게 되고 태평했으며, 각 도시마다 교회를 세우고 하나님의 축복이 번영하게 되었다. 이때에 하나님의 축복이 임한다는 사실을 각처에 알리도록 교회를 세우는 신앙의 중요성을 알렸던 것이다.

당나라뿐 아니라 세계 각국 어느 나라든지 교회가 각처에 세워지고 기독교가 흥왕하고 신자가 많아지는 것은 경제적이나 사회적으로 발전하면서 국가가 발전했기 때문이다.

Ⅵ. 결론

이상에서 본 바와 같이 네스토리안들은 431년 에베소 공회에서 정죄되어 동방으로 쫓겨나서 635년 중국 당조 때에 경교라는 이름으로 선교를 한 것이 기독교이다. 경교의 동방의 전래는 역사적으로 큰 의미가 있는데, 이는 기독교가 중국에 복음을 시추하는 첫 시도였다. 경교는 당조의 정치 지도자들과 친교를 도모하여 경교 승들에게 공식적인 명칭을 부여하기도 했다. 경교가 중국에서 크게 발전하고 있었을 때에 한국 사절단이나 유학하는 자들과 만남이 있었을 것을 추측할 수 있다. 이런 만남의 흔적은 불교의 벽화나 유물에서 발견할 수 있다. 경교의 교리는 정통 기독교와 크게 다르지 않으며, 선교적인 정신으로 경교 승들은 머리카락을 자른다든가, 수염을 기른다든가 하였다. 그들은 중국 지역에 오래 정착하지는 않았으나 동양에 선교를 시작한 점은 매우 의미 있는 일로 사려된다.

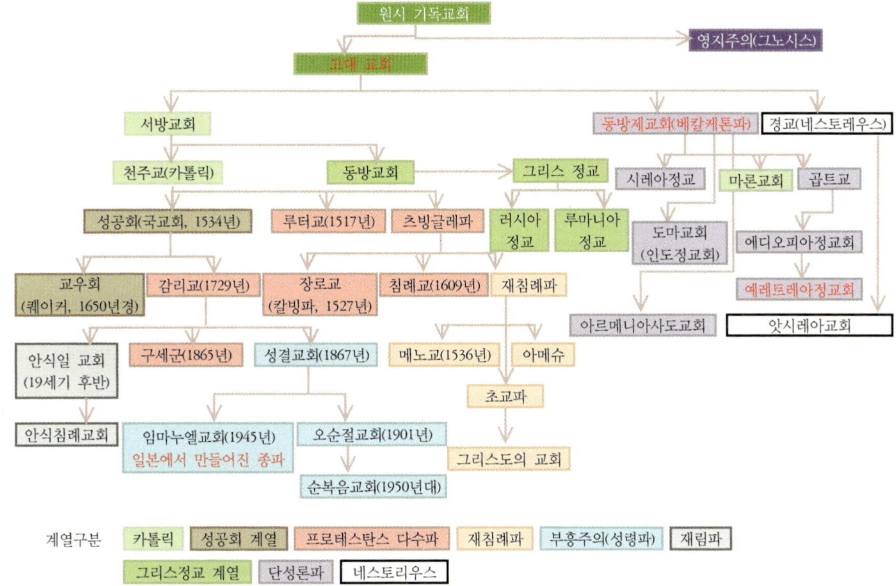

원시 기독교회
영지주의(그노시스)
고대 교회
서방교회
동방제교회(베칼케돈파)
경교(네스토레우스)
천주교(카톨릭)
동방교회
그리스 정교
시레아정교
마론교회
곱트교
성공회(국교회, 1534년)
루터교(1517년)
츠빙글레파
러시아 정교
루마니아 정교
도마교회 (인도정교회)
에디오피아정교회
교우회 (퀘이커, 1650년경)
감리교(1729년)
장로교 (칼빙파, 1527년)
침례교(1609년)
재침례파
예레트레아정교회
아르메니아사도교회
앗시레아교회
안식일 교회 (19세기 후반)
구세군(1865년)
성결교회(1867년)
메노교(1536년)
아메슈
초교파
안식침례교회
임마누엘교회(1945년)
일본에서 만들어진 종파
오순절교회(1901년)
그리스도의 교회
순복음교회(1950년대)
계열구분
카톨릭
성공회 계열
프로테스탄스 다수파
재침례파
부흥주의(성령파)
재림파
그리스정교 계열
단성론파
네스토리우스

출처: 코리투살(kori2sal.innori.com)

기독교의 종파 분열 시대순 도표화

참고문헌

김광수. 『아시아 기독교확장사』. 서울: 기독교문사, 1973.

_____. 『한국기독교전래사』. 서울: 기독교문사, 1974.

김인수. 『한국 기독교교회의 역사』. 서울: 장로회신학대학교 출판부, 1997.

김양선. 『한국 기독교사 연구』. 서울: 기독교문사, 1971.

_____. 『경교사상의 연구』. 신학사상 2집, 1973.

_____. 『아시아 고대기독교사』. 서울: 기독교문사, 1993.

오윤태. 『韓國基督敎史-韓國景敎史編』. 서울: 혜선문화사, 1973.

정대위. 『그리스도교와 동양인의 세계』. 서울: 기독교문사, 1986.

김기원. 『경교사상에 대한 연구』. 수원: 수원가돌릭대학교 대학원, 석사학위논문, 1992.

Moffett, Samuel H. 『아시아기독교회사 제1권』. 김인수 역. 서울: 장로회신학대학교 출판부, 1996.

Foster, John. *The Church of the Tang Dynasty*. London, 1939.

Latourette. K. S. *A History of Christianity*. New York: Harper and Row Publishers, 1953.

Gordon. E. A. *Christianity and the Mahayana*. Tokyo: Maruzen, 1921.

Schaff. P. *History of Christian Church. vol. III*. Grand Rapid: Eerdmans, 1953.

Stewart, John; Nestorian Missionary Enterprise.

http://100.naver.com/100.nhn?docid=37548.

중국선교에 초석을 놓은 선교사 마테오 리치

(Matteo Ricci, 1552~1610)

Ⅰ. 서론

16세기 말 유럽은 많은 변화를 맞이하고 있었다. 당시 북독일, 덴마크, 노르웨이 등 튜턴계, 북유럽은 프로테스탄티즘의 영향 아래에 들어가고 있었지만, 이탈리아 · 스페인 · 프랑스 등 라틴계 남유럽은 로마 가톨릭 교회로 남게 되었다. 루터의 종교개혁 이후 로만가톨릭에서는 광범위한 혁신 운동이 일어날 수밖에 없는 여건이었다. 그 결과 대표적인 혁신운동의 하나가 예수회의 설립이었다. 예수회의 설립 목적은 로만가톨릭 신앙을 지키기 위하여 전적으로 헌신하는 것이었다. 그 목적을 위해 예수회가 벌인 사역으로 첫째, 청소년 교육, 둘째, 신앙심의 확립, 셋째, 선교 활동, 넷째, 군주제후에 대한 봉사를 통한 국제정치상의 외교활동 등이었다.

이런 사역의 결과로 예수회의 활동은 성공적이어서 폴란드의 대부분 로만가톨릭 교인들을 회복하였고, 바바리아 · 벨기에 · 아일랜드 등은 로만가톨릭 세력을 유지하고, 더욱이 남아메리카 · 중국 · 일본 등지에 선교사를 파송하며 선교에 역점을 두었다. 또한 15세기에는 지리상 발견의 물결이 거세게 일어나고 있었고, 특히 15세기 중기를 전후한 회교도들의 진출 및 근동 지방에 있어서 오스만 터키족의 세력과 콘스탄티노플의 함락은 이미 진행시켜오던 서방측의 전도 사역을 더욱 부채질하였다.

이런 배경 아래로만 가톨릭이 선교사역의 중심에서 일하였던 예수회에서 중국을 복음화시키려는 시도를 하게 되었다. 이들 예수회 소속 신부들 가운데 마테오 리치의 중국 사역을 살펴보고자 한다.

Ⅱ. 마테오 리치의 생애

1. 이탈리아 시절

마테오 리치(1552~1610)와
서광계(1562~1633)

마테오 리치는 1552년 10월 6일 이탈리아의 Ancone 주 Macerata에서 9남 4녀 중 장남으로 태어났다. 마체라타는 로마로부터 북동쪽으로 약 160㎞, 아드리아해를 굽어보는 언덕 위에 세워진 도시였으며, 당시의 인구는 약 1만 3,000명이었다. 이때 이탈리아는 여러 개의 도시 국가들로 나누어져 있었는데, 마체라타는 교황국의 국경 내에 있었다. 약사인 아버지는 약국을 경영하는 한편 마체라타 시의 관직도 가지고 있었다.

마테오 리치는 장남으로 태어나서 세례를 받았다. 대가족의 살림을 관리하는 어머니와 정무종사에 바쁜 아버지는 어린 그를 할머니 라리아에게 보냈고, 그리고 나중에는 그 시에 살고 있던 시에나의 사제인 니콜로 벤치베니 신부에게 그의 교육을 맡겼다. 이미 철이 들기도 전에 마테오는 교회 맞은편에 있는 공관 안에서 그곳의 거리들만큼이나 확연하게 천주와 영적인 세계를 배워가면서 기도생활을 하게 되었다. 영성적인 훈련 안에서 기도드리는 일과야말로 그에게 있어서 가장 중요한 일이었다. 어린 마테오는 가정교사인 신부님 Nicolo Bencivengni를 따랐으며, 이후 장성해서는 그와 같은 사람이 되기를 원했다.

마테오는 그의 친구 코스타와 함께 벤치베니 신부에게서 이탈리아어와 라틴어를 배웠다. 코스타는 리치보다 한 살이 위였으며, 그도 후에 신부가 되었다. 마테오가 중국에서 선교할 때 중국에서 코스타에게 보낸 편지에서 벤치베니 신부에 대해, "우리가 가장 연약하던 시기에 우리를 가르쳐 우리로 하여금 현재의 위치에 오게 한 사람"이라고 표현하고 있다. 벤치베니 신부는 1559년에 천주교의 수도회인 예수회에 입회하였는데 리치는 매우 충격을 받았다.

마테오는 16세기에 예수회 중학교를 졸업하고, 1568년 법학을 공부하기 위하여 로마로 갔다. 로마는 마체라타에 비교할 수 없을 정도로 크고 활기에 넘치는 국제적인 도시였다. 한 예로 로마에는 각국으로부터 수많은 순례자들이 찾아오고 있었는데, 이들의 고해를 듣기 위해서 외국어를 할 줄 아는 신부들을 대기시켜 놓고 있었다. 성 베드로 사원에는 이탈리아어 외에 영어, 폴란드어, 프랑스어, 스페인어, 플라망어로 고해를 할 수 있는 고해소가 있었다. 순례자가 이 외국어들 중 어느 것도 할 수 없을 때, 곧 연락을 취하여 대기하고 있는 신부를 불러왔는데, 1590년대에는 27개국의 언어로 고해를 받을 수 있었다. 로마로 간 지 3년이 지난 뒤인 1571년에 마테오는 자신의 삶을 하나님께 바치기로 결심을 하고, St. Andrew's Quirinale 신학원에 입학함과 더불어 성 안드레아 수사관의 수련수사로 예수회에 가입하였다.

마테오가 예수회에 입회함에 따라 그의 교육 과정은 법학을 전공할 때보다 더 엄격해졌다. 로마 대학에서 마테오에게 가장 큰 영향을 준 교수 중의 한 사람은 수학자 겸 천문학자인 클라비우스였다. 그는 1538년에 독일에서 태어났으며, 17세기에 예수회 회원이 되었다. 포르투갈에 머무는 동안에 그는 과학적 재능을 인정받았으며, 1560년에 리스본에서 개기일식을 관측하였다. 로마로 와서 신학 수업을 끝내고 로마 대학의 수학 교수가 되었다. 그는 당시에 가장 유명한 예수회 전문학자로서 갈릴레이, 케플러와 같은 유명한 천문학자들과 교류하였으며, 후에 율리우스력을 그레고리력으로 바꾸는 데 중심 역할을 하였다.

마테오는 클라비우스 교수로부터 기하학, 천문학, 역사학 등을 배우고, 해시계, 자명종, 지구의 등을 제작하는 방법도 배웠는데, 이러한 공부는 후일 중국 선교에서 중요한 역할을 하게 된다.

예수회원들에게 수학과 과학을 가르치는 목적 중의 하나도 그들이 선교사가 되었을 때 이러한 지식이 도움이 되리라고 생각했기 때문이다.

마테오는 동양에 선교사로 가기로 결심하였다. 그러나 외국 선교사의 선발에는 경쟁이 심했기 때문에, 몇 년 동안 노력한 끝에 1577년에야 인도 선교사로 선발되었다. 인도에서의 선교 활동에 대해서는 교황 칙령에 의해 그곳을 탐험하고 발견한 포르투갈인에게 특권이 주어져 있었다. 그러므로 포르투갈인이 아닌데 그곳에서 선교 활동을 하려면 포르투갈 국왕에게 충성을 맹세하고, 포르투갈 당국의 지시를 따라야 했다. 그리하여 그는 포르투갈 범선을 타기 위해 1577년 5월에 배를 타고 리스본으로 갔다. 그러나 다음 정기선을 타기 위해선 이듬해 봄까지 기다려야 했으므로, 그동안 그는 코임브라 대학에서 신학 공부와 함께 포르투갈어를 공부하였다.

2. 동양으로

1578년 3월, 마테오와 동료 예수회원 13명은 포르투갈 국왕에게 작별 인사를 한 뒤, 세 척의 배에 나뉘어 타고 리스본을 출발했다. 리치는 후에 중국 선교의 동역자가 되는 루기에리와 같은 배를 탔다. 그 배는 적재 중량 900톤의 화물선으로 많은 은화와 500명의 여객들을 싣고 있었다. 배는 바스코 다가마의 항로를 따라 아프리카 대륙의 서해안을 따라 남하하였다. 선실은 비좁은 데다가 적도를 지나면서 무더운 날씨에 물과 음식물이 부족하여 병에 걸리는 사람이 많았다. 6월에 희망봉을 돌아 모잠비크에 도착해서야 휴식을 취할 수 있었다. 이곳에서 6주간 정박하면서 물과 양식을 보충한 뒤, 8월에 출항하여 인도양으로 가로질러 9월에 인도의 고아에 도착하였다. 리스본을 떠난 지 반년 만에 인도에 도착한 것이다. 마테오는 그곳에 있는 성 바오로 예수회 대학에서 신학을 공부하며, 현지 아이들에게 라틴어와 그리스어를 가르쳤다.

마테오는 수만 리 이역에 와서 아이들에게 라틴어와 그리스어만을 가르치고 있는 것에 만족하지 못하고, 자신에게 보다 활동적인 임무를 달라고 몇 번 청원하였다. 그러던 중에 심한 병에 걸려 한 달이나 몸져눕게 되었다. 1580년 마테오는 요양상의 이유로 고아로부터 남쪽으로 1,600리나 떨어져 있는 코친으로 보내졌다. 얼마간의 요양이 끝난 후, 다시 예수회 학교에서 현지 아동들을 가르치기 시작했다. 그리고 그곳에서 사제 서품을 받아 이제는 미사를 집전할 수 있는 신부가 되었다.

마테오 리치의 중국 선교 경로, 1582년 마카오에 도착하여 1601년 북경에 입성하기까지 20여 년간의 여행 경로를 보여 주는 지도

코친에서 일 년을 지냈을 때, 고아로부터 4년 과정의 신학 수업을 마저 끝내라는 전갈이 와서 1581년에 다시 고아로 돌아갔다. 그곳에서 신학 수업을 계속하고 있던 중에 그가 그토록 고대하던 중국 선교 임무가 하달되었다. 1582년 4월에 마테오는 동료 예수회원과 파시오와 함께 정기 범선을 타고 고아를 출발하여 말라카를 거쳐 8월에 마카오에 도착하였다.

3. 중국의 내지로

1583년 9월 어느 날, 마테오와 루기에리는 마카오 태생으로 기독교 가정에서 자란 중국인 필립을 통역원으로 대동하고 배로 마카오를 떠났다. 선교사들은 불교 승려의 모습으로 중국에 들어가는 것이 좋다고 생각하여 두발과 수염을 삭도로 밀고 납빛의 가사(袈裟)를 걸치고 있었다. 먼저 광저우에 도착하여 그곳에서 여권을 받느라고 지체되어, 마카오를 떠난 지 일주일 만에 조경(肇慶)에 도착하였다.

선교사들은 열심히 중국말을 공부하면서, 선교에 필요한 준비에 착수하였다. 그들이 당면한 첫째 문제는 기독교의 용어를 한문으로 번역하는 것이었다. 예를 들어, 기독교의 인격신을 중국말로는 어떻게 번역해야 할 것인가? 루기에리와 파시오가 전에 조경으로부터 쫓겨날 때, 그들이 사용하던 제단을 한 중국인 입교 희망자에게 맡겨 놓았었다. 조경으로 다시 돌아와 그의 집을 방문해 보니, 그 중국 청년은 큰 방에 제단을 차려 놓고 그 위에다가 큰 글씨로 천주(天主)라고 써 붙여 놓은 것이 아닌가? 두 선교사는 이 용어를 쓰기로 하였다(오늘날 우리가 가톨릭교를 천주교라고 부르는 것도 여기에서부터 시작된 것이다). 마테오는 중국인들에게 기독교를 전파하기 위해서는 그들의 종교적 배경을 이해할 필요가 있다고 생각하고 논어를 연구하기 시작했다.

마테오는 '여지산해전도'라고 이름을 붙인 세계 지도를 제작했다. 유럽에서는 세계 지도를 그릴 때 유럽을 지도의 중앙에 놓고 왼쪽에 북아메리카 및 남아메리카 대륙을, 오른쪽에 아시아 대륙을 놓았다. 그러나 마테오는 지도의 중앙에 중국을 놓고, 왼쪽에 유럽과 아프리카를, 오른쪽에 북아메리카와 남아메리카를 놓았다. 오늘날 우리에게 익숙한 세계 지도는 이 마테오의 법을 본뜬 것이다. 마테오가 그의 지도를 왕지부에게 가지고 가자, 왕지부는 대단히 기뻐하며, 곧 인쇄하여 그의 친구들에게 보냈다(마테오는 그 후에도 여러 번 세계 지도를 제작했으며, 이 지도들은 우리나라에도 전해져 지도 제작법에 큰 영향을 주었다).

마테오가 조경에 온 지 거의 일 년이 되어 갈 무렵, 마테오와 루기에리는 십계명을 한문으로 번역하였다. 인쇄된 십계명을 성당에 방문하여 교리를 묻는 사람들에게 나누어주자, 내객들은 모두 경외심을 가지고 인쇄물을 받았으며, 어떤 이들은 십계명을 준수하겠노라고 서약하기도 했다. 중국 사람들이 인쇄물을 존중하는 것을 발견하고, 마테오와 루기에리는 곧 천주경(또는 주기도문), 성모경 및 신경(또는 사도신경)을 담은 팸플릿을 발간하였다. 1584년 11월, 선교사들은 『천주실록』이라는 책을 출판하였다. 1581년에 루기에리가 저술한 라틴어 교리 문답서를 필립 등이 한문으로 번역하였다. 1585년 말까지, 중국 선교를 시작한 지 2년 반 동안 그들이 얻은 신자는 25명에 불과했다. 사베리오가 일본에서 2년 반 동안 천 명 이상의 개종자를 얻은 것에 비교하면 참으로 보잘것없는 숫자였다.

4. 소주(韶州)로 옮기다

마테오와 알메이다가 열심히 선교한 결과, 1588년 말에는 영세를 받은 신자가 50명으로 늘어났다. 그러나 1589년 봄에 류계자이라는 신임 총독이 부임해 왔는데, 이 사람은 선교사들에게 호의적이지 않았다. 그는 조경과 같은 큰 도시에 외국인이 오래 거주해서는 안 된다고 하며, 난화사라는 절이나 소주 지방으로 가라고 했다. 마테오는 조경에 남아 있기 위해서 온갖 노력을 했으나 헛수고였다.

마침내 선교사들이 7년 동안 정들었던 조경을 떠나야 할 날이 왔다. 그동안 선교사들이 돌보던 신도들이 모두 나와 통곡하면서 선교사들을 전송하자, 선교사들도 함께 울지 않을 수 없었다. 그런데 왜 사대부들과 주민들은 선교사들에게 호의적이지 않았을까? 어떤 문제가 있는 것인가?

마테오는 이 문제를 현지 동료와 상의하였다. 그의 현실 진단은 이러하였다. 첫째로 사대부들은 승인들을 낮추어보며, 둘째로 승인들은 일반 사람들로부터도 존경을 받지 못하고 있다. 셋째로 사대부들의 호의를 사야만 체류와 선교가 가능한데 현재와 같이 선교사들이 사대부들과 동등한 대접을 받지 못하는 승인의 신분을 가지고 있는 한 선교가 어렵다. 사실 당시에 중국에서는 우리나라에서와 마찬가지로 사농공상의 순서로 직업에 따라 그 사회적 대우가 달랐다. 유학자들이 가장 존경을 받는 반면, 승인들은 사농공상에 끼지도 못하는 별도의 신분이었다. 그들은 대부분 도시 바깥이나 산중에 있는 절에 거주하였다.

그러면 어떻게 할 것인가? 유럽인의 복장을 할 것인가? 그러나 외국인에 대해 적대감을 가진 중국인들에게 유럽인의 복장으로 선교한다는 것은 안 될 일이었다. 리치는 유학자의 의복을 입고, 자신도 유학자가 되기로 결심하였다. 그동안 마테오는 1591년에 착수했던 사서(論語, 孟子, 大學, 中庸)의 라틴어 번역을 끝냈다. 이 번역서는 새로운 선교사를 위해 교재로 쓴 것이었다.

5. 북경 방문

마테오는 난창(南昌)에서 자리를 잡자, 1595년 마카오의 산데 신부는 소에이로 신부와 마티네즈 수사를 마테오의 동역자로 파송하였다. 한편 마테오가 떠난 후 소주에 신부와 롱고바르도 신부가 파송되었다. 또 소주에 있던 종밍런 수사가 난창으로 왔다. 난창에서 유학자로서 사람들의 존경을 받게 되자, 마테오는 만약 황제로부터 공개적으로 선교를 해도 좋다는 윤허만 받으면 단시간에 많은 사람을 개종시킬 수 있겠구나 하는 생각을 하게 되었다. 그리하여 발리냐노에게 편지를 보내 북경에 가서 황제의 윤허를 얻어야겠다는 뜻을 알렸다. 발리냐노는 그의 답신에서 로마로 간 루기에라가 교황청의 사절을 중국에 보내는 일을 성사시키지 못했다는 것을 알리고, 마테오가 황제를 알현하는 문제에 대해서는 마테오를 예수회의 중국 지부장으로 임명함으로써 모든 결정을 스스로 내릴 수 있게 해주었다. 그리고 사절단용으로 준비했던 여러 가지 예물을 난창으로 보냈다.

얼마 후 마테오는 북경을 방문할 기회를 맞았다. 소주에서 만난 적이 있는 왕충밍이 난징의 상서직에 임명되어 부임 차 난창을 지나가고 있었다. 마테오는 그가 한 달 후에는 황제의 생신을 축하하기 위해 북경에 간다는 소문을 듣고, 그에게 대동해 달라고 청원하여 승낙을 받았다. 그리하여 마테오는 카테네오 신부(이 일 때문에 소주로부터 와서 마테오와 동행하였다), 종밍런 수사, 그리고 입회 희망자 유원후이와 함께 배를 타고 난징으로 향했다(유는 마카오 출신으로 서양화를 배웠으며, 후에 그의 종교화들이 북경의 성당에 걸리게 된다. 1605년에 예수회 수사가 되며, 1610년 마테오의 임종을 지켜보게 된다).

6. 천주실의(天主實義)

1603년 마테오는 그동안 9년간이나 필사본으로 돌아다니던 『천주실의』를 출간하였다. 마테오는 중국의 고전들에 대해 공부하기 전에 루기에리와 함께 루기에리가 저술한 『천주실록』을 수정하여 1583년에 출간했다. 그들은 이 책에서 자신들을 "인도에서 온 승려"라고 했으며, 불교의 용어를 자주 사용한 반면 유교나 도교에 대해서는 거의 언급하지 않았다.

마테오는 또 중국 사람들에게 기독교를 소개하기 위해서는 기독교의 교리를 유교 용어로 설명하는 새로운 책이 필요함을 느꼈다.

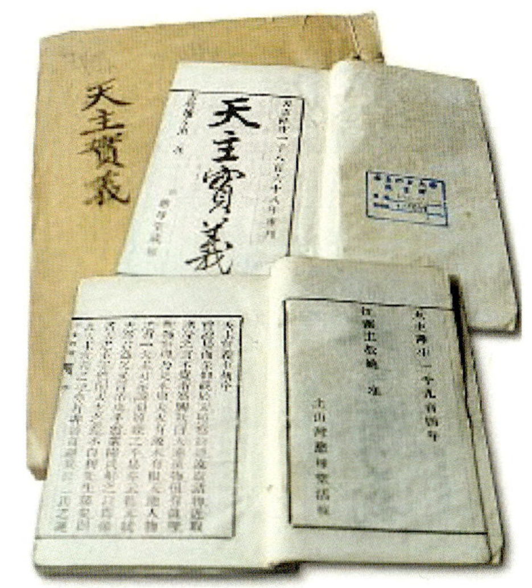

『천주실의』(1603년). 동서양 선비의 교리문답 형식으로 쓰여진 이 책에서 처음으로 서양의 천주가 상제임을 주장하였다.

(1) 하나님은 우주의 창조자이며 지배자이다. 만물이 무(無)로부터 나왔다는 도가의 사상이나 우주가 공으로부터 생겼다는 불교의 가르침은 잘못된 것이다.

(2) 인간의 참 목적지는 이 세상에 있지 않고 내세에 있다.

(3) 인간은 피조물로서 하나님과는 별개의 존재이다. "천지와 만물이 일체를 이룬다."는 생각이나, "하나님과 피조물이 같은 것이다."라는 가르침은 잘못된 것이다.

(4) 영생을 얻는 길은 착하고 덕 있는 사람이 되는 것이다. 사람은 덕을 키우기 위하여 노력해야 한다.

마테오는 이 책에서 기독교와 유교를 연결하려고 노력했으며, 불교의 교리는 배척하였다. 그는 유학자들이 중시하는 자기 수양을 강조했으며, 자기 수양을 하려는 군자는 반드시 하나님을 믿게 되고 그를 섬기게 된다고 하였다. 그리고 유교의 서적에서 나오는 상제(上帝)라는 용어를 기독교의 하나님과 같은 것으로 보았으며, 중국의 고전들을 인용하여 기독교의 기본적인 개념이 고대 중국에 이미 존재했음을 증명하려고 노력하였다.

7. 한 알의 밀

마테오의 명성은 전국으로 퍼지고 그는 수도 북경의 명물 중의 하나가 되었다. 그의 자주색 도포, 머리에 쓴 검은 모자, 길게 늘어뜨린 흰 수염, 긴 얼굴과 큰 코, 마테오를 보는 사람들은 누구나 그를 존경하게 되었다. 당시의 한 중국인 작가는 마테오가 "익살스러운 푸른 눈과 곱슬곱슬한 수염과 종소리처럼 맑은 음성을 갖고 있다."고 설명하였다. 마테오는 엄한 사람이 아니며, 십만 리 밖의 외국 사람이지만 외국사람 같지 않으며, 누구를 만나도 친구처럼 따뜻하게 대해 주었다.

1609년 마테오는 과도한 업무로 그의 건강이 이제 위험한 단계에 이르렀다. 그와 같이 일했던 선교사들 중 발리냐노는 1605년에, 그리고 루기에리는 1607년에 세상을 떠났다. 마테오는 그동안 번역서를 포함해서 한문으로 20여 권의 책을 저술하였다. 이제 모국어인 이탈리아어로 '중국 선교사'를 저술하려 하니까, 모국어가 오히려 생소해져서 전에 받은 편지들을 다시 읽으며 모국어에 대한 기억을 새롭게 하지 않으면 안 되었다. 마테오는 자신이 경험했던 중국 선교 27년의 과정을 되도록 개인적인 감정을 섞지 않고, 담담하게 적어 나가, 총 25만 단어로 구성된 방대한 저술을 완성하였다.

마테오는 이제 자기의 죽음을 준비하였다. 자기 후임으로 예수회 지부장이 될 롱보바르도 신부에게 남길 편지를 작성하고, 우르시스 신부에게 그가 임종 시에 고해성사를 드릴 수 있도록 그가 지은 잘못을 모두 지적하여 달라고 요청하였다. 이런 준비가 진행되는 동안에 그의 친구 리즈짜오가 삼월에 북경 조정에 출장을 와서 심한 병에 걸렸다. 지난 9년 동안 마테오는 그를 입교시키려고 노력하였으나, 첩 문제로 지금까지 영세를 주지 못했다. 마테오는 병상에 있는 그에게 정실부인만 취하라고 설득한 후, 레오라는 이름으로 영세를 주었다. 리즈짜오는 그가 회복되기만 하면 여생을 천주께 바치겠다고 약속하였다.

1610년 5월 8일 토요일, 마테오는 우르시스 신부에게 마지막 고해성사를 바쳤다. 다음 날 아침 그의 방에서 임종 시에 받는 성찬식이 이루어졌을 때, 그는 기진한 몸을 일으켜 마룻바닥에 무릎을 꿇고 성체 앞에서 다시 한 번 그의 잘못을 되되었다. 그가 눈물을 흘리며 통회하는 것을 보자, 그의 방에 있던 모든 사람들이 함께 울었다.

그리고 같은 날 저녁 6시에 눈을 감았다. 30세의 나이에 중국에 기독교의 복음을 전하고, 가능하면 황제까지 개종시키겠다는 큰 포부를 가지고 중국에 들어온 지 27년, 리치는 비록 황제를 한 번도 알현(謁見)하지는 못했으나 중국에 선교 기반을 확립하고 세상을 떠났다. 그의 나이는 향년 57세였다.

북경 성 안에서는 안장이 허락되지 않았기 때문에 우르시스와 판토하는 마테오 리치 신부의 시신을 북경 교외에다 묻으려 했다. 그러나 중국인 교우 한 사람이 반대를 하며, 마테오 신부의 경우에는 황제에게 장지를 달라고 청하여 성인 신부를 영화롭게 해야 한다고 주장하였다. 황제로부터 장지를 하사받는다는 것은 공명이 뛰어난 대신에게나 주어지는 특권이었다. 그런데도 마테오 신부의 성덕을 추앙하는 사람들은 한결같이 황제로부터 특별한 은전이 있을 것으로 확신하였다. 이에 리즈짜오와 몇몇 고관 대신들이 황제께 상주서를 올렸더니, 놀랍게도 황제는 곧 북경 성문 바로 밖에 마테오 신부의 묘지로 넓은 대지와 관리용 저택을 소유할 수 있게 하라는 어명을 내렸다. 성 밖에서 불교 사찰을 하나 구입하여, 그것을 개수하여 천주당과 소성당을 짓고, 소성당의 지하에 마테오 신부의 시신을 안장하였다.

Ⅲ. 선교사역 준비

마테오 리치의 선교사역을 위한 준비를 고찰해 보면 다음과 같다.

(1) 하나님은 준비된 만큼 쓰신다는 말이 있듯이 마테오는 세상의 모든 야망을 포기하고 예수회에 가입하고 나서도 선배들의 활동에 자극을 받고 그러한 일에(신세계로 복음을 전하는 사역) 종사할 마음을 펴기 위해 계속 대학 공부를 하였다. 이뿐만 아니라 수학 교수 문하에서 과학 교육도 공부하였다. 이 학문은 마테오가 복음의 문이 닫힌 중국에 당당히 초청을 받고 들어가 지식

계급을 대상으로 존경을 받으며 선교 사역을 하는 데 큰 도움을 받았다.

(2) 그는 중국 선교사로 임명받고 마카오에 도착한 후에 제일 먼저 한 것은 사역이 아니라 언어공부였다. 그가 그렇게 할 수 있었던 계기는 먼저 그곳에서 사역을 하였던 동료 루지에리가 언어의 장벽으로 깊은 수렁에 빠졌던 경험을 보았기 때문이었다. 사역을 위해 무엇보다 먼저 언어를 배웠던 마테오는 후에 공자의 고전을 번역할 정도가 되었고 중국 문화를 깊이 이해하고 태서학자란 칭호를 들으며 중국인들에게 광범위한 영향을 주는 선교사로 활동할 수 있었다.

(3) 마테오가 초기 선교 활동에 대해 진술하고 있듯이 예수회 선교사들은 교회법에 대한 것보다는 '과연 선교를 하고 있는가 의심이 갈 정도로' 남는 시간이 있으면 무엇보다도 중국의 언어, 문화, 예법을 배우고 익히는 데 시간을 들여 중국인들에게 자신들의 모범적인 삶의 자세를 보여 줌으로써 그들의 인정을 받아 교인으로 만드는 방법을 모색하려고 애썼다. 바로 마테오의 이러한 문화를 배우는 준비는 후에 그가 유학자의 복장을 하며 사역을 함으로써 보다 많은 중국인들에게 존경을 받으며 친숙하게 사역을 할 수 있는 자가 되게 하였다. 마테오는 중국사회 속으로 침투하기 위하여 중국식 이름과 중국식 복장을 하였고 생활도 중국 인습에 맞추려고 부단히 노력하였다. 이런 점으로 보아 마테오 리치는 사전에 충분히 선교사의 준비와 예비를 갖춘 훌륭한 선교사라고 할 수 있다.

Ⅳ. 선교사역과 전략

마테오 리치의 첫 번째 사역지는 자비에르가 첫발을 내디뎠던 인도의 고아에서였다. 이곳은 동서전교(東西傳教)의 중심지였다. 그때 그는 혼자 가지 않고 13명의 선교사가 동행하였다. 그곳에서 다음 세대에 기독교를 잘 이끌어 갈 어린이들을 교육하고, 훈련하는 데 최대의 강점을 두었다.

마테오 선교사가 중국에 와서 복음을 전할 때에 생애는 참으로 드라마틱하였다. 그는 마카오에서 난창(南昌: 남경)으로, 난창에서 북경(北京)으로 와서(1601~1610) 중국 예수회 관구장에 취임하게 된다. 그리고 마침내 그의 소원대로 북경 자경문에 앉아 있는 황제를 만나 전도의 길을 뚫게 된다. 이리하여 마테오 신부는 서양의 학술・천문학・수학 등 당시에 싹트고 있던 근대문명을 중국에 소개하였다.

슈힝(Shiuhing)의 주지사인 왕판(Wang P'an)에게 수학, 천문학, 지리학에 뛰어난 재능을 가지고 있었던 마테오의 소문이 들렸다. 이들 과학기계들, 시계, 악기, 천문학 기구, 항해기구, 과학서적, 그림지도 등의 세속적 재능들은 선교사역을 위해 유감없이 발휘되었다. 왜냐하면 당시 중국인들에게는 중국이 세계의 중심이라고 알고 있었기 때문에 마테오가 가지고 온 지도와 과학적 기구들은 중국인들을 굉장히 놀라게 했던 것이 사실이었다. 이것은 중국인들을 놀라게 했을 뿐만 아니라 커다란 호기심을 불러일으키기도 했다.

마테오의 주된 목적은 과학기술을 전해 주는 것이 아니라 복음을 전파하는 것이었다. 이를 위해서 그들은 삭발을 하고 불교 승복을 입었다. 2년이 지나서야 겨우 개종자가 생겼다. 1588년 그들이 중국에 들어온 지 5년이 지났을 때 루지에리는 유럽으로 돌아가고 리치는 여러 명의 예수회 선교사들과 함께 중국에서의 모든 사역을 맡게 된다.

얼마 후 마테오는 불교승복을 벗고 유학자들의 복장으로 바꿔 입었다. 왜냐하면 이런 복장이 중국인들에게 보다 많은 존경을 받았기 때문이다. 유교는 중국 지식인들의 종교였다. 이제 마테오는 조금씩 대중들을 이해할 수 있었다. 만약 중국인들에게 유교는 단지 철학과 학문에 불과하다는 것을 보여 준다면 중국인들은 기독교를 보다 쉽게 받아들일 수 있을 것이라고 생각했다.

유교 문화권에서 기독교를 토착화하려는 마테오의 노력은 많은 중국인들에게 호감을 주었으며, 그 결과 개종자가 늘어나게 되었다. 그러나 이런 경우 대개는 기독교라는 종교와 중국인들과의 타협에 불과한 것이다.

또한 마테오 신부는 중국에 살며 중국의 문화를 공부하는 중에 유교, 불교, 도가, 양자, 묵자 등을 죽 훑어가면서 자기가 모시고 있는 천주와 유교의 하늘(天)과

상제(上帝) 신앙의 맥이 통해 있다는 사실을 발견한다. 그래서 조상에게 제사를 지내는 유교의 관습은 어떤 종교적인 행위라기보다 조상을 공경하는 예법이라고 보았다. 그래서 마테오 신부는 유불선을 공부하여 동양문화에 대한 안목으로 스스로 자기 신앙관에 결단을 내렸다. 그래서 마테오 신부는 조상을 숭배하는 제사문화도 인정하게 된다. 마테오 신부가 마침내 천상에서 상제님을 뵐 수 있었던 것은 이와 같이 자기 신앙의 성숙과정에서 동양문화에 상제님 신앙이 있다는 것을 발견했기 때문이다. 이렇게 중국에 와서 30년 동안 일하는 가운데 동서 문화의 다양성에 눈을 뜬 그는 가장 현실적이면서도 이상적인 구도자가 된다. 그래서 동양을 무대로 한번 "천주교 중심의 천국"을 건설해 보겠다고 하는, 기독교 역사상 그 누구도 감히 품어보지 못한 실천적 대 이상을 품게 된다. 마테오 신부는 이 과정에서 실로 많은 노력을 기울인다. 중국 문화를 공부하고 나서 사서(四書)를 라틴어로 번역하고, 『천주실의(天主實義)』, 『교우론(交友論)』 등의 많은 저서를 펴냈으며, 세계지도도 그려냈고, 피아노 소나타를 작곡해서 직접 황제 앞에서 연주까지도 한, 진실로 천주의 복음 전파에 일심하는 구도자적 생활을 한다.

44세에 남경에 들어가(1595년 5월) 전도할 때는 승려들처럼 머리를 빡빡 깎고 승려복을 입고 전도하던 생활을 청산하고, 유학과 손을 잡는 것이 가장 좋다고 판단하여 아침에 일어나 세수하고 나면 30분씩 시간을 들여가며 머리를 올리고 옷도 유학자들처럼 입고 다녔다. 그의 성격은 대단히 개방적이어서 아주 폭넓은 인간관계를 맺는 것을 아주 자랑스럽게 여겼다.

초기 도가 사상가들을 이상사회를 건설하고자 하는 모든 노력에 대해 반대하였다. 유학자들은 윤리와 의식을 존중하는 데 반해 도가 사상가들은 인간성을 우주와 그 지배 원리에 합일시키기 위해서는 그것을 모두 해방시켜야 한다고 주장했다. 더구나 도가들은 모든 관료적인 정부와 비대한 정부를 배척했다. 그들은 인간이 자연의 방법과 무위의 방법으로 회귀하여야만 한다고 설파하였다. 이 "하늘(혹은 자연)"과 인간 사이의 합일이라는 이러한 사상은 중국의 철학과 문화에서 계속적으로 되풀이되는 주제이다. 처음에는 철학이었던 고전적인 도교는 불멸 사상, 영적인 세계, 연금술, 주술 등의 사상으로 가득 찬 신비주의적인 종교로 변모

해갔다.

불교는 중국인들의 사고 속에 세계와 고통에 대한 독특한 관점을 부여한다. "실제"와 "자아" 모두가 환영으로 인식된다. 그러므로 사람들이 이 세상의 모든 것이 환상인 것을 깨닫게 될 때, 번민과 고통에서 자유롭게 될 수 있다는 것이다. 그러므로 진실로 "해탈한 사람"은 이 세상에서 탈출하여 진실한 실제, 열반(Nirvana) 혹은 무를 이루어내고자 한다.

해탈은 선행, 희생 그리고 종교 의식의 준수를 통해 이루어진다. 이생에서 해탈을 이루지 못한 불교도들은 다시금 환생하거나 다른 생물로 태어나 환영과 같은 삶을 계속 살아가게 된다는 사상이다. 그들이 사람으로 다시 태어나면 그들은 해탈을 이루기 위해 나아가는 또 다른 삶을 살 수 있게 된다.

중국의 역사 전체를 통괄해 볼 때, 대중과 지식인 계층 대다수가 향유하고 있던 종교는 유교와 도교 그리고 불교가 혼합된 종교였다.

중국속담에 "한 목표를 향한 세 갈래 길이 있다."는 말이 있다. 중국인들에게는 불교, 도교, 유교가 모두 타당한 철학이었던 것이다. 이러한 신조들은 그 몇몇 가르침에 있어서는 서로 간에 모순되거나 상충되기도 했다. 그러나 그 세 사상 모두가 인류의 문명화에 기여하기에, 중국인들의 사고에는 그것들이 여전히 본질상 보완적인 것으로 비춰지고 있다. 이 세 종교는 한 가지 목표, 즉, 도덕적인 삶과 이생에서의 바른 행동을 향해 나아가지만, 그 어느 것도 죄에 대한 보상과 용서 및 내세에 대한 확신을 주지는 못한다. 이런 점에서, 그리스도를 믿음으로써 구원을 얻는다는 독특한 주장을 하는 기독교는 중국인들의 사고에는 꽤나 생소한 것으로 비춰질 수 있었다.

이러한 그들의 사상적 배경하에서 로만가톨릭의 예수회는 설립자의 이그나티우스 로욜라(Ignatius Loyola)의 선교방침에 따라, 마테오는 상류 계층을 전도함으로써 "더욱 큰 영광을 하나님께" 드리고자 했다. 그의 전략은 지식계층의 호응을 얻게 되면 가난한 사람들이나 하층계급의 복음화도 가능하리라는 생각에 근거한 것이다. 그리하여 마테오와 그의 동료 예수회원들은 학자들이나 관리들과 친분을 갖고자 노력하였으며, 그들은 중국제국과 그 풍부한 문화에 감탄하며 중국인들의 문화와 생활방식을 받아들임으로써 중국인처럼 되기 원했다.

예수회는 처음에 서양의 과학업적으로 학자층의 관심을 끌었다. 천문학, 수학, 응용과학을 소개하자 중국인들은 서양학문에 경이로움을 나타내었다. 서양 사상에 대한 토론은 철학과 종교에 대한 질문으로 이어졌고 이는 기독교 신앙을 소개하는 기회를 제공해 주었다.

마테오는 기독교 복음을 유교적인 용어와 사상에 맞게 설명하는 힘든 사역에 참여한 첫 번째 선교사였다. 성경의 진리에 대해 개략적으로 설명한 소책자를 발간하였다. 이것이 천주실록정문일 것으로 추정된다. 대체로 예수회는 도교와 불교에 대해서는 반박했으나 토착화된 유교 체제 속에 복음의 씨앗을 뿌리고자 노력했다. 그들은 황제와 조상에 대한 존경과 충성에 초점을 두는 것을 가치 있게 생각하는 유교적인 사회질서를 깨뜨리지 않기 위해서 주의를 기울였다. 중국인 개종자들은 기독교 신앙에 위배되지 않는 한에서 중국의 의식들을 계속 좇았다.

마테오가 중국에서 행한 선교방법은 한마디로 세속화(世俗化) 속에서의 전교(傳敎)방법이었다. 이것은 천주교리가 그 나라의 전통사상에 위배되지 않아야 하고, 또 그들의 윤리에 부합할 수 있어야 한다는 것이다. 그리하여 유가의 『상제(上帝)』와 천주교의 『하느님』은 동일하다는 결론을 내리고 시경(詩經), 서경(書經) 및 사서(四書) 등에 나타난 상제(上帝)의 의의는 천주교의 하느님과 같은 지존신(至尊神)으로 보았다.

마테오는 하늘의 주재를 뜻하는 천주라는 표현을 일반적으로 사용하였다. '하늘의 주재(Lord of Heaven)' 대신 하늘을 숭배하는 사람들은 마치 황제에게 경의를 표하려는 마음으로, 북경에 있는 제국의 궁전 앞에 엎드려서 그 아름다움에 경의를 표하는 사람과 같다.'고 기록했다. 그리고 그는 고대 중국의 상제(上帝)와 천(天)이란 말은 유신론적인 의의를 가지고 있어서 당연히 그리스도인들이 사용할 수 있는 말이라고 확신하였다. 그는 또 이와 같은 방식으로 통상 "거룩"(holy)이라고 번역하는 성(聖: Sheng)이란 중국어에서 존경할 만한 모든 것에 대해서 광범위하게 사용되었기 때문에 그리스도인들이 공자에 대해서 성(聖)이란 말을 사용한다고 해서 문제될 것이 전혀 없다고 보았다. 후일에 그의 반대자들로부터 리치가 그리스도교 성자들의 반열에 이 중국의 스승을 "성 공자"(St. Confucius)란 명칭으로 추가했다는 트집을 잡기도 했다. 중국에 있어서는 사회 전체가 가족의 단결 위에 의존하고 있었으며 조상에 대한 가족의 숭배는 상징적인 것이다.

마테오는 오랜 연수 끝에 공자와 가족을 기념하는 의식은 단지 공민적인 의의만을 가지고 있으며 그리스도인은 제국의 법이 요구하는 경우에 한해서는 그 일에 참여할 수 있다는 온건적인 입장을 취하였다. 그는 어떤 것은 해야 하며 어떤 것을 말아야 하는가를 스스로 결정하는 문제를 중국인 그리스도인들의 재량에 맡겼으며 장례식이나 죽은 자를 기념하는 중국의 옛 관습이 가톨릭의 관습에 의하여 점차적으로 대치되어 갈 것을 희망하였다.

이러한 사상은 중국전교에 용이하고 구체적인 길을 열게 했다. 또 그 신(神)은 역사에 참여하고자 하는 욕망을 항상 갖고 있다. 이런 참여 의식은 리치의 행동강령이었다. 그래서 과학정신을 도입하고 습득함으로 보다 편리한 실제 생활을 추구했다. 이와 같이 전교의 결과는 공리성(空理性)의 실학(實學)에 대한 반성(反省)을 촉구하게 되었고 경세학(經世學)의 뚜렷하고 확고한 길을 열었다.

마테오가 1610년까지 중국에서 선교사역을 하는 동안 상당히 많은 수의 학자들과 관리들이 그리스도에 대한 신앙을 고백했다. 그들 중에 폴 슈(Paul Hsu)는 중국에서 가장 저명한 학자 중의 한 사람으로 한림원의 학사였으며, 자녀들에게까지 물려준 신앙은 몇 대에까지 유전되었으며 그의 딸은 전문적인 복음 전도자의 훈련을 받고 시골에까지 가서 전도활동을 하였다. 다른 여자의 후손도 유명인사였는데 그중 한 사람이 손문의 부인이고 다른 한 사람은 장개석의 부인이다. 17세기와 18세기에 간헐적인 핍박이 있었지만 기독교인의 수는 꾸준히 늘어갔으며 마테오 사후 기독교 인구는 120배 정도로 성장하였다.

V. 선교방법이 중국에 미친 영향

마테오의 중국식 이름은 이마두(利瑪竇)였다. 16세기 중국 명대(明代)에 그리스도교를 중국 땅에 전한 이탈리아의 예수회 선교사였다. 그는 30년 가까이 중국에서 살았고, 중국어를 익히고 중국문화를 수용함으로써 외국인에게는 닫혀 있던 중국으로 들어갈 수 있는 문을 열었다.

프란시스 사비에르는 1552년에 상촨(上川)이라는 작은 섬에서 굳게 닫힌 중국 본토를 바라보며 숨을 거두었다. 마테오가 도착했을 때에도 중국은 여전히 이방인들에게 문을 닫고 있었지만 예수회의 선교 전략은 그동안 바뀌어 있었다. 중국어를 배우고, 중국문화에 대한 지식을 얻는 것이 가장 중요한 일로 강조되었다. 그때까지 선교사들은 서양관습을 강요하고 종교의식에서 라틴어를 사용하게 하려고 애썼다. 이런 종래의 방식 대신 현지 관습을 받아들인다는 새로운 접근방식을 채택하였다.

당시 중국인들의 의식세계는 유교, 불교, 도교라는 3개의 철학과 종파가 독특하게 형성되어 있었다.

교육과 가정 그리고 효심을 강조한 유교 사상은 고도로 계층화된 사회의 형성을 촉진하였다. 도덕적이고 고상한 생활방식에 대한 강조는 중국인들의 동질성과 목적을 형성하였다. 그들의 자아의식과 일체감은 자신들을 가장 도덕적이고 문화적으로 인식하는 데에 바탕을 둔 것이다. 그들에게 주변 민족들은 모두 야만인이었다. 그리하여 주변 민족들에게 우월감을 드러내고 속국으로 생각하여 그들의 황제에게 충성을 강요하기도 했다.

마테오는 천문학, 수학, 시계 수리, 지도 제작 기술로 황제의 인정을 받게 되었다. 이로 인해 그는 북경에 머물 수 있게 되었고, 기독교 교회의 기반이 점차적으로 형성되었으며 중국의 기독교 문학이 발전해 갔다. 마테오는 2천여 명의 교인들과 기독교를 도와준 많은 영향력 있는 학자들을 남겨 둔 채 1610년에 북경에서 사망했다. 이렇게 해서 그는 기독교회와 선교의 견고한 기초를 닦아 놓은 것이었다. 그 후 2세기 동안 잦은 박해에도 불구하고 기독교는 중국에서 계속 뿌리를 내렸다.

마테오의 뒤를 이어 롱고바르디(Longobardi), 샬(J. Adam Shall Van Bell), 트리걸트(Trigault), 베르비스트(Verbist) 같은 유능한 사람들이 예수회의 선교를 더욱 강화시켰다. 예수회 학자들과 과학자들 역시 대개 명(明)의 왕실 천문대의 지도자들로서 긍정적인 영향력을 행사하였다. 명왕조(明王組)가 청왕조로 바뀐 후에도 이러한 봉사는 계속되었다.

청나라의 위대한 황제 강희제(康熙帝: Kang Xi, 1662~1723)는 자신을 위해 개인 교수하고 고위관리들을 가르치게 하기 위해서 베르비스트를 초빙했다. 1692년에 황제인 강희제는 기독교의 법적인 지위를 보장하는 칙령을 공포하였다. 예수회의 성공으로 인해 프란체스코와 도미니크파 등도 중국에 들어올 수 있었다. 이러한 다양한 교파는 기독교 신앙을 중국에 확산시키는 데 도움을 주었다.

1674년 첫 번째 중국인 성직자인 로웬 챠오(LouWen-Tsao)가 주교로 임명되었다. 20세기 초까지 그가 유일한 중국인 주교였으나 그의 임명은 더 많은 중국인들이 성직자로서 양성되는 시초가 되었다. 중국어로 예배드리는 것은 중국 가톨릭교회에 있어 또 하나의 긍정적인 발전이었다. 예수회 선교사들의 성공은 다른 수도회들, 즉 프란체스코와 도미니크파 수도회의 선교사들에게 중국 선교에 대한 자신감을 불어넣어 주었다. 이러한 다양성이 처음에는 중국의 기독교의 확장에 도움을 주었다.

최근 선교 전략에 대한 연구에 따르면, 복음의 제시가 그곳 사람들의 세계관과 행동 양식에 부합되었을 때 가장 강력하게 전파되는 것으로 밝혀졌다. 즉, 다시 말해서 복음의 메시지가 상황화(contextualization)되었을 때, 그 사람들의 심장과 의식 속에 깊이 뿌리내릴 수 있다는 것이다. 이렇게 해서 그들의 문화뿐 아니라 그들의 경제, 사회, 정치 전반에 걸쳐 복음이 자연스럽게 스며들게 된다.

중국에 복음을 전파할 때, 문화적・역사적 요소들이 특히 신중하게 다루어져 왔다. 이 복음의 메시지가 단지 "외부로부터" 왔다는 것 때문에 그들의 심오하고도 차원 높은 도덕적 유산과 함께, 그들의 문화 속에 깊이 뿌리박힌 민족적 자존감을 내포한 중국인들의 유별난 자민족중심주의를 신중하게 고려해야 했다.

Ⅵ. 선교방법의 부정적 영향

마테오의 이러한 선교방법은 곧 논쟁을 불러일으켰고, 특히 예수회와 경쟁 관계에 있던 도미니크회나 프란시스회는 이를 맹렬하게 비난하였다. 일본에서도 이 두 선교회와 예수회 간에 심각한 반목이 있었다. 이렇게 하여 17세기 초에 중국의식 논쟁이라고 알려진 로만가톨릭의 선교역사상 최대의 격론을 불러일으켰다. 교황청은 도미니크회와 프란시스회의 편에 있었기 때문에 모든 기독교인들은 공자나 조상에게 제사를 지내서는 안 된다고 공포했다. 중국의 황제는 예수회 쪽을 지지하여 만약 조상의 제사에 반대하는 자가 있으면 누구든지 추방해 버리겠다고 위협했다. 이런 논쟁은 근본적인 해결 없이 수 세기 동안 계속되었다.

소위 말하는 "의식 논쟁"은 1645년에서 1742년까지 계속되었다. 예수회의 타협적인 전략에 대한 도미니크파 수도회의 비평으로부터 그 논쟁은 발발했다. 도미니크파 선교사들은 예수회가 개심자들에게 중국 문화의 일부인 특정한 "의식(즉, 조상 숭배)"에 참여하는 것을 허용함으로써 기독교 신앙을 더럽혔다고 생각했다. 그 두 집단은 기독교의 하나님에 대한 적절한 중국적인 용어가 무엇이냐에 대한 문제를 놓고, 논쟁을 한바탕 벌였다. 예수회는 대개 "상제"(上帝)나 "천"(天)을 사용했던 반면, 도미니크파 선교사들은 "천주"(天主)가 하나님의 유일한 정확한 이름이라고 주장했다.

이 논쟁은 결국 중국에서 로마로 확산되었는데, 교황은 도미니크파 선교사들의 입장을 지지했다. 그러한 교황의 지배는 강희제의 노여움을 불러일으켰다. 그는 교황을 중국 황제의 권위에 도전하는 세력으로 생각했다. 황제는 리치에 의해 세워진 강령들을 따르는 선교사들만이 중국에 남아 있을 수 있다는 법령을 내렸다.

의례 논쟁은 중국에서의 로만가톨릭 선교 사역에 심각한 피해를 입혔다. 강희제의 후계자인 건륭제(乾隆帝)가 기독교를 반대하는 포고를 내리자 중국 관리들과 지식인들 및 대중들은 곧바로 그의 포고에 따랐다. 황제의 호의를 잃은 교회는 계속해서 박해를 받았다. 당시 선교사들은 추방되거나 은신했다. 서양 및 중국인 성직자들은 죽음을 무릅쓰고 은밀하게 복음을 전했다. 신자들은 순교당하고 교인들은 흩어졌다.

그러한 의식 논쟁은 중국의 지식인들 사이에서 그들이 이전에 보여 주었던 기독교에 대한 호의를 상실해 버리는 결과를 초래하였다. 하지만 조상 숭배나 중국의 고대 문화는 복음을 전파하는 방법으로 높이 평가되어졌다. 뒤이은 로마가톨릭 선교사들이 전도한 개종자의 대부분은 농민 계층이었다.

마테오는 이러한 논쟁을 불러일으킨 그의 토착화 방법은 절대로 고의적인 것이 아니었으며 유교에 대해 포용력 있게 대처한 것은 함께 교제를 나누었던 중국 지식인들 영향 때문이라고 자신을 변호했다. 마테오 자신도 유교의 사상들을 자연스럽게 받아들였다. 그리하여 그는 타불라 라사(Tabula Rasa) 정책을 전적으로 무시하였다. 이러한 경향이 자비에르 이래 예수회의 선교전통이 되었다.

브룸홀(A. J. Broomhall)은 이 부분에 대하여 “지식인들에게 제사나 다른 종류의 유교 의식은 결코 미신이나 종교적인 행위가 아닌 다분히 국민적인 의무나 정치적인 관습일지 모르나 평민들에게는 분명히 영혼숭배의 종교의식이다.”라고 지적하였다.

Ⅶ. 결론

예수회의 부단한 노력으로 인해 기독교는 중국의 지성인들에게 인정을 받았다. 예수회 선교사들에 의해서 세워진 교회는 박해와 탄압에도 불구하고 견디어 내었다. 그러나 예수회의 선교 운동이 기독교를 중국 사회에 접목시키는 데에 완전히 성공을 거둔 것은 아니다. 이는 그리스도인들은 교회에 최선의 충성을 하여야 한다는 예수회의 주장에 부분적으로 기인한다. 예수회는 교회, 학교, 병원, 고아원 등 이 모든 것이 지방 성직자의 통제하에 있는 분리된 기독교 마을을 이루고자 했다. 신도들은 이러한 통제된 환경 속에서 그들의 삶 대부분을 보내었고, 생계까지도 이 기독교 공동체 속에서 꾸려 갔다. 따라서 교회와 신도, 모두가 중국 사회의 주류로부터 벗어나기 시작했다.

선교사들과 교회들의 어떤 사업 행위는 오해를 초래했다. 몇몇 선교사들은 이윤을 남기는 지주가 되었고, 유럽으로 수출하는 수지맞는 비단 산업에 뛰어들었으며, 대규모의 대출 기관을 조직했다. 이런 모든 행위들은 일부 중국인들로부터 적대감을 불러일으켰고, 교회를 훼손시켜 복음 전파를 어렵게 했다.

마테오가 중국에서 행한 전도방법인 토착화를 빙자한 세속화 전도방법은 결국 그들 내부의 갈등을 불러일으키는 빌미를 제공했다. 또한 정치적인 간섭은 중국 지도층의 심한 반감을 사게 되었다. 그 결과 점점 냉대를 받게 되고 급기야는 혹심한 핍박을 받으므로 말미암아 중국 땅에서 가톨릭교회는 시련을 겪게 되었다.

복음 전파와 하나님의 나라 확장은 인간적이며 세속적인 방법은 한계가 있다는 것을 알게 된다. 분명한 것은 마테오 리치가 그 당시 중국 땅에서 하나님의 나라를 확장시키기 위해서 일생을 헌신한 선교사임은 틀림이 없다. 그는 복음을 위해 타 문화권 중국에서 선교한 위대한 선교사로 추앙받는다.

〈마테오 리치의 연보〉

1552. 10. 6.	이탈리아의 마체라타(Macerata)에서 태어남.
1561.	마체라타에 있는 예수회 학교의 학생이 됨.
1568.	법학을 공부하러 로마로 감.
1571. 8. 15.	예수회의 수련 수사가 됨.
1572~1573.	피렌체(Firenze)에 있는 예수회 대학에서 공부.
1573. 9.~1577. 5.	로마에 있는 예수회 대학에서 공부 클라비우스(Clavius) 신부로부터 수학, 천문학, 지도 제작법 등을 배움.
1577. 여름	동양 선교사로 선발되어 포르투갈의 코임브라 대학에서 포르투갈어 공부.
1578. 3. 24.	배로 리스본(Lisbon)을 떠남.
9. 13.	인도의 고아(Goa)에 도착. 신학을 공부, 라틴어와 그리스어를 가르침.
1580.	코친에 거주. 사제 서품을 받음.
1582.	고아로 돌아옴.
1582. 4. 26.	배로 고아를 떠남.
6.	말라카에 도착.

8. 7.	마카오에 도착.
1583. 9. 10.	중국 조경에 정착.
1584. 10.	세계지도 1판 '여지산해전도'를 조경에서 인쇄함.
1589. 8. 3.	조경에서 추방됨.
8. 26.	소주에 정착.
1591. 12.	사서(논어, 맹자, 대학, 중용)를 라틴어로 번역하기 시작.
1592. 7.	소주의 사제관이 공격을 받음.
1594. 11.	예수회 선교사들이 유학자의 복장을 입음.
1595. 4. 18.	난징을 향해 떠남.
6. 28.	난징에 정착. 기억술 시범.
11.	'교우론(交友論)' 저술
1596. 봄	서양의 기억술을 소개하는 '기법' 저술.
1597. 8.	예수회 중국 지부장으로 임명됨.
1598. 9. 7.~11. 5.	북경 방문. 북경 거주가 허락되지 않음.
1599. 2. 6.	난징에 정착.
1600. 5.	황제에게 바칠 예물을 가지고 북경을 향해 출발.
1601. 1. 24.	북경 방문.
2.	황제의 궁전을 위한 8개의 노래를 만들었음.
5. 28.	북경 거주가 허락됨.
1602. 8.	세계지도의 개정판 '곤여만국전도'를 간행.
1603.	『천주실의』를 발행.
1607. 5.	유클리드의 기하학 요론 첫 6권을 번역한 『가하원본』을 발행.
1608. 1.~2.	『기인십편』 발행. 가을-겨울 '중국선교사' 집필 시작.
1610. 5. 11.	북경에서 별세.

참고문헌

소현수. 『마테오 리치』. 서울: 서강대학교 출판부, 1996.
애드너, 데이빗. 『중국선교』. 김묘경 역. 서울: IVP, 1990.
자오, 조나단. 『중국 선교 핸드북』. 중국어문선교회 역. 서울: 두란노서원, 1991.
케인, 허버트. 『기독교 세계 선교사』. 박광철 역. 서울: 생명의말씀사, 1981.
터커, 루스. 『선교사 열전』. 박해근 역. 서울: 크리스천다이제스트, 1990.
기독교대백과편찬위원회. 『기독교대백과사전』. 서울: 기독교문사. 1980.
네이버백과사전. http://100.naver.com/100.nhn?docid=59280.

미지의 땅 조선을 알린 선교사 헨드릭 하멜

(Hendrick Hamel, 1630~1692)

Ⅰ. 서론

17세기의 『Hendrick Hamel의 표류기』는 미지의 땅 조선을 서양에 알리는 귀한 책이다. 하멜 일행은 그 당시 한국 땅에서 직접적으로 선교를 하지는 않았지만, 그를 통하여 폐쇄적이었던 조선을 외국에 알리는 신호가 되었으며, 그의 저서 『하멜표류기』를 통하여 유럽 전체와 세계에 조선을 알리는 기회가 되었다. 열강들은 그들의 팽창정책과, 무역을 통하여 나라의 부를 위해 조선을 생각하였으나, 또 다른 측면에서 미 선교 지역으로 간주하여 선교정책을 마련하는 계기가 되었다.

하멜표류기는 네덜란드인 헨드릭 하멜이 썼는데, 『난선제주도난파기(蘭船濟州島難破記)』라고도 한다. 한국의 사정을 유럽에 소개한 최초의 문헌으로서 1668년에 네덜란드어, 영역본(英譯本), 불역본(佛譯本), 독역본(獨譯本)이 발간되었고, 한국에서는 1971년 영국왕립협회 한국지부에서 G. 레드야드의 영역본을 발간한 바 있으며, 『진단학보』 1~3권에 이병도(李丙燾)가 영·불역본에서 번역, 전재하였다. 이 『하멜표류기』 육필 원고는 1920년 네덜란드 학자 후팅크에 의해 발견되었으며, 그때까지 출간된 많은 하멜표류기의 오류를 바로잡는 역할을 했다. 내용을 약설하면, 하멜이 탄 네덜란드 스페르웨르호(號)가 1653년(효종4) 1월에 네덜란드를 출발하여 같은 해 6월 바타비아(Batavia), 7월 타이완(臺灣)에 이르고, 거기서 다시 일본의 나가사키(長崎)로 항해하던 중 폭풍우에 밀려 8월 중순 제주도 부근에서 파선을 당하였다. 선원 64명 중 28명은 익사하고, 하멜 이하 36명이 제주도에 표착하여 관원에게 체포된 경위와 1653~1666년(현종7)의 14년간을 여기저기 끌려다닌 생활, 즉 군역(軍役)·감금·태형(笞刑)·유형·구걸의 풍상을 겪으며 모든 사람과 접촉하고 남북 여러 곳의 풍속과 사정을 견문한 결과가 상세하게 적혀 있다. 특히 부록인『조선국기(朝鮮國記)』에는 한국의 지리 · 풍토 · 산물 · 경치 · 군사 · 법속(法俗) · 교육 · 무역 등에 대하여 실제로 저자의 보고 들은 바가 기록되어 있다. 하멜과 그 일행은 제주도에 표착한 다음 해인 1654년 5월에 서울로 호송되었다가 2년 후에는 전라도 지방으로 분산 이송되었다. 1666년 9월 하멜 이하 8명은 야음을 타서 읍성(邑城)을 탈출, 해변에 있는 배를 타고 일본 나가사키로 도망하여 1668년 7월에 귀국하였다. 이 책은 한국의 존재를 유럽인에게 뚜렷하게 알렸을 뿐 아니라, 당시 한국의 사회실정 · 풍속 · 생활 등을 아는 데에도 귀중한 자료가 된다.

그러므로 Hendrick Hamel을 연구함에 있어 하멜 일행이 들어오기 전의 한국의 상황과 하멜의 출생과 그의 약력 및 경력을 알아보고『하멜표류기』가 그 당시에 한국이나 서양에 어떤 공헌을 하였는가를 연구하였다.

Ⅱ. 하멜의 생애

Hendrick Hamel은 1630년 네덜란드의 호르큼에서 태어났다. 그의 부모는 Dric Hamel과 G. Verhae였는데, 부친은 보기 드물게 세 번 결혼했었다. 1650년 11월 6일, Hendrick Hamel은 Texel(네델란드 북부에 있는 섬)의 Landdiep에서 Vogel Struijs(타조라는 뜻)호에서 승선하여 인도로 향했다. 1651년 7월 4일, 그는 Batavia 항에 도착했다.

Vogel Struijs호 승선병부에 하멜은 사격수를 뜻하는 Bosschieter로 등록되어 있었다. 분명하게도 그와 같이 언급되어 있는 것은 그다지 중요하지 않았다. 예를 들어 보면 후에 장관인 Wiese도 인도로 가는 항해 병부상에 보통선원을 뜻하는 hooploper로 언급되어 있기 때문이다. Wiese는 당시 장관이었던 Van Parre의 조카였다.

인도에서 하멜은 빠르게 승진했다. 그는 서기에 이어 보좌관이 되고 1653년에는 장부계원이 되었다. 서열상으로는 키잡이와 동등했다.

7월 18일 하멜은 이런 임무를 띠고 대만으로 가는 도중에 Sperwer호에 승선해 Batavia를 떠났다. 배는 무사히 아무런 사고도 없이 1653년 7월 16일 대만에 도착했다. 배는 Batavia를 다소 늦게 출발했는데 그것은 대만에서 근무하기 위해 네덜란드에서 오기로 한 많은 군인들을 기다렸기 때문이다. 네덜란드에서 도착하기로 한 군인들을 헛되이 기다린 후에 Sperwer호는 군인들 없이 대만으로 떠나기로 결정했다. 그동안 순항은 거의 끝날 때까지 계속되었다.

Batavia에서 대만으로 가는 항로로서 날씨는 아직까지 아무 문제도 일으키지 않았다. 날씨는 화창했고 항해는 순조로웠다. 표류기에는 대만에서 나가사키로 가는 두 번째 항해 때 약간 순탄치 못했다고 알려져 있다.

Sperwer호의 실종 사실이 공식화되자, 총독인 Joan Maetsuyker는 중국과 일본 사이의 바다에서 그날 이후 발생할지 모르는 폭풍과 관련해 7월 1일 이후로 대만 북부 해협으로 보내지 못하도록 명령했다.

하멜과 그의 일행이 대만을 출발해 무슨 일들이 일어났는가 하는 것은 표류기에 광범하게 묘사되어 있다. 표류기의 저자가 헨드릭 하멜인지 아닌지 하는 것은 바로 장부 계원의 일이라는 것이다.

어찌하였든 하멜 일행은 제주 근처에서 풍랑으로 표류하여 조선에 14년간 억류당하였다가 일본으로 탈출한 후에 네덜란드로 귀국하여 『하멜의 표류기』를 발표하였다.

Ⅲ. 하멜 일행이 들어오기 전의 조선

조선이라는 존재는 『하멜표류기』가 나오기 이전에 이미 어렴풋이 유럽세계에 알려져 있었다. 외국인으로(동양 삼국은 제외) 조선에 첫발을 내디딘 사람은 하멜 일행이 처음은 아니다.

첫째로, 기록으로만 살펴보면, 선조 15년 3월에 조선에 첫발을 내딘 빅리아가 제주도에 도착하였는데, 그는 곧 중국으로 압송된 일이 있었다. 이는 임진왜란 때인 선조 27년에 왜군에 끼어 조선에 온 예수회 선교사 세스페테스가 조선에 온 것보다 12년이나 이전 일이었다.

둘째로, 1592년부터 1598년에 걸쳐 조선을 침략한 왜군을 따라 조선에 들어온 그레고리 세스페테스는 왜군 병사들의 신앙을 돕는 군종선교사로 병사와 행동을 같이했다. 세스페테스 등 선교사들은 주로 왜군 신자의 종교문제에만 관심을 가졌을 뿐 조선에 관해서 별로 관심을 가지지 않았다.

셋째로, 1827년 조선 땅을 밟은 네덜란드인은 박연(Jan Janes Weltvree) 일행 3인이다. 그의 본명은 Jan Janse Weltevree였으며, 그는 1626년 본국을 출발하여 Hollandia호를 타고 항해하였다가, 익년에 동료와 Ouwerkerck 선을 타고 일본으로 항해하다가 폭풍을 만나 표류하던 중 식수를 구하려고 경주에 갔다가 조선인에게 잡혔다. 그 당시 조선은 부산 왜관의 일본인에게 인계하려고 하였으나, 일본인들은 그가 기독교인이라는 이유로 거절했다. 그래서 할 수 없이 조선에 그를 머물러 살게 하였으며, 그를 통하여 나라의 기밀이 누설될까 두려워하였다. 그는 조선에 머물러 있으므로 여러 가지 조선군사에 기여를 했다. 조선 여인과 결혼하여 1남 1녀를 얻었으며, 그 자손들도 훈련도감에 편속되어 군인일가를 이루었다.

1. 『하멜 표류기』의 저작시기와 저작성

하멜은 표류기에서 자신을 제삼자라고 말하고 있고, 또한 하멜은 표류기에 서명을 하지도 않았는데 그 당시엔 흔한 일이었다. 보고서는 글 쓴 사람에 의해 서명되는 일이 거의 없었다. 그 당시의 거의 모든 기록들은 하멜을 저자로 간주하고 있다. 거기에도 의심할 여지가 거의 없다.

그러나 한 가지 의문점은 그가 언제 표류기를 썼는가이다. 그것은 그가 데지마에 강제로 머물러 있던 기간 동안의 일들로 알 수 있다. 하멜과 그의 일행이 조선에서 운 좋게 탈출한 뒤 이미 그들은 1666년 10월 23일 Esperance호로 바타비아로 떠나길 희망했다. 그러나 그들은 허가를 받지 못하고 데지마에서 일 년을 더 지내야 했다.

2년 후인 10월 25일 심문이 있었다. 이 심문은 하멜과 그의 일행이 조선인 어부의 배로 나가사키에 도착한 날인 1666년 9월 14일로 되어 있었다. 그러면 심문이 이미 행해졌음이 분명하다. 통역관은 포르투갈어를 할 수 있는 네덜란드인과 일본인 두 명이었다. 일본인들의 그 "precisiteyt"(꼼꼼함)으로 유명했던 심문과 답변은 일본에서 복사되어 10월 25일 또다시 두 명의 통역관의 도움으로 하멜과 그의 일행에게 큰소리로 읽혀졌다. 그러던 우연한 기회에 9월 14일, 10월 25일, 하멜은 심문내용을 복사하거나 기록할 기회가 있었다. 좀 더 명확한 가능성으로는 VOC 통역관이 기록했었을 수도 있다.

1666년 10월 18일자 상관장의 보고서에는 Volger 씨가 정박을 하고 이미 Esperance호에 승선했을 때 Sperwer호에서 난파된 이들의 일들이 기록되었어야 한다고 총독에게 썼다. 하멜은 출발 전에 보고서 작성의 의무를 띠고 있었던 듯하다. 하멜이 표류기를 작성하는 동안 자신의 임의대로 기록했었는지는 명확하지가 않다. 그는 수많은 장소와 날짜를 언급하고 있어서 사람들은 그가 조선에서 일기를 가지고 있었을 것이라 추정한다. 만약 그가 임의대로 기록을 했다면 매우 간결했을 것이다. 하멜은 표류기를 쓰는 동안 자신이나 동료들의 기억에 의존했음에 틀림이 없다. 다음 해인 10월 22일 떠나도 된다는 허가를 받았을 때 하멜은 오랫동안 썼던 표류기를 끝마쳐야 했을 것이다. 그날 헨드릭 하멜과 그의 일행은 출항준비를 마친 Speeuw호에 승선했다. 바타비아로 돌아가는 항해는 Formosa를 경유하지 않았는데, 그것은 이 섬이 1662년 사라졌기 때문이다. 그해 Zeelandia 요새는 Ming 왕조의 후손들에 의해 정복당했다. Speeuw호는 10월 23일 심해를 택하고 11월 28일 바타비아에 도착했다. 여기에서 Joan Maetsuyker의 일일보고서에 따르면 Journael이 Joan Maetsuyker에게 전해졌다고 했다.

하멜의 일행은 바타비아에 도착했던 것과 같은 배를 이용해서 조국으로 향했다. 그리고 1668년 7월 20일 조국에 도착했다. 그러나 하멜은 인도네시아에 남아 있었다.

그것은 그가 아직 결혼을 하지 않아서 네덜란드에 대한 향수가 덜했기 때문이라고 한다. Hague 주 문서국에 있는 원고는 면밀히 검토한 바에 의해 하멜이 기록한 원문으로 생각되고 있다. 원문은 바타비아 문서국용으로 필사본이 만들어지고 난 후에 총독에 의해 네덜란드로 보내졌으나 사본은 소실되었다.

표류기에서 두드러진 점은 하멜이 그와 그의 동료들이 언제 바타비아로 떠났는지 그 날짜가 기록되어 있다는 것이지만 Speeuw호가 언제 바타비아에 도착했는지는 빠져 있다. 하멜은 난파선에서 살아남아 구조된 두 번째 생존자들과 함께 1669년 Holland로 돌아간 것으로 추정된다. 그리고 배는 다시 수리되지 않았다. 1670년 8월 하멜은 두 번째 생존자들 중 2명과 함께 Heeren 17세 앞에서 조선에 감금되어 있는 기간 동안 받지 못한 임금에 대한 지불을 요구한다.

이미 동일한 요구를 첫 번째 생존자들도 했었다. Heeren 17세는 이들의 요구를 거절했고, 1670년에도 거절했다. VOC의 직원들은 VOC의 배에 승선하고 있었을 때나 공장에서 일했을 때 임금을 받을 권리를 가지고 있었다.

Heeren 17세가 만든 이 규정은 피해 갈 수 없는 힘겹고 엄격한 규칙이었다. 그러나 인간적인 면을 고려해서 그들은 Spewer호에서 살아남은 모든 직원들에게 일정한 액수의 돈을 주기로 결정했다. 이 액수는 굳이 조선에서 13년 동안 머물러 있는 동안 받아야 할 전체 분량에 미치지 못했다.

그 이후 하멜의 생활은 조선에서 머물기 전만큼이나 알려지지 않았다. 1734년경 호르큼에 보관되어 있는 손으로 쓴 문서에는 하멜이 1670년 호르큼에서 정착했다고 씌어 있다. 수년 후에 하멜이 정확히 언제 인도로 떠났는가는 알려져 있지 않다. 그의 인도체류에 대한 어떤 기록도 찾아볼 수 없다. 그러나 1690년이나 그 후에 하멜은 호르큼으로 돌아왔다. 그리고 1692년 2월 12일 “vrijer zijnde”(여전히 미혼인 상태)로 사망했는데 그의 나이 62세였다.

2. 하멜의 생애와 저작

1653년 7월 30일 VOC(동인도회사)의 Sparrow Hawk호는 대만을 출발해 일본의 나가사키로 향하고 있었다. 정상적인 항해라면 배는 적어도 11월 말까지는 나가사키에 도착했어야 했으나, 그러지 못했고 대만으로는 돌아오지도 못했다. 흔적도 없이 사라진 것이다. 몇 달이 지난 후 VOC 의 총독은 모든 희망을 포기하고 10월에 선원과 귀중한 짐을 실은 배가 실종됐다고 공식으로 공표했다. 13년 후에 나가사키에 있는 VOC 공장 책임자는 Goto-archipelago 섬들 중 한 곳에서 일본인에게 구조된 이국적인 복장을 하고 뗏목으로 표류 중인 8명의 네덜란드인에 대한 특별한 메시지를 받았다. 그들은 일본당국에 의해 당장 나가사키로 이송되었다. 1666년 9월 14일에 그들은 나가사키 부두에 도착했다. 그들은 실종된 Sparrow Hawk호의 선원임이 나타났다. 10일 전 그들은 한국의 남해안에서 자유를 찾아 위험을 무릅쓰고 허름한 어선을 타고 탈출한 것이다. 그들은 믿기 어려운 이야기를 했다. 13년 전 그들이 타고 있던 배는 난파되어 조선의 섬(제주도) 해안에 이르렀는데 배에 타고 있던 64명 중 32명만이 살아남았다. 그러나 조선정부가 자기 나라의 존재를 다른 세상에 알려지는 것을 원치 않았기 때문에 떠날 수 없었다. 생존자들의 운명은 불확실했다. 즐거운 한때를 보내기도 했으나 살아남기 위해 구걸해야 할 때도 있었다. 그들 중 12명은 몇 년이 지나 사망했고 마지막 생존자는 16명이었는데 그들 중 8명이 몇 차례의 실패 끝에 조선을 탈출하는 데 성공할 수 있었다. Hendrick Hamel과 그의 동료들의 여행은 1653년 7월 30일부터 1666년 9월 30일까지 계속되었다.

조선 땅에 발을 디딘 사람들은 Sparrow Hawk호의 선원들이 처음이 아니었다. 3명의 네덜란드인들이 그전에 왔었는데 그들 중 한 명인 De rijp 출신의 Jan Janse Weltevree라고 하는 이는 아직도 의혹에 쌓여 있다. 그는 조선의 해안에서 붙잡혔다고 주장했는데, 그 상황이 아직 명확히 밝혀지지 않고 있다. 조선에 대한 책을 유럽어로 처음 쓴 이는 Sparrow Hawk호의 선원인 Hendrick Hamel이란 네덜란드인이었다. 1669년 그 책은 Rotterdam에서 『Journal van de ongelukige Voyage van't Jacht de Sperwer』(Sparrow Hawk호의 불운한 항해표류기)라는 제목으로 출판하게 되었다.

그 표류기는 여러 번 재판되었고 18세기 초 영어, 독일어, 프랑스어로 번역되었다. 1920년 Hoetink는 The Hague의 주 기록보관소에 있는 사본을 이용, 원본의 정밀한 번역판을 냈다. 17세기에는 많은 선박 저널이 발행되었는데 잘 알려진 것으로는 1646년 Hoorm에서 출간된 Willem IJsbrandsz. Bontekoe와 Abel Tasman이 있다.

그는 하멜과 그의 동료들이 조선에 도착하기 11년 전에 오스트리아, 뉴질랜드를 발견했다. 대부분의 네덜란드인들이 Tasman과 Bontkoe에 대해서는 들어봤으나 조선을 발견한 사람들의 이름은 아무도 모르고 있었다. Hendrick Hamel의 출생지인 Gorkum에는 그의 동상도 없었으나, 1998년 9월 11일 그의 동상이 세워졌다(그의 이름을 딴 거리도 있다).

3. 조선의 발견

조선의 존재를 처음으로 안 유럽인은 포르투갈인이었다. 1543년 이래, 그들은 히라도 섬에 무역항을 두고 있었고, 쓰시마 섬을 가로지른 북서쪽에 그들이 "코레이"라고 부르는 나라가 있다는 것을 알고 있었다. 포르투갈에서 그리고 포르투갈 상선에서 조사하는 동안 Jan Huyghen van Linschoten은 이 사실을 알게 되었다. 1592년에 출판된 그의 『Reisgheschrift』(항해일지)에서, 일 년 후에 발행된 『ItInerarIo』(37쪽의 문서)에서 볼 수 있다.

조선은 포르투갈인들에게 알려져 있었고, 그들을 통해 네덜란드에도 알려져 있었는데 이 당시 일본은 조선과 교역을 하면서 쓰시마의 군주(일본어로는 다이모)는 무역의 독점권을 쥐고 있었다.

Ⅳ. 하멜의 한국 체류 일정

1. 제주생활

1) 17세기 조선의 상황

유럽에서는 14세기의 르네상스를 시작으로 15세기부터의 대항해시대, 15~16세기의 종교개혁을 거치면서 17세기에는 세계의 구도가 바뀔 정도의 변혁기를 가져 왔다. 즉 15~16세기에는 에스파냐와 포르투갈 등의 구 교권(가톨릭의 예수회)

국가들이 대항해시대를 열게 되어 세계의 강국으로 대두되었으나, 1588년 에스파냐의 무적함대가 당시 거대 세력으로 부상하고 있던 영국의 본토 공격에 실패해 궤멸하면서 결정적 타격을 입어 세력이 약화되고 있었기 때문이다. 또한 이 무적함대의 패배로 인해 에스파냐는 해상무역권을 영국에 넘겨주게 되었고, 네덜란드가 독립하는 계기를 마련해 주었다. 더욱이 아시아에서의 무역 경쟁에서도 에스파냐와 포르투갈이 실패를 거듭함에 따라 세계의 판도는 변화되기 시작했다.

그 후 17세기가 되어 1600년에는 영국이 동인도회사를 설립하였고, 1602년에는 네덜란드가 동인도연합회사(VOC)를 설립하면서, 구교에서 갈라진 영국과 신교권 프로테스탄트 계통의 네덜란드가 세계의 강국으로 부상한 것이다.

동아시아 또한 마찬가지였다. 북으로는 오이라트와 타타르 부족들이 변방을 침입해왔고, 남쪽으로는 왜구의 침입이 잦아 국내외의 혼란을 불러일으켰으며, 세력 또한 약화되기 시작했다.

더욱이 1592년 일본의 조선침략(임진왜란/정유재란)으로 인해 명나라는 막대한 전력과 경제력을 소비하게 되었고, 국내 전쟁으로 인해 세력 약화를 더욱 촉진시켰다. 이 기회를 틈타 여진은 세력을 강화시키고 있었다. 1592년에 발생한 도요토미 히데요시(豊臣秀吉)의 침략전쟁인 "임진왜란"과 "정유재란"에 의해 조선의 전 국토는 성한 곳이 없을 정도로 황폐해 있었다.

"임진왜란"과 "정유재란"의 7년간에 걸친 전쟁은 백성을 도탄에 빠뜨렸고, 정치・경제・문화・사회・사상 등 각 방면에 걸쳐 조선 정부는 심각한 타격을 입었다. 따라서 일본의 패전 후에 정부 관료들의 급선무는 전란으로 인한 문물의 파괴, 재력의 탕진을 극복하는 것이었는데, 정치・군사적인 면에서는 비변사(備邊司)의 역할이 강화되었고, 훈련도감을 비롯한 군사기구의 개편도 시작되었다. 하지만 전쟁의 상처가 아물 틈도 없이 국내에서는 인조반정의 논공행상 문제로 "이괄의 난"이 일어났다.

반란군은 평안도와 황해도 등을 차례로 점령하고 평산(平山)까지 진격해왔다. 중앙에서는 토벌군을 보냈으나, 오히려 반란군에게 패하여, 경기도의 벽제까지 넘겨주고, 이로 인해 인조는 공주로 피난을 갔고, 한성은 반란군에게 점령되었다.

이괄은 1624년 2월 11일 선조(宣祖)의 열 번째 아들 흥안군(興安君)을 왕으로 추대하기도 하였는데, 이날 밤에 토벌군에게 패하여 이괄은 경기도 이천으로 도망하였다. 결국, 처벌을 두려워한 기익헌・이수백 등 부하들의 배신으로 그는 목이 베여 난은 평정되었다.

이러한 혼란은 연이은 여진족의 침략으로 더더욱 조선 정부를 혼란케 만들었고, 왜란에 의한 상흔은 거의 복구되기 어려운 지경에 이르렀다. 즉, 명의 약화를 틈타 1616년 누르하치가 선양(瀋陽)에 후금(後金)을 세우고 1627년에는 조선에 침략하였으며(정묘호란), 1636년에도 제2차 침략을 감행하여(병자호란) 조선을 공략하였다. 그 결과 조선은 청의 조공책봉체제 속에 포함되었으며, 이를 시작으로 동아시아권에서 한족을 대신해 여진족이 정권을 획득하게 되는 이른바 명・청 교체가 일어나게 되어 새로운 국제질서가 편성되었다.

2) 하멜의 제주 표착지

1653년 8월 15일과 16일 새벽 사이에 하멜 일행은 스페르웨르호에 승선하여 일본으로 가던 중 거센 풍랑을 만나 제주에 표착하였다.

현재에 이르기까지 하멜 표착지가 정부의 입장에서 공식적으로 지정되거나, 또는 학자들에 의해 공인된 지역은 없었으나, 최근에 학자들 사이에서는 『지영록』(地瀛錄)이라는 사료에 수록, 『서양국표인기』(西洋國漂人記)의 "대야수(大也水) 연변"이라는 곳에 표착했다는 내용을 근거로 하멜 일행은 제주도의 "대야수 연변"에 표착하고 있었다는 것에는 의견을 일치하고 있다.

지금까지 많은 선학들에 의해 하멜 표착지가 추정되어 왔는데, 추정되고 있는 지역과 견해들을 분류한다면, 대략적으로 ① 하멜기념비 주변 지역 표착설, ② 중문해안 표착설, ③ 강정해안 표착설, ④ 대야수 연변 표착설, ⑤ 중국 표착설 등으로 나눌 수 있다.

3) 제주목으로의 이동

1653년 8월 15일과 16일 새벽 사이에 제주도 대야수 연변(수월봉 남쪽 해안가)

에서부터 남제주와 북제주를 경계하는 하천 “고샘이내” 부근까지 표착한 하멜일행은 선원 64명 중 36명만이 살아남았다.

18일:

약 1~2천 명의 제주도 군사들이 그들의 주위에 배치되었고, 곧이어 이들 중의 일부는 조선 측의 지휘관에 의해 심문을 받게 되었다. 의사소통이 어려웠기 때문에 별다른 정보 교환이나, 난파의 이유 등에 대해서 조선 측은 별다른 성과를 얻지 못했다. 조선인에 의해 난파선 스페르웨르호의 화물들을 육지로 옮겨 햇볕에 말리는 작업이 진행되었으며, 쇠붙이가 있는 목재들을 태웠다. 당시 제주도의 목사는 이원진, 판관은 노정, 대정현감은 권극중이었는데, 이 중에서 판관 노정과 대정현감 권극중이 현장을 감독하고 있었다. 이날 하멜 일행이 바위틈에서 발견한 포도주를 이들에게 주자 대단히 만족해하며 깊은 우호감을 나타냈다.

20일:

전날과 마찬가지로 목재를 태우는 작업이 진행되고 있었는데, 그중에 들어 있던 화약이 폭발하는 바람에 조선 측의 지휘관과 병사들이 도망치는 일이 발생했다. 하지만 하멜일행이 다시는 폭발하지 않을 것이라고 손짓을 하자, 계속 작업이 진행되었다.

정오 무렵에 하멜 일행에게 출발 명령이 내려져 말을 탈 수 있는 사람에게는 말이 주어지고, 부상으로 탈 수 없는 사람들은 들것에 실려서 이동하였다. 저녁 무렵에 대정에 도착하여 이곳에서 머물었는데, 하멜은 이날 약 4마일을 여행했다고 기록하고 있다.

22일:

아침 무렵에는 다시 말을 타고 가다 어느 성채 앞에서 아침을 먹었는데, 그곳에는 2척의 정크선(병선)이 정박하고 있었다. 오후에 제주목에 도착하였는데, 그곳에 당도하자 제주목 건물(현재의 관덕정) 앞에서 제주목사(Mocxo) 이원진의 심문을 받았으나, 역시 의사가 소통되지 않았다. 여기에서 일행은 심문을 받고 왕의 숙부(광해군)가 유배되어 있던 집에 머물게 되었다.

기록에 의하면, 정오 조금 전에 텐트 주변에 한 사람이 나타나, 그가 도망친 후, 정오 직후에는 3명이 왔으며, 저녁 무렵이 되자 100여 명의 무장한 사람들이 일행을 감시하였고, 다음 날인 18일 정오경에는 1~2천 명의 기보병이 하멜 일행의 주위를 에워쌌다고 한다.

4) 제주생활

목사 이원진은 선하고 이해심이 있으며, 서울 출신에 일흔 정도의 나이로 조선 국왕, 즉 효종의 두터운 신망을 가지고 있는 사람이었다. 이원진은 이국땅에 표착한 하멜 일행에게 따뜻한 위로의 말을 전해주기도 했으며, 또 먹을 식량을 지급함과 동시에 매일 교대로 6명씩 외출할 수 있는 기회까지 부여해 주고 있었다. 더욱이 이원진은 하멜 일행과의 대화 시간을 자주 가졌기 때문에 후에는 어느 정도 몸짓과 서투른 말로 어느 정도의 의사소통이 이루어지고 있었다. 가끔은 일행에게 향연과 오락시간을 주어 더 이상 슬픔을 느끼지 않게 되었으며, 또 왕에게 보낸 서신이 도착하는 대로 일행을 다시 야판(일본)으로 보낼 것이라는 말과 함께 부상자들을 치료해 주며, 매일 그들에게 용기를 북돋아 주고 있었다.

이원진은 서울로 떠나기 전에 두루마기와 버선, 그리고 신을 한 켤레씩 지급해 주면서 추위를 잘 견디라고 격려해주기도 했으며, 또 압수했던 하멜 일행의 많은 책들을 돌려주기도 했다. 또한 서울에서 내려온 통역자 박연으로 하여금 일본으로 보내주지 못해 매우 유감스럽다는 뜻을 전하기도 했으며, 서울에 가서 일행을 석방시키거나 서울로 상경할 수 있도록 힘을 써줄 것까지도 약속했다(이원진은 1654년 1월 초에 제주 지역을 떠났다).

새로 부임한 목사는 일행의 부식물을 모두 압수했으며, 그로 인해 밥과 소금으로 끼니를 해결해야만 했다. 쌀 대신에 보리가, 밀가루 대신에 보릿가루가 지급되었고, 부식은 아예 지급도 되지 않았다. 이러한 상황이 그들을 공포감에 사로잡게 하였고, 결국에는 6명이 이전부터 눈여겨 두었던 배를 훔쳐 도망칠 계획을 세워

두기도 했다. 탈출에 실패한 하멜 동료들은 1654년 4월 말에 탈출할 기회를 얻었으나, 개가 짖었기 때문에 경비가 삼엄해져 포기할 수밖에 없었다.

5월 초에 5명의 하멜 일행은 도망치는 계획을 세우나, 돛대가 부러져 해안가로 밀려오게 되었고, 그들을 추격해 온 2척의 배가 그들에게 접근하자 그들에게 돌격하여 승선했던 조선인들을 배 밖으로 던져 버리고 다시 출항하려고 했지만, 이 역시 성공할 수 없었다. 왜냐하면 배에 물이 차서 더 이상은 항해를 할 수 없었기 때문이다. 어쩔 수 없이 체포된 그들은 공모자들을 색출하기 위해 엄격한 심문을 받게 되었고, 탈주자들은 곤장 25대씩을 맞아 한 달 정도 자리에서 일어날 수가 없을 정도였다. 일행 또한 외출이 전면 금지되었고, 삼엄한 감시를 받아야만 했다. 결국에 1954년 5월 말 서울상경명령을 받았다.

하멜 일행은 6~7일 후에 4척의 선박에 나누어 승선했는데, 양 발목과 한 손에는 자물쇠가 채워진 채였다. 이틀간 그런 식으로 승선해 있었으나 날씨가 좋지 않아 숙소로 다시 되돌아온 후, 4~5일이 지난 후에야 다시 출발할 수 있었다(하멜 일행이 제주도를 출발한 것은 1654년 6월 초의 일이었다).

2. 서울생활

이원진은 하멜 일행이 표착했을 당시부터 친절과 우호로서 대접해주었지만, 하멜 일행의 표착 후 얼마 지나지 않아 목사의 임기를 마쳤고, 곧 이어 중앙의 우승지가 되어 서울로 상경하였다.

1) 훈련도감

하멜 일행은 보증인을 찾기 전에는 사역원에 머무르지만, 그 보증인을 찾게 하는 일조차 박연에게 맡기고 있다. 그것은 1627년 박연이 조선에 표착하고 난 후, 오랜 시간이 지남에 따라 조정에 상당한 신용을 얻고 있었음을 뜻하는 것이며, 조선인으로 동화되어 간 박연의 일면을 엿볼 수 있는 부분이다. 박연은 이미 네덜란드인이 아니라 조선인으로서 제2의 인생을 조선에서 꾸려나가고 있었던 것이다.

2) 탈출사건

분명히 그들이 가지고 있던 서양의 병기 기술은 그 나름대로 평가를 받아 효종의 북벌정책하에서는 훈련도감에도 배속되기는 했지만, 서양의 이국인이 35명씩이나 훈련도감에 배속되어 훈련을 받고 있었다는 것은 청국의 의심을 사게 되고 나아가 북벌정책에 지장을 초래할 위험성이 충분히 있었다.

하멜 일행의 서울 체재 중에 네 번에 걸친 청국 사신의 서울 방문이 있었다. 우선 1654년에 사신이 입성한 시기는 사신들이 서울에 체재하고 있던 8월부터 9월 초순까지 남한산성에서 지내고 있었기 때문에 문제가 없었다. 그러나 1655년 3월에 청국 사신이 서울을 방문했을 때, 조선 정부의 우려로 하멜 일행은 외출이 금지되고, 위반할 경우 엄벌에 처한다는 지시가 내려져 있었음에도 불구하고, 일행 중의 두 사람이 거류지를 탈출해 청국 사신의 귀국 행렬에 뛰어들어 자신들을 네덜란드 본국으로 송환해줄 것을 요청하는 사건을 일으켰다.

3) 홍이포 제작

박연이 숭정(崇禎) 원년, 즉 1628년 호남에 표착해왔다, 그 후 조정에서는 그를 훈련도감에 배속시켜 항왜와 중국인을 거느리게 했다. 하멜은 1653년 제주에 표착하고 있으며, 이 기록에서 호남이라고 한 것은 당시 제주가 전라도 관할이었기 때문이다.

한편, 이 기록은 훈련도감에 배속시킬 만한 박연의 뛰어난 능력을 언급하고 있는데, 바로 병서에 재주가 있고, 화포를 매우 정교하게 만들 수 있다는 부분이다. 이뿐만 아니라, 효종의 부마(駙馬, 사위)였던 정재륜이 기록한 『한거만록(閑居漫錄, 서울대학교 규장각 소장)』에는 박연에 대해, "위인이 뛰어나고 훌륭하며, 깊이 헤아리는 바가 있었다."라고 그를 평가하고 있다. 그러한 능력을 가지고 있었기에 조선을 위해 재능을 살려 "홍이포를 만드는 법"(紅夷砲의 制)을 명령한 것이다. 이 기록에서 호탄만이라는 박연의 본명이 나온다.

레드야드에 의하면, 스미트(Jacob Smit)의 견해를 인용해 "호탄만"(胡呑萬)의 한글 발음은 네덜란드어로 '대장'을 의미하는 단어일 가능성을 시사하고 있다.

네덜란드어 단어 중에는 "hoofdman"(호프트만), "hopman"(호프만)이라는 단어가 있는데, 분명히 "leader"(지도자), "chief"(장, 우두머리, 두목, 장관) 등의 의미를 나타내고 있다. 아무튼 박연은 호탄만이라고 불릴 정도로 화포 제작에 대한 능력을 소지하고 있었고, 또 이러한 그의 능력을 살려 홍이포(紅夷砲)의 제작법까지 조선에 전해준 것이다.

박연이 훈련도감에 배속되어 실제로 항왜(降倭)와 귀화한 중국인들로 구성된 일종의 외인부대장이기도 했었다. 박연은 병기와 병술에 관한 능력으로 인해 무과에 급제한 것이고, 또 1627년에 표착하여 21년이 지난 시점으로 충분히 언어상의 문제도 해결된 만큼 과거를 통한 정식 등용은 그리 어려운 문제가 아니었을 것이다.

3. 전라병영생활

1) 강진의 유배

『하멜보고서』에 의하면, 일부 고위 관리는 일행 각자에게 무기를 주어 죽을 때까지 싸우게 대결시켜 백성들로부터 외국인을 노골적으로 살해한 왕이라는 원성을 듣지 않을 것이라는 제안도 있었다고 한다.

아무튼 이러한 논의가 이루어지는 동안 그들은 감금 상태에 있었고, 다만 박연만이 그들에게 "당신들의 목숨이 사흘간 더 붙어 있다면 장차 명대로 오래 살 것이다."라는 말을 하였을 뿐이다. 한강 변에서 박연과 작별을 하였는데, 그것이 박연과 하멜 일행의 마지막 만남이었다.

하멜 일행은 제주에 표착하여 서울로 이송되었을 때, 이용한 길을 다시 한 번 거슬러 내려가 영암을 거쳐 목적지인 전라 병영에 도착했다. 1653년 표착할 당시는 36인이었지만, 서울로 이송되던 중 영암에서 한 명이 사망하고, 또 탈출 사건으로 두 명이 사망했기 때문에 이때까지 생존해 있던 일행은 33명이었다. 『하멜보고서』에 의하면, 이곳에는 전라도의 군사령관인 병사(兵使)의 관청이 있었다고 하는데, 사흘 뒤에 전해에 먼저 이곳으로 이동되어 온 일행 3명과 합류하여 전부

33명이 되었다.

2) 전라도 병영생활

1657년 하멜 일행은 강진에 도착했다. 그들이 도착했을 당시의 전라 병사 유정익은 직무상의 과실로 인하여 파직을 당할 위기에 처해 있었으나, 많은 백성들로부터 흠모를 받았고, 명문가 출신에다 조정 대신들의 변호가 있어 왕의 특별사면을 받았다. 이때의 병사는 유정익(柳廷益)으로 하멜은 이때의 전라병사에 대해 매우 우호적인 평가를 내리고 있다. 그러나 1657년 2월 새로운 전라병사가 부임했다.

그런데 전임자와는 완전히 하멜 일행에게 강압적인 대우를 취했다. 그전에는 땔감도 무료였으나, 그와 같은 특혜들을 전부 무효로 하였고, 오히려 여러 가지의 잡일로 하멜 일행을 괴롭혔다. 그러나 9월에 병사가 심장마비로 급사하는 바람에 억압에서 벗어날 수 있었다. 더군다나 병영의 백성들조차도 그의 악정을 규탄하며 그가 죽은 것을 다행으로 여길 정도였다고 하멜은 기록하고 있다.

1657년 11월 새로운 병사가 도착했다. 다행인지 불행인지 이 병사는 하멜 일행에 대해 전혀 무감각한 존재였다. 옷이라든가 여타의 사정을 부탁해도 효종이 그들에게 지급을 약속한 50근의 쌀 이외에는 어떠한 것도 지시받은 것이 없다며 거절했고, 더 필요한 것이 있다면 일행 스스로 알아서 하라는 식이었다. 겨울이 다가오고 있었으나, 그들에게 의복이라고는 나무를 하러 다니다가 다 해진 옷들뿐이었다.

한편 강진 병영의 생활은 어떤 면에서는 하멜 일행에게 자유로움 그 자체였다. 제주에서나, 서울에서의 생활은 감시와 통제 속에서의 생활이었으나, 이곳에서는 그들이 가고 싶은 곳이면 어디든지 병사의 허락만 있으면 가능했다.

『하멜보고서』에는 그들이 생활에 어려움을 겪자 조선에서는 동냥이 흉이 아니라는 것으로 판단하고, 그들의 모험담을 들려주는 대가로 돈을 받는 일을 하게 되었다고 기술하고 있다. 또한 구걸 등을 통해 얻은 수입으로 월동 준비에 필요한 이런저런 물건을 구입했던 것이다.

1658년 연초에 병사가 전출되어 다른 사람이 임명되어 왔다. 신임 병사는 또다시 일행에게 외출을 금지했고, 1년에 네 벌 정도의 피륙을 주는 조건을 내걸어 사역에 동원할 것을 지시하였다. 그러나 그 대가가 너무나 적었고, 가뭄에 물가가 폭등하여 그 제안을 정중히 거절하였다. 대신에 하멜 일행은 일행이 교대로 15일 내지는 20일간의 여행을 할 수 있도록 해달라고 간청을 하였는데, 이내 승낙이 떨어졌다. 그 승낙은 일행들 사이에 열병이 퍼져 있어 집에 남은 자들이 병자들을 간호하겠다는 것과 절대로 서울과 일본인들이 거류하는 근처에는 가지 말 것 등의 조건이 있었다.

1659년 4월 효종이 붕어(崩御)했다. 『하멜보고서』에는 세자 현종이 그 왕위를 이어받았다는 사실을 하멜은 기록하고 있으며, 1660년부터 1662년까지의 강진 생활에 대해서는 별다른 문제없이 아주 자유로운 생활을 기록하고 있다.

특히, 강진 부근의 절에 대한 하멜의 평가는 대단히 우호적이다. 그들은 스님들에게 많은 덕을 받았으며, 또 스님들은 외국에 대한 풍물에 깊은 관심을 보여 다른 나라의 풍습을 들려줄 때면 더욱 후한 대접을 받았다고 한다. 만약에 하멜 일행만 괜찮다고 한다면, 꼬박 밤을 새어 들어도 괜찮다고 할 정도였다.

1660년 초에 또 다른 병사가 부임했다. 그런데 그 또한 일행에 매우 동정적인 입장의 사람으로서 자신에게 권한이 있다면 하멜 일행을 고국으로 돌려보내주겠노라고 누차에 걸쳐 언급할 정도였다.

『하멜보고서』에 의하면, 1662년은 추수철이 되기 전까지 천여 명이 기근으로 죽어갔고, 노상강도가 횡행하여 길을 나서기조차 두려웠다고 한다. 이때에는 경비가 철통같이 실시되었는데, 이것은 강도와 살인 행각을 방지하고 길거리에 널려 있는 죽은 자들의 시신을 수습하기 위해서였다. 때로는 국가의 창고를 습격해 비축해 둔 군량미를 탈취하는 등 여러 고을들이 피해를 입고 있었다.

이러한 기근은 1662년 초반까지 약 3년간 계속되었는데, 백성들은 수확이 없었기 때문에 모종조차도 못할 지경이었다. 이 때문에 당시의 전라병사는 하멜 일행에게 지급되어 오던 양곡을 더 이상 배급해 줄 수 없다는 뜻을 전라도 관찰사에게 보고하였다.

3) 분산생활과 탈출

하멜 일행은 전라병사에게 그동안의 호의와 친절에 인사를 하고, 각기 배정된 여수좌수영, 순천, 남원 지역으로 출발하였으며, 순천과 여수좌수영으로 떠나는 인원은 같은 방향의 길로 출발했다. 첫날 저녁에는 한 고을에 도착하여 머물렀고, 넷째 날이 돼서야 순천에 도착하였다. 그다음 날 이른 아침에 출발하여 오전 9시 경에는 여수좌수영에 도착했다.

일행은 즉시 전라좌수사에게 인계되었으며, 그들에게는 가구가 갖추어져 있는 집 한 채가 주어졌고, 또 이전에 지급되어졌던 수당이 지급되었다. 하멜을 포함한 12명의 인원의 여수생활이 시작되었는데, 그들이 도착할 당시 선량하고 온화한 전라좌수사는 일행이 도착한 이틀 뒤에 다른 곳으로 떠났다. 그가 떠난 지 사흘 만에 새로운 좌수사가 도착했으나, 불운하게도 그는 친절하지도 선량하지도 않은 사람이었다. 왜냐하면 하멜 일행을 뜨거운 태양 빛 아래에, 또는 비와 우박이 쏟아지는 겨울에도 아침부터 저녁까지 온종일 대기시켜 놓고 있었기 때문이다.

한편 여수에서는 겨울이 다가오는데도 흉년으로 인해 그들이 가지고 있었던 것은 입은 옷뿐이었다. 하지만 다른 두 곳의 순천과 남원에 있는 사람들은 그곳의 수확량이 많았기 때문에 옷가지를 장만할 수 있었다. 여수에 있던 하멜 일행은 이러한 사실을 말하여 일행 중의 반은 3일간의 외출허가를 얻었다.

1664년 하멜 일행은 새로운 좌수사를 맞이하게 되는데, 그 이전의 좌수사와는 달리 일행을 모든 부역에서 해방시켜주었을 뿐만 아니라, 순천과 남원에 있던 일행이 하고 있는 일만큼만 하라고 지시하였다. 또한 새로 부임한 좌수사는 한 달에 두 번의 검열을 받는 것 이외에는 외출도 허락하고 있었는데, 이때의 좌수사에 대해서 하멜은 "좋은 사람을 부임시켜 주신 데 대하여 우리들은 전지전능하신 하나님께 감사했다."고 기록하고 있다. 이전보다는 그들에 대한 감시도 느슨해졌기 때문에 그들은 배를 구입하기 위해 갖은 노력을 기울이기 시작했다.

1665년 이때도 마찬가지로 그들에게 어려움은 있었으나, 간신히 작은 나룻배 한 척을 구할 수 있어 비상식량을 비축할 수 있게 되었다. 그들은 이 배를 이용해 여수 주변의 섬들을 오가면서 주변을 살펴두었다. 여수에서 어느 정도 자유로웠던 생활이 그들에게는 탈출할 생각을 갖게 했던 것이다. 물론 탈출에 대한 그들의 열정은 당초부터 가지고 있었던 것이나, 배를 구입하기 위한 경제력이 생겼다는 것을 의미한다.

1666년 초 여수의 전라좌수사는 지방관으로서의 임기가 만료되어 더 높은 직위로 영전하여 갔기 때문에 새로 좌수사가 부임해 왔다. 그는 이전의 악덕한 관리와 마찬가지로 하멜 일행에게 온갖 잡일과 노역을 시켰다. 일행은 이에 대해 어느 정도의 부당함을 호소했으나, 좌수사는 늘 대꾸도 하지 않았다. 하지만 하멜 일행에게 다행스러운 일이 발생했다.

여수에서의 수군 훈련 중에 포수의 부주의로 탄약상자에 불이 붙어 5명의 사상자가 발생한 것이다. 좌수사는 이 돌발 사고를 은닉하여 감쪽같이 숨겨두고 싶어 했으나, 항상 왕의 측근자로서 동시에 전국 방방곡곡을 돌아다니며, 암암리에 지방사정을 탐지하고 돌아다니는 자, 즉 암행어사에게 발각되었던 것이다. 4명의 동향인은 항해전문가인 얀 피터슨을 끌어들여 도합 8명이 1666년 9월 4일 썰물을 이용하여 일본으로 탈출했다.

4. 일본에서의 표착

조선을 탈출하는 데 성공한 하멜 일행 8명은 조선인들이 추격해 올 것을 두려워한 나머지, 돛이 눈에 띄지 않도록 돛을 내리고 노를 저어 항해를 시작하였다. 저녁 무렵에는 계속되는 서풍으로 전신이 마비될 듯하였으나, 이때는 조선 영역의 제일 끝 부분으로 다시 붙잡히리라는 공포감에서 비로소 벗어날 수 있었다.

1666년 9월 6일, 일본 구주 근처의 히라도(平戶) 주변에는 이전에 네덜란드 상관이 있었던 곳이기도 하나, 1666년 당시에는 나가사키(長崎)의 데지마(出島)라는 인공섬에 네덜란드 상관이 있었다. 이날 저녁은 우선 섬이 보이는 곳까지 도착해 섬의 서해안에서 정박했다.

1666년 9월 7일, 풍향이 계속 바뀌는 가운데 일행은 여러 섬들이 줄지어 늘어선 곳에 있다는 것을 알게 되었고, 그들은 그 열도를 따라 항해를 계속했다.

1666년 9월 8일, 저녁에도 같은 지점이었다. 조수의 영향으로 제자리를 맴돌고 있었던 것이다. 이 열도를 벗어나려고 바다 쪽으로 돌진하였으나, 강풍으로 인해 어떤 만(灣)에 들어가 닻을 내렸다. 그곳이 어떤 곳인지도 모르고 밥을 지어 먹을 수밖에 없었다. 배를 타고 지나가는 주민들이 간혹 보이고 있었는데, 그들은 하멜 일행에게 별 신경을 쓰고 있는 기색은 안 보였다. 저녁 무렵에 만에 여섯 명의 무사를 태운 배 하나가 맞은편 해안에 한 사람을 내려주는 것이 보였다. 하멜 일행은 이를 보고 다시 바다 쪽으로 도망치려고 하였으나, 결국 그들에게 붙잡히고 말았다.

이때 일행은 그들이 말로만 듣던 일본인과 모습이 비슷하다는 것을 깨달았고, 그들 일본인에게 준비해간 네덜란드의 깃발을 꺼내 보이며, "홀란드 나가사키"라고 외쳤다. 하멜 일행이 만에 도착한 사건으로 해안일대는 어수선했고, 많은 사람들이 몰려왔다. 하멜은 옆구리에 칼을 한두 개쯤 차지 않은 사람이 없었다고 이때의 상황을 기록하고 있는데, 바로 이들은 사무라이(=侍, 무사)였다. 당시 일본에서는 일반 백성이나, 상민들은 칼을 옆구리에 찰 수가 없었으며, 사무라이만이 칼을 두 개 찰 수 있는 권한이 있었기 때문이다. 이것은 사무라이의 지배층으로서 특권이었던 것이다.

일본국회도서관에 소장되어 있는 『분류기사대강(分類紀事大綱)』 33권의 『아란타인조선강표착지일건(阿蘭陀人朝鮮江漂着之一件)』에는 "네덜란드인은 조선국에 12~13년 이전에 표착하여 그곳에 붙잡혀 있었는데, 그중에서 8명이 고토(五嶋=五島)에 도망쳐 왔다(阿蘭陀人朝鮮國江十二三年以前ニ漂着仕候を召捕置候, 其內八人上五嶋へ缺落仕參候)."는 기록이 보이고 있어 이로써 일행이 고토 열도의 제일 북쪽에 위치한 "가미고토"(上五島)에 표착하였음을 알 수 있다. 더군다나 이보다 더 정확한 사료가 보이고 있는데, 그것은 저자 미상의 『일기(日記)』(自寬永十年五月至寶永午年十二月, 나가사키(長崎) 현립도서관 소장)라는 사료의 기록이다.

일본에서 하멜 일행은 신문을 받고 14년 만에 본국이나 인도로 귀국하게 된다. 귀국한 후에 하멜 일행은 그동안 밀린 위로금을 청구하여 처음에는 거절당하나 나중에는 일부의 위로금을 받는다. 또 하멜은 『하멜표류기』를 출판하여 조선을 유럽에 알리는 계기가 되었다.

Ⅳ. 결론

이상에서 본 것처럼 헨드릭 하멜은 그 당시 동인도회사의 직원으로 Sperwer호를 타고 일본으로 가는 중에 제주도 근처에서 표류하여 한국에 13년 동안 억류당하고 있다가 일본으로 탈출하여 본국으로 귀국하였다. 그는 본국에 가서 조선에 대한 상황이나 문화를 유럽에 알리는 최초의 유럽인이었다. 그로 인하여 조선에 대한 관심과 특히 조선 문화를 유럽에 많이 소개하는 계기가 되었다.

특히 하멜은 한국에 체류하는 동안에 적극적인 기독인의 모습으로 보이진 않았지만, 그래도 크리스천의 생활을 살아온 흔적이 보인다. 그가 귀국한 후에 기술한 『하멜 표류기』를 보면 모든 것이 하나님의 은혜로 14년 동안 지켜주심을 감사한다고 기술하고 있음을 볼 수 있다. 그들의 조선 체류를 통하여 조선인들이 서양의 기독교인들의 모습을 알게 되었고, 조금이라도 그 당시의 조선인의 시야가 넓게 되는 계기가 됨을 알 수 있다. 그러므로 구한말 초기 한국에 온 서양선교사들은 『하멜 표류기』를 필독서로 하고 있음은 하멜의 글이 얼마나 한국 주재선교사에게 유익한 책인가를 알려 주는 것이다. 헨드릭 하멜 일행의 일지를 통해서 당시 한국의 선교 상황을 알 수 있다.

〈하멜의 연표〉

1630년: 네덜란드 호르큼(Gorcum) 시에서 출생.

1653년 1월 10일: 네덜란드 Texel 항 출발.

1653년 7월 4일: 포헬 스트라위스(Vogel Struijs)호의 포수로서 인도네시아의 바타비아(Batavia)에 도착. 바타비아에서 선박의 항해 유지와 재무 관리는 물론 재정을 맡아 보는 장부 계원으로 승진.

6월 18일: Sperwer호에 승선하고 바타비아를 출발.

7월 16일: Sperwer호에 승선하고 타이완 도착.

7월 30일: Sperwer호에 승선하고 일본을 향하여 타이완 출발.

8월 11일: 타이완과 북방 혜덕에서 풍랑 만남. 14일까지 계속적인 풍랑.

8월 15일: 태풍으로 배의 일부분이 파손.

8월 16일: 새벽 1시경에 육지 발견. 배가 난파, 선장 사망. 생존자 36명.

8월 17일: 제주도민이 하멜 일행 발견. 3명이 접근.

8월 18일: 정오에 기보병 1~2천 명이 에워쌈.

8월 19일: Sperwer호의 잔해물을 취함.

8월 20일: Sperwer호의 잔해물을 취하다가 화약이 폭발.

8월 21일: 8월 21일 대정현 관아로 이송. 조선의 지휘관이 하멜 일행을 호출. 일행의 물건을 훔친 조선인 처벌.

8월 22일: 대정현을 출발하여 명월진을 거쳐 제주목에 도착. 제주목사 이원진이 신문.

10월 29일: 박연(벨테브레)와 면담.

1654년 6월 초: 제주도 출발하여 서울로 가다.

6월 26일: 한양 도착.

1656년 3월 초: 전라병영(강진)으로 이송.

1657년 : 전라도 강진 유배.

1663년 2월: 생존자 22명을 여수. 남원, 순천으로 분산.

1666년 9월 3일: 탈출

9월 6일: 일본 나가사키로 탈출.

9월 13일: 일본 나카사키 도착.

1668년 7월 20일: 네덜란드 암스테르담 도착.

8월: 네덜란드로 귀국.

1692년 2월 12일: 사망(미혼).

〈하멜의 조선 표착에서 탈출까지의 연도별 기록(요약)〉

▩ 1653년 8월 16일 제주 표착.

■ 1653년 8월 21일 대정현 관아로 이송.

■ 1653년 8월 22일 제주목 관아로 이송.

■ 1653년 10월 29일 박연(벨테브레)과 면담.

■ 1654년 6월 초 선박 이용 제주항 출발.

■ 1654년 6월 26일 한양 도착.

■ 1656년 3월 초 전라병영(강진)으로 이송.

■ 1663년 2월 생존자 22명을 여수, 남원, 순천으로 분산.

■ 1666년 9월 3일 탈출. 9월 13일 일본 나가사키 도착.

■ 1667년 12월 18일 나가사키 출발.

■ 1668년 7월 20일 네덜란드 암스테르담 도착.

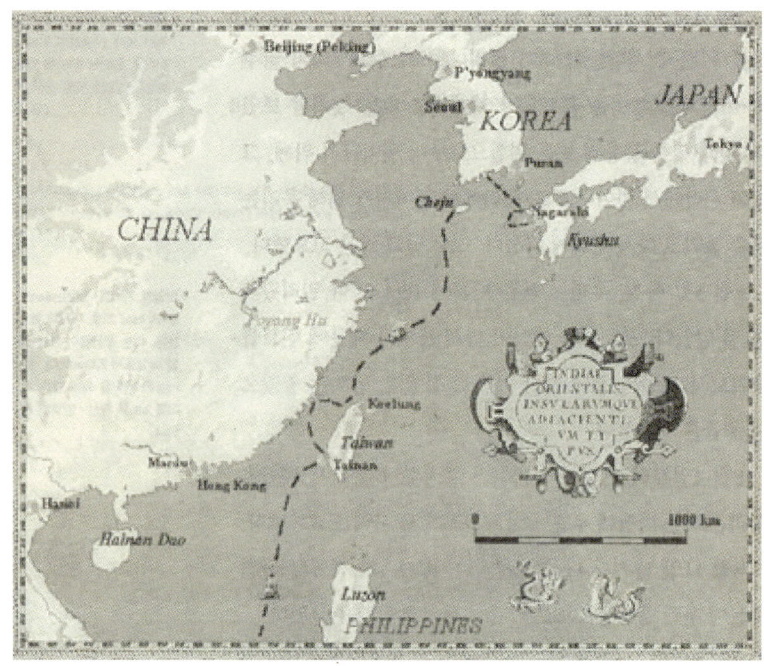

하멜이 항해했던 여수와 나가사키 간 하멜 항로－하멜 일행이 범선으로 조선을 탈출하여 자유와 희망을 찾아 환희를 맛본 하멜 항로

1653년 8월 16일 헨드릭 하멜을 포함한 64명의 선원을 태운 상선 스페르웨르호

참고문헌

정운용 · 김창수. 『동방견문록 하멜표류기』. 서울: 을류문화사, 1994.

헨드릭, 하멜. 『하멜표류기』. 신복주 역. 서울: 집문당, 1999.

헨드릭, 하멜. 『하멜표류기』. 이병도 역. 서울: 일조각, 1997.

Gari Ledyard. *The Dutch Come to Korea*. Royal Asiatic Society, Korea Branch, 1971.

강준식. 『하멜표류기』. 서울: 웅진닷컴, 2002.

효종실록.

현종실록.

인조실록.

http://blog.naver.com/braveattack?Redirect=Log&logNo=10104622176.

상선을 통한 복음 선교사 칼 귀츨라프

(Karl F. A. Gützlaff, 1803~1851)

Ⅰ. 서론

한국 기독교의 역사는 한 세대가 훨씬 넘는다. 그 역사를 놓고 우리는 그 급속한 성장을 경탄과 찬미로 자랑삼기도 하고, 때로는 겸허히 그 질곡의 음지를 되돌아보기도 한다. 백여 년의 연륜 속에 굽이굽이 흘러온 복음과 민족이 하나 되는 과정은, 이제 우리의 미래에 세워 놓은 섭리의 비밀을 예시하는 예언이 되어 우리를 향한다.

한국 기독교의 출발을 의미하는 순간에 대해서는 논란이 많다. 그 역사를 계산할 때 혹자는 이 땅에 선교사가 발붙인 날로부터여야 한다고 하고, 혹자는 그 복음이 그릇에 담긴 때부터여야 한다고 하며, 또는 나라에 그리스도를 믿는 공동체가 이루어진 때부터여야 한다고 하는 이도 있다. 모두가 일리 있는 주장이고, 어느 것을 가리켜 복음의 연원이라고 해도 무리가 없어 보인다. 그러나 예수 그리스도가 천국의 비밀을 선포하고 세상 사람들에게 회개를 촉구하기 이전에 세례요한이 주 예수의 오심을 외쳤듯이, 이 땅에 기독교가 움트기 전에 몇 가지 조짐들이 있었던 것이 사실이다.

본 장에서는 한국 최초의 개신교 선교사 칼 귀츨라프(Karl F. A. Gützlaff, 1803～1851)의 한국선교에 관한 것을 살펴볼 것이다. 좀 더 구체적으로 말하자면 귀츨라프가 한국에 도착하기까지의 그의 선교적 열정의 궤적들과 귀츨라프의 선교적 역사적 배경을 알아볼 것이다. 그의 선교를 둘러싸고 있던 세상의 모습들을, 즉 당시 기독교의 선교적 노력들과 정치경제적 국세 정세 그리고 당시 조선의 상황을 살필 것이다. 그리고 본격적으로 그가 한국에서 행한 선교의 모습을 알아볼 것이다. 그가 남긴 장산곶과 고대도의 자취들을 그의 항해록 및 여러 기록들을 통하여 살필 것이다. 또한 그의 한국선교에 대한 평가로서 그 공헌과 문제점을 살필 것이며, 그리고 결론적으로 그의 선교가 지금의 한국교회에 던지는 의미를 되새기고자 한다.

Ⅱ. 귀츨라프의 생애

개신교 선교사로 한국에 처음 발을 들여놓은 그는 귀츨라프라는 매우 다양하게 불리는 인물이다. 중국명은 '곽실렵'이고, 호는 '애한자', 혹은 '선덕', '선덕자'이다. 별명은 'Keel', 영어 이름은 'Charles Gützlaff'이며, 『조선왕조실록』에는 '갑리'라고 기재되었다.

귀츨라프는 1803년 6월 8일 독일 포메라니아(Pomerania)에서 태어난 폴란드계 유대인이다. 그는 소년시절에 가세가 어려워 아버지의 마구상에서 심부름을 하며 자랐다. 그러다가 프러시아 왕에게 시를 읊어 올린 것이 인연이 되어 17세기 독일 경건파 운동의 중심지였던 할레(Halle) 대학에서 수학(修學)하는 기회를 갖게 된다. 1826년 중국개척선교사인 모리슨(Robert Morrison)에게 감화를 받고 중국선교를 지망하게 되었다. 그러나 그가 본격적으로 선교에 헌신하게 된 것은 1826년 7월 네덜란드 선교회에서 네덜란드령 자바(Java)의 바타비아(Batavia)와 스마트라(Sumatra)에 파견되어 그 이듬해 1월에 목적지에 도착하면서부터이다. 이때 그는 중국어를 연구하기 시작했다. 1929년 본래 목적하였던 중국으로 좀 더 가까이하기 위하여 런던선교회 소속의 매드허스트의 권유대로 대국(Siam)의 방콕(Bangkok)으로 선교를 나섰으나 만족할 만한 성과를 얻지 못하였다. 그는 이곳에 있는 동안 태국어로 신약성경을 번역하기 시작하는 한편 본격적으로 중국어 학습에 힘을 쏟았다. 귀츨라프 방콕에서는 아내와 사별한 후 중국으로 선교지를 옮기려 했으나 네덜란드 선교회가 이를 허락지 아니하므로, 부득이 영국 선교회로 이적함과 동시에 중국 마카오(澳門)로 부임하여 중국 선교의 꿈을 실현시킨다. 그는 중국의 동남해안의 영파(寧波), 상해(上海)를 거쳐 천진(天津)에 이르렀고, 다시 요동반도와 산동반도를 거쳐 마카오에 이르러 모리슨의 집에서 여장을 풀었다. 그 후 홍콩에서 세상을 떠나기까지 20년간을 오로지 중국선교를 위하여 헌신하였다.

1831년 6월, 귀츨라프는 중국 연안 도시들을 항해하는 한 상선의 중국어 통역관이 되어 제1차 중국 연안 전도를 시도하게 되었다. 이 여행은 약 6개월이나 소요되는 장기간의 전도 여행이었는데 그는 성공적으로 수행하였다. 그 후 귀츨라프는 당시 중국 무역권을 독점하고 있던 영국의 동인도회사로부터 제2차 여행 요청을 받았다. 그 회사는 1천 톤급의 군함 로드 암허스트(Lord Amherst)호를 마련하여 중국 북쪽과 한국, 일본 오키나와 및 타이완 등을 순방케 할 계획이었는데 귀츨라프에게 통역 및 선의(船醫)로 동승해 달라는 것이었다. 순방의 목적은 영국과의 통상에 적당한 항구를 조사하는 것과 그 지방 관민(官民)의 통상개시에 관한 관심을 살피는 데에 있었다. 이 제의를 수락한 그는 이번 여행에 필요한 기독교 전도문서와 성경 및 선물을 마련하였다. 모리슨은 그에게 한문 성경을 주어 반포토록 하였다. 그리하여 귀츨라프는 한국을 방문한 최초의 개신교 선교사로서의 역사적인 장도에 오르게 되었다.

Ⅲ. 귀츨라프의 한국선교의 배경

1. 선교적 배경

귀츨라프의 한국 방문의 배경을 살펴보면 개신교의 해외선교의 바람과 이와 동시에 이루어진 산업혁명 이후에 추진된 서구 제국의 동양진출과 관련이 깊다. 개신교의 동양선교는 18세기 말에 본격화되기 시작하였다. 영국인 윌리암 캐리(William Carey)의 인도 선교(1793년)를 비롯하여, 로버트 모리슨(Robert Morrison)의 중국 선교(1807년), 미국인 애도니럼 저드슨(Adoniram Judson)의 버마 선교(1812년)가 시작된 것은 이 무렵이다. 이어서 스코틀랜드 출신의 윌리암 밀른(William

Milne)이 1813년에 런던선교회의 파송을 받아 1817년에 말라카에 도착, 모리슨과 밀른을 도와 출판 선교 사업에 종사하게 되었다.

2. 국제적 정세

또한 귀츨라프의 동양선교에 앞서서 주목되는 점은 당시 산업혁명으로 원료 공급지와 상품시장을 찾고 있던 서구의 제국들이 식민지 확보를 위해 노력하였는데 특히 영국의 동인도회사가 그 전위적 역할을 맡고 있었다. 귀츨라프는 처음 네덜란드 선교회와 관계를 맺었다가 뒷날 영국의 동인도회사에 줄을 대어 한국을 방문했다. 이는 개신교 선교가 서구 제국의 동양진출의 시기에 그들과 깊은 관련을 맺고 있었음을 보여 주는 것이다.

3. 조선의 상황

귀츨라프가 방문할 당시 조선은 순조(純祖·재위 1800~1834) 통치 말년으로 가톨릭교도들이 수십 년간 엄청난 박해를 받고 김조순을 중심으로 안동 김씨가 세도를 부릴 때였다. 정치는 문란해지고 민생이 도탄에 빠져 각종 참설(讖說)이 유행하는 등 민심이 흉흉했다. 이러한 내용을 알기나 하는지 귀츨라프는 조선의 첫 인상을 이렇게 적고 있다.

"이 나라의 토지는 비옥하고 물도 풍부하지만 주민은 얼마 없고 개발도 안 되었다. 그만큼 밉살스러운 쇄국제도를 엄격히 지키는 나라는 어디에도 없는데……. 이 왕국은 자체적으로 독립하여 통치할 능력이 충분히 있으나 일 년에 네 번 조공을 바치며 중국에 복종하여 왔다. 중국의 정책은 이 나라에 살고 있는 여러 패와 어울려 국내 싸움을 조장하였고 이로써 이 왕국은 미개한 상태가 계속되었으며 여기서 빠져나오지 못하고 있다."

Ⅳ. 귀츨라프의 한국선교

1. 장산곶 부근에서의 선교활동

1832년 2월 27일 동인도회사 소속의 선장 린제이(Hugh H. Lindsay)를 태운 암허스트호는 광동(廣東)을 출발하여 타이완, 복주(福州), 영파, 상해 및 산동반도의 위해위(威海衛)를 거쳐 황해를 가로질러 한국 해안에 그해 7월 17일에 도착했다. 이때를 그는 그의 일기에서 다음과 같이 기록한다.

"7월 17일(1832년) 거센 바람에 밀려가다 보니 조선이 나타났다. 자비하신 하나님께서는 중국 해안을 거닐 때 수많은 위험에서 우리를 지켜 주셨으니, 오 참으로 감사함이여!"

또한 순조(純祖) 31년(1832년) 8월 11일에 황해 감사가 장산곶 앞을 통과하는 이양선사건을 보고한 장계의 내용은 다음과 같다.

"귀츨라프 일행은 처음에 황해도의 서해안 장산곶 부근에 도착한 듯하다. 그들은 그곳에서 노인을 만나 한문으로 필담을 나누며, 가지고 간 책과 물건을 주며 접근하였다."

귀츨라프의 또 다른 일기에는 조선에 대한 첫인상을 이렇게 기록하고 있다.

"우리가 위험을 무릅쓰고 해변에 올라가 처음 만난 것은 형편없이 만든 어선과 남루한 옷을 입은 두 토착민이었다. 우리는 서로 말이 통할 수 없었으나 한문으로 필담을 나눌 수 있었다. 그중 노인에게 책(성경) 몇 권과 사자 무늬가 있는 단추를 주었더니 아주 좋아하였다."

서양인과의 접촉이 없었던 조선인들은 호기심을 보이면서도 한편으로는 두려워하였다. 그래서 조선인들은 받았던 책을 돌려주기도 하였고, 귀츨라프 일행을 지방관에게 제대로 알선해 주지도 않았다. 귀츨라프는 지방관이나 정부 당국과 접촉하는 데 실패하였다.

2. 고대도에서의 선교활동

귀츨라프와 린제이는 로드 암허스트를 운항하여 7월 23일경에 충청도의 홍주만 고대도(古代島) 앞에 정박하였다. 홍주만은 1816년 바실 홀(Basil Hall)이 이곳을 측량하러 와서 자신의 이름을 따서 명명한 것이다. 귀츨라프 일행은 그곳에 머물면서 홍주목의 관리인 듯한 지방관을 곧 만날 수 있었고 그들을 통하여 국왕에게 보내는 청원서를 선물과 함께 보낼 수 있었다. 그는 섬주민들에게 복음을 전하는 한편, 국왕 순조에게 통상을 요청하는 서신과 복음서 2종, 유리그릇, 천리경, 시계, 단추, 서양포 등과 선장 린제이의 요청에 의하여 성경 한 질을 선사하였다. 귀츨라프는 국왕에게 서한과 선물을 보내려고 한나절 넘게 짐을 꾸렸으며, 린제이 선장은 귀츨라프가 가진 성경 한 질과 전도문서 등을 국왕에게 선물하라고 정중하게 요청했다.

회신을 기다리는 동안 귀츨라프 일행은 그곳 사람들과 접촉하였다. 일행은 배에 올라온 사람들에게 전도문서 등을 나누어주기도 하였고, 지방 관리들의 식사 초대를 받기도 하였다. 감자 심는 법을 가르쳐 주었으나, 조선인들은 국법에 어긋난다고 하여 호의적인 반응을 나타내지 않았다. 귀츨라프는 주민들에게 계속 약을 나누어주었으므로 많은 한국인들로부터 호의적인 반응을 얻었다.

원산도에 있는 귀츨라프 기념비

8월 초, 서울에서부터 회신이 올 무렵에는 귀츨라프 일행에 대한 조선 관리들의 태도가 점차 굳어져 갔다. 8월 9일, 서울에서 통역관을 대동하고 내려온 특사는 귀츨라프가 보냈던 서

한과 선물을 도로 돌려주면서, 중국 황제의 허락이 없이는 외국과 통상할 수 없음을 알려주었다. 귀츨라프 일행은 조정의 회답을 이유로 오랫동안 기다리도록 요구했던 관리들의 책임을 묻고 또 조선이 중국의 속국이 아님을 주장하였지만, 서양과의 교섭을 갖지 못한 조선의 지방관리가 관여할 바는 아니었다. 그들은 조선 관리들로부터 약속받은 식량을 공급받은 후 미지의 나라 조선의 해안을 떠났다. 귀츨라프의 항해기에 의하면 그 일행이 조선 해안에 머문 것은 한 달 남짓이었다. 그의 조선 방문 최후의 기록은 8월 17일의 것으로 다음과 같이 기록되어 있다.

"우리는 천만 가지의 아름다운 모양을 가진 여러 섬들을 지나갔다. 최남단에 있는 제주도(북위32° 51′ 도쿄126° 234′)는 참으로 매력적인 곳이다."

3. 귀츨라프의 항해기

숭실대학교 부설 <한국기독교박물관>에 가면 그가 남긴 암허스트호 항해기를 볼 수 있는데, 조선 서해안 기사는 극히 적은 부분이었지만 그의 조선에 대한 유별난 관심을 엿볼 수 있다. 귀츨라프는 그의 항해기의 첫머리에 조선을 소개하면서 임진왜란 때에 가톨릭이 전파되었다고 이렇게 썼다.

"기독교-차라리 가톨릭이라고 하는 종교가 조선에 처음 들어온 것은 이때다. 일본 장군과 상당한 군졸이 크리스천이었기 때문이다. 다이코마사가 죽자 7년 동안 휘몰아쳤던 전쟁을 끝내고 일본군 대장은 자기 나라로 철수하였다."

임진왜란 때 크리스천 군졸을 거느렸던 일본의 장군은 고니시(小西行長)였다. 그의 부대에 일본으로부터 세스페데스(Cespedes)라는 신부가 건너와 장병들의 영적 생활을 돌보았다는 것이다. 항해기는 이어서 예수회(Jesuits) 사람들이 입국하려 했다는 것과 조선의 고관 중에 예수 믿는 사람이 있어 그의 영향력을 이용하여 외국과의 통상을 이룩하려고 하였으나 성공하지는 못했다는 것도 써놓았다. 귀츨라프는 신해, 신유박해 등 한국에서 천주교에 대한 박해가 있었음을 이미 듣고 있었다. 그러나 그는 천주교인 수천 명이 박해받았다는 사건이 있었다는 흔적을 찾아 볼 수 없다고 하였다. 자신들의 정보로는 수도 서울에 한 사람의 유럽인도 없으며 천주교에 대하여도 한국인들의 그저 그런 것이 있다는 풍문만 듣고 있는 정도일 것이라고 판단하였다.

그러나 홍주만 쪽으로 옮긴 후에 귀츨라프 일행은 천주교를 아는 사람을 발견하였다. 린제이의 1832년 7월 27일 자 일기에, 그들이 '양이'라는 사람으로부터 한글 자모를 써 받았고, 귀츨라프가 한자로 주기도문을 써주고 그것을 한글로 베끼게 했는데, '양이'가 베끼면서 자꾸 목을 베는 시늉을 한 것으로 보아 관헌에게 발각되면 자기의 목이 달아난다고 암시하였다는 점 등에서, 우리는 그들이 이미 천주교를 알았으나 그것이 겉으로 드러나는 것을 두려워하고 있었음을 알 수 있다. 이때 천주교 신자들은 귀츨라프 일행에게 어느 나라에서 무엇 때문에 왔느냐고 여러 번 물었다는 것이다. 이 점은 아직 프랑스 신부가 입국하지 않은 시점에서 그들이 외국의 신부들을 기다리고 있음을 나타낸 것이다. 천주교 신부를 기다리고 있는 충청도 해안에 개신교 선교사가 나타났기 때문에 환영과 실망이 교차되었던 것이다.

귀츨라프는 전도문서와 성경을 나누어주면서 이 나라에는 하나님의 말씀보다 더 귀한 선물이 없을 것이라고 확신했다. 방문한 외국인으로부터 '단추 하나'라도 받아서는 안 된다는 금령이 내리기 전에 이미 많은 관리와 주민들이 역사책과 지리책과 함께 깊은 관심을 가지고 성경을 받았다. 귀츨라프는 7월 27일 자 항해기에서 한국인들에게 인류의 구세주라는 것을 되풀이하였으나 한국인들이 무관심하였다고 안타까워했다. 그는 정부의 금령 때문에 마음이 슬프게 되었지만 이미 배포된 성경을 통해 하나님께서 열매를 주실 것이라고 믿으면서 이렇게 썼다.

"나는 이 금지령으로 책의 가치가 높아졌으며 읽고자 하는 열성이 더 많아졌다고 확신한다. 이 모든 사건들을 내가 기도로써 간구한 것은 하나님께서 이루어 주신 것으로 생각하여 감사한다. 조선에 파종된 하나님의 진리는 뿌리를 내리지 못하고 없어질 것인가? 나는 그렇지 않다고 믿는다. 주님께서 예정하신 때에 푸짐한 열매를 맺으리라. 가장 낮은 서민들도 글을 읽을 수 있고 좋아하는 것을 알 때 아주 재미있었다. 그들은 다른 종교가 들어오는 것을 질투하리만치 편협한 것 같지 아니하였다. 고관들이 책을 받자 사람들은 밀려와서 책을 받았다. 이 나라에는 종교가 거의 없는 것이 명백하여 우리는 용기를 내어 복음을 전파할 궁리를 하게 되었다. 전능하신 하나님께서는 쇄국정책을 거두어 이 약속된 땅에 들어가도록 허락할 것이다."

V. 귀츨라프의 한국선교의 공헌점

1. 최초로 개신교 소개

귀츨라프가 한국에 머무는 동안 한국교회사와 한국 역사에 뜻 깊은 일 세 가지를 하였다. 우선 귀츨라프가 한국에 최초로 개신교가 천주교와 다르다는 것을 알게 한 사람이라는 점에서 큰 의미를 갖는다. 17세기경부터 천주교를 인식한 한국은 19세기 초반에서야 비로소 귀츨라프를 통하여 개신교의 존재를 알 수 있게 되었다. 비록 그의 통상요구는 실패했으나 한국인들에게 야소교가 천주교와는 다르다는 점을 알게 했던 것이다.

2. 주기도문 번역

또한 귀츨라프가 행한 한국교회사에서 더 중요하고도 뜻깊은 일은 주기도문을 한국어로 번역한 것이다. 암허스트호가 고대도에 도착했을 때, 마량진에서 관리들이 와서 배가 온 목적과 그 형편을 알아보기 위해 배 위에 올라왔다가 시찰을 마치고 돌아가려고 하는데, 일기가 불순하여 돌아갈 수 없어서 그날 밤을 배 위에서 지내게 되었다. 이때 귀츨라프는 이 기회를 이용하여 한문으로 된 주기도문을 한국말로 번역할 생각을 하여, 그 배에 올라온 홍주목사(牧使) 이민회(李民會)의 서생(書生) 양씨(梁氏)에게 한자로 주기도문을 써 주고, 한글로 그 옆에 토를 달게 하여 주기도문을 번역하였던 것이다. 이것이 부분적으로나마 한글로 성경을 번역한 첫 번째 일이었다. 이렇게 성경지상의 이념으로 무장된 개신교 선교사들이 가는 곳마다 성경을 보급하려고 한 노력은 교리서를 먼저 보급한 천주교의 경우와는 퍽 대조적인 모습이다.

3. 감자 재배법 전수

마지막으로 귀츨라프는 조선 사람들에게 감자 씨를 주면서 그 심는 법과 재배방법을 가르쳐 주었다. 그는 갖고 온 감자를 해안에 심어 주면서 한문으로 쓴 재배법을 나누어 주었다. 이에 따라 감자가 충청도 일대에 퍼져 나갔고, 가난과 기아에 굶주린 우리 민족이 감자를 재배하여 배고픔을 모면할 수 있게 된 것은 귀츨라프의 공헌이 아닐 수 없었다.

Ⅳ. 귀츨라프의 한국선교의 문제점

1. 제국주의적 성격에 대한 문제

귀츨라프의 선교를 평가하는 데 있어서 문제가 되는 점은 그에 대한 엇갈린 견해들이 있다는 것이다. 즉 그의 선교를 순진하게 복음적 목적의 선교로 이해할 수 있냐는 것이다. 다시 말하면, 그를 둘러싼 제국주의적인 의도를 어떻게 이해해야 하는가 하는 문제이다.

귀츨라프는 그의 일기에서 제주도에다 선교관을 설립하자는 구상을 한 바 있다. 그는 그의 항해기 8월 17일 자에서 제주도를 두고 매력이 넘치는 곳으로 개발이 잘 된다면 교통이 편리하여 무역관을 지어 일본, 조선, 만주, 타타르 그리고 중국과 교역하기가 쉬울 것이라고 하였고, 만일 이것이 안 되면 제주도를 선교기지로 할 수 없을까를 생각하였다. 여기에서 그는 1차원적인 의미를 선교보다는 교역에 두었음을 엿볼 수 있다. 게다가 그가 타고 왔던 로드 암허스트호가 해안을 측량하고 성책을 조사했다는 데서 그의 한국방문이 본의 아니게 서구세력의 동양침략의 전위로서의 역할을 담당한 것이 아닌가 하는 오해를 불러일으킨다. 따라서 귀츨라프가 선교사였기 때문에 그의 한국 방문을 오직 복음 선교나 하나님 나라의 확장이라는 측면에서만 볼 수 있겠느냐는 의문점이 없지 않다.

2. 복음 사역과 귀츨라프

암허스트호가 한국 방문이 통상과 이권 선점이 우선된 제국주의 무역에 목적이 있었던 것은 부인할 수 없는 사실이다. 또한 슬프게도 선교적 열의에 불탔던 귀츨라프 역시 그 제국주의 거래의 중계자 역할을 하였음을 시인해야 한다. 그러나 훗날 기록하여 펴낸 『항해기』에서 그는 한국에 필요한 복음의 가치를 누누이 강조하였으며, 언젠가는 꽃피어날 한국 기독교의 미래를 예언하는 듯한 범상치 않은 기록을 남겼다는 점은 매우 주목할 만하다. 이러한 측면에서 귀츨라프를 제국주의자로 매도하는 것은 그의 복음 전파의 열정을 생각한다면 그에 대한 올바른 평가라고 할 수 없다. 그 시점에 유의하면서 백낙준이 그의 저서에서 인용한, 한국에 대한 귀츨라프의 복음사역자로서의 염원에 귀를 기울여 보자.

“어쨌든 이는(그의 한국방문) 하나님의 역사였다. 이 땅에 뿌려진 하나님의 진리의 씨가 소멸되리라고 나는 믿지 않는다. 하나님의 영원한 섭리로서 그들에게 하나님의 자비가 미칠 날이 오고야 말 것이다. 우리는 이날을 기다리고 있다. 한편 이날을 오게 하기 위하여 십자가의 도를 애써 전파하지 않으면 아니 될 것이다. 하나님께서 이 미약한 첫 방문사업도 축복할 수 있다고 성경은 가르치고 있다. 우리는 한국 땅에 광명의 아침이 잘 찾아오기를 기다려야 한다.”

Ⅶ. 결론

이상으로 본 한국 최초의 개신교인 귀츨라프의 한국선교에 관해 살펴봤다. 귀츨라프의 생애를 살펴볼 때 그는 중국과 한국을 비롯한 아시아 지역에 대한 하나님으로부터 특별한 선교적 소명을 입은 자임이 틀림없다. 당시의 역사적 배경을 살펴볼 때 귀츨라프의 한국에 대한 선교적 노력은 제국주의적인 국제정세와 맞물려 당시 가난한 가운데에서도 외국 문물에 대하여 폐쇄적이었던 조선에 다소 위협적인 모습이었을 것이다. 또한 후대의 역사적 평가에 있어서 귀츨라프가 승선했던 암허스트호가 조선을 위협한 제국주의적 공격의 시발로서 이해되는 것도 부인할 수는 없다. 그러나 귀츨라프가 조선에서 육적으로 영적으로 굶주린 이들에게 육신의 양식인 감자와 영의 양식인 성경을 나누어 준 그 순결한 선교 사역을 조선을 식민지화하려는 제국주의적 모습과 맞물려 침략의 전조적 형태로 나타났다고 해서 절대 매도할 수 없다. 그의 선교사로서 내면적인 선교적 열정은 살펴본 바와 같이 그의 항해기에 잘 나타나 있었다.

귀츨라프가 떠난 이후 한국 땅에 복음의 광명을 기원한 그의 기도는 그대로 응답되었다. 그의 방문 이후 중국에서는 조선 선교를 위해 적극적인 활동이 시작되었다. 특별히 중국에서 사역하고 있던, 윌리암슨 선교사는 한국선교에 깊은 관심을 가지고 지원하였다. 우리 민족을 위해 복음을 전하다 최초로 순교한 토마스 선교사가 한국에 오게 된 것도, 윌리암슨 선교사의 도움으로 오게 된 것이다. 윌리암슨 선교사는 중국에 오는 한국 상인들을 전도하였고, 한국에 관한 정보를 광범위하게 수집하였다. 그의 만주선교와 만주를 통한 한국선교의 깊은 관심은 로스와 매킨타이어 같은 신실한 후계자를 얻게 되었다. 조선 선교의 문은 이렇게 준비된 하나님의 사람들을 통해서 열려지게 된 것이다.

귀츨라프가 한국에 도착한 최초의 선교사임은 틀림이 없다. 그러나 이를 본격적인 한국선교의 시작이라고 말하는 것은 무리가 있다. 오히려 언급한 바와 같이 뒤이어 도착한 선교사들에 의해 한국선교가 시작되었다고 생각하는 것이 타당할 듯하다. 그렇다면 귀츨라프의 선교는 평가절하되어 마땅한가? 그렇지 않다고 생각한다. 귀츨라프는 하나님이 그에게 한국을 향해 주신 사명에 최선을 다하였다. 서론에서 언급한 바와 같이 예수 그리스도가 세상에 오시기 전에 세례요한이 그 길을 예비하는 자로서의 사명을 다했던 것처럼 귀츨라프는 본격적인 한국 선교에 앞서 그 길을 닦은 이로 이해되어야 할 것이다. 그러한 의미에서 귀츨라프는 한국 선교의 세례요한이라고 할 수 있다.

지금의 한국교회의 선교에 대한 의식을 돌아볼 때 많은 문제점을 발견하게 된다. 선교는 우선 자교회가 부흥한 후에 하는 것으로 생각하는 현상이나 단시간에 가시적인 성과를 눈앞에서 볼 수 없다는 이유로 해외 미전도 종족 선교에 무관심한 모습은 예수님의 대위임령에 비추어 볼 때 비성경적인 자세라고 할 수 있다. 귀츨라프는 어려운 중에 헌신하여 당시 미전도 종족이었던 조선에 복음을 던졌다. 이 복음의 씨앗이 당장 열매를 거두지 못했지만 그는 세례요한으로서의 사명을 다하였다. 이를 본받아 해외 미전도 종족을 위해 씨 뿌리는 자세로, 세례요한의 자세로 선교에 헌신하는 한국교회가 되기를 바란다.

참고문헌

김대인. 『숨겨진 한국교회사』. 서울: 도서출판 한들, 1995.
김양선. 『한국기독교사연구』. 서울: 기독교문사, 1980.
김인수. 『한국기독교회사』. 서울: 한국장로교출판사, 1997.
민경배. 『한국기독교회사』. 서울: 대한기독교출판사, 1989.
배본철. 『한국교회사』. 서울: 문서선교 성서원, 1997.
백낙준. 『한국개신교사』. 서울: 연세대학교출판부, 1985.
서정민. 『순간의 빛 흩어진 이야기』. 서울: 도서출판 이레, 1996.
이만열. 『한국기독교문화운동사』. 서울: 대한기독교출판사, 1987.
이진호. 『동양을 섬긴 귀츨라프』. 서울: 도서출판 에이멘, 1988.
Gützlaff, K. F. A. *The Journal of Three Voyages along the Coast of China in 1831,1832 & 1833 With notices of Siam. Corea, and Loo Choo Island*. London: Frederick Westley & A. H. Davis, 1834.
承政院 日記(영인본). 제2280책.
http://blog.daum.net/peachbible/7042364.

최초의 한국 순교자 로버트 토마스

(Robert J. Thomas, 1840~1866)

Ⅰ. 서론

복음이 이 땅에 전해진 지 불과 1세기가 조금 지난 한국의 기독교는 큰 성장을 하였으며, 세계 기독교 교회사에 찾아볼 수 없는 참으로 놀라운 부흥을 이루어 내었다. 이제 한국은 세계 곳곳마다 선교사를 파송하고, 미래에 하나님 나라를 위해 더 큰 뜻을 품고 있을 정도로 하나님의 축복을 받은 교회가 되어 세계의 부러움을 한몸에 받고 있다.

한국이 복음의 불모지에서 복음의 전초 기지로서 성장하게 된 데는 죽음을 무릅쓰고 복음을 위해 헌신한 선교사들의 노력이 있었음을 우리는 잊어서는 안 된다. 한국교회사를 돌이볼 때 이름도 없이 빛도 없이 한국에 와서 순교의 각오로 살다간 수많은 선교사들이 있다. 그들의 피 값이 오늘의 한국교회를 이루는 튼튼한 반석이 되었던 것을 부인할 수 없다.

여기에서는 한국 선교사에 발자취를 남긴 선교사 중 개신교 선교사로는 한국에 왔다가 최초로 순교한 토마스 선교사(Robert J. Thomas, 1840~1866)의 선교활동과 업적을 알아보고 그가 한국의 선교에 끼친 영향을 살펴보려고 한다.

Ⅱ. 토마스 목사의 생애와 초기 선교활동

토마스 선교사는 우리나라에서 선교를 하다가 순교한 최초의 개신교 선교사이다. 그는 귀츨라프 목사가 잠시 한국을 방문했던 이후 33년 만에 최초로 한국을 방문한 선교사였다. 그의 선교사역은 매우 짧았고, 그 때문에 자료가 거의 나와 있지 않아 그의 구체적인 사역에 대해서는 알 수가 없으나 그가 19세기 말 우리 나라의 서해안에서 최초로 복음을 전하였고, 제너럴셔먼호 사건 때 붙잡혀 순교했다는 사실은 한국교회사에 분명하게 남아 있다.

먼저 토마스 선교사가 소명을 받게 된 과정, 중국에서의 선교활동을 살펴보고 그가 한국에서 선교하게 된 동기와 복음을 증거했던 당시의 국내 상황을 살펴볼 것이고, 그리고 그가 국내에서의 활동을 재구성한 후에 그의 사역의 의미를 평가해 보도록 하자.

1. 출생과 소명

개신교 목사로는 두 번째로 한국을 방문한 토마스는 1840년 9월 7일 영국 라야더(Rhayader) 지방의 회중교회 목사의 아들로 태어났다. 그의 유년기에 대해서는 자세히 알 수 없으나 그의 부친이 라이어텔에서 하노버(Hanover) 교회로 임지를 옮긴 것을 교적부를 통하여 확인할 수 있다. 런던의 뉴 대학(New College) 학적부에 의하면, 1857년 9월 28일에 갓 입학하여 1858년 2월 1일에 정식입학이 허락되었고, 1859년에 졸업한 것으로 기록이 남아 있다. 그러나 짧은 날의 방황과 이전의 낙망 속에서 이루어진 듯하다. 런던의 뉴 대학(New College)의 신학과정을 휴학과 복학의 지루한 과정을 거치면서 1857년부터 1863년까지 계속했다는 것이 이 사실을 증명해 준다. 그는 그것도 채 끝나기 전에 중국에 선교하러 나간다는 구실로 억지로 수료증을 받았다.

그가 런던 선교회에서 중국 선교사로 피임되자 1863년 6월 4일 그의 부친이 시무하는 하노버 조합교회에서 목사로 장립되었고, 이어 Caroline Godfrey와 결혼한다. 그들은 신혼의 밀월도 가지지 못한 채 1863년 7월 21일 선교지 중국을 향하여 고국을 떠났으며, 장장 5개월간의 긴 항해 끝에 중국 상해에 도착했다. 이때가 1863년 12월 하순으로 차가운 바람이 매섭게 살을 에는 겨울이었다.

2. 선교지에서의 활동

그의 선교활동은 처음부터 순탄치가 않았다. 상해에 도착한 지 얼마 안 되어 토마스의 부인은 그곳의 기후가 더워서 자기 건강에 맞지 않는 것을 알게 되었다. 그래서 1864년 3월 11일 런던 선교회 선교구역에 가서 자기 처의 건강에 그곳의 여름 기후가 맞는지를 살펴보았다. 그러나 불행하게도 그가 그곳에 가 있는 동안에 그의 아내는 1864년 3월 24일 세상을 떠나고 말았다.

부인의 사망은 그에게 큰 고통을 주었고, 상해 런던 선교회의 총무인 무어헤드(Mu-irhead)와 끝없는 불화까지 겹쳐서 토마스는 어디 가서 완전한 변화를 찾지 않으면 안 되겠다고 생각하기에 이르렀다. 그래서 그는 사직원을 제출한 뒤 당시 영국인 Robert Heart가 세관장으로 있던 청국의 해상 세관에 토마스는 통역관으로 취직했다.

그에 대한 선교회의 반응은 한마디로 경멸과 적의 그리고 불신뿐이었다. 하지만 토마스는 이 세속직에서 선교사라는 명의를 가지고 일하는 것 이상의 공헌을 그리스도를 위해 해낼 수 있다고 자신하고 있었으며 이로써 '자기는 세관에 오른 그날부터 나의 지위를 정신적으로는 선교사직으로 생각한다.'고 다짐하고 있었다. 김대인의 『숨겨진 한국교회사』에도 그가 부인의 사망 소식을 듣고 4월 초순경 상해로 귀환하였고, 그 후 그는 잠시 북경을 다녀왔고, 1864년 12월에는 런던 선교회의 선교사직을 사임하고 다음 해 지부(芝罘)에 있는 스코틀랜드 성서공회로 임지를 옮겼다고 기록되었다. 지부에 체재하는 동안 그는 해관 업무에 못지않게 선교 사업에 노력하였는데 성서연구반을 운영하고 중국인을 위한 주일예배, 영어를 사용하는 교회를 운영했다. 사실 이 기간은 그의 전환기로서 그가 스스로 자신의 선교를 어떻게 할 것인지를 고민했던 시기로 보인다. 그의 중국에서 선교사역은 아내의 죽음으로 대 전환기가 되었던 것이다.

Ⅲ. 한국에서의 선교

1. 당시의 한국 상황

1) 대원군의 등장

철종이 재위 14년 만인 1863년에 후사가 없이 세상을 떠나자 왕위 계승을 둘러싸고 왕실의 외척 사이에 은연중 대립이 나타나게 되었다. 즉 철종비의 척족인 안동 김씨 일파와 헌종의 아버지인 조대비의 척족 풍양 조씨 일파가 대립하게 된 것이다. 왕이 별세하고 후사가 없는 경우 계승자에 대한 지명권은 본래 왕비에게 있으나 대비가 생존하여 있으면 그 권한이 대비에게 돌아가게 마련이다. 그리하여 오랫동안 김씨의 세도에 눌리던 조씨 가문을 대표하는 조대비와 극도로 쇠약해진 왕권의 회복을 꿈꾸던 흥선군이 정치적 타협을 보게 되었다. 흥선군은 몰락한 왕족으로 서 외척의 전황 속에서 일신을 보전하기 위하여 일부러 방탕한 생활을 해 오고 있었으나 권력을 잡기 위해 김씨 일문의 동정을 살피고 조씨 일문과 은밀히 통하고 있었다. 한편 조대비는 다년간 세도를 부려오던 김씨 일파의 세력을 억누르기 위해 아무런 세력 배경도 없고 누구의 주목도 끌지 않을 뿐 아니라 도리어 모멸의 대상이던 흥선군의 둘째 아들 명복을 맞아들여 왕위를 계승하게 하니, 이가 바로 고종이다. 고종의 왕위 계승은 이와 같이 조대비의 의도에 따라 갑작스럽게 이루어졌는데, 즉위 당시 고종의 나이가 겨우 12세였으므로 조대비가 형식상 섭정을 하였으나 조씨 일파는 왕의 부친인 흥선군을 지지하여 그로 하여금 어린 국왕을 보필케 하였으므로 정치의 실권은 흥선대원군에게 돌아가게 되었다. 이로써 흥선대원군이 정치의 실세로 등장하게 되었다.

2) 대원군의 쇄국정책

그는 정권을 장악하게 되자 실추된 왕권의 권위를 되찾으려는 정치적 노력을 기울였는데 그의 과감한 성격이 밑받침되어 그의 정치는 강력한 전제적인 성격을 띠게 되었다. 그는 애초부터 어떠한 정치적인 세력도 가지고 있지 못했으므로 이는 당연한 결과였다. 그러므로 그의 정치는 처음부터 절대 왕조의 절대적인 지배를 확보하기 위하여 외부세계가 국민에게 어떠한 영향을 주는 것도 완강히 방지해야 했다.

대원군이 집권할 무렵인 19세기에 들어서면서 서양 여러 나라의 선박이 조선 연안에 빈번히 출몰하고 1860년 영·불 연합군의 북경 침공, 점거의 소식이 들려오자 조선의 민심은 크게 동요되었다. 그리하여 조선도 경우에 따라서는 머지않아 그들의 침공을 받으리라는 불안감을 품게 되었다. 실제로 1864년에 훈련대장 신관호는 국왕에게 군비강화를 촉구하여 자위부대 특히 소총부대와 민간의 자위대를 편성하여 미구에 있을지도 모르는 서양인의 침공에 대비해야 한다고 강조하였다.

이와 같은 위기의식은 당시 널리 전파된 천주교의 유포, 다수의 서양인 신부의 잠입 활동과 이미 개항 전부터 유입된 양화의 범람 등에 의해 크게 자극받은 것이었다. 그리고 영국의 직물을 위주로 하는 야화는 개항 이전부터 의주, 동래 등지의 국경 무역을 통하여 조선으로 유입되어 서울을 중심으로 널리 범람하였다.

천주교 유포, 양화의 범람은 당시 개항 요구에 급급한 서양 세력을 조선에 끌어들이는 결과를 초래할 것이라고 믿어졌다. 대원군이 집권하게 되면서 더욱 빈번해진 서양 선박의 내항과 통상요구는 조선 집권층을 더욱 긴장시켰다.

이렇게 외국의 열강이 조선을 향해 접근하던 때에 대원군의 지배체제 강화는 기존에 했던 정책 외에는 다시 외래종교인 천주교에 대한 탄압으로 나타났다. 천주교는 수차례의 탄압에도 불구하고 지하에서 활동을 계속하고 있던 바, 특히 철종 시대에는 베르느, 라벨 등을 비롯한 프랑스 신부 10여 명이 들어와 포교에 힘썼기 때문에 그 교세가 날로 늘어나 1862년에는 교도의 수 1만 8,000명, 1865년도에는 2만 3,000명을 헤아리기에 이르렀다. 천주교의 교세는 대원군의 신변 가까이도 미쳐 대원군의 부인 민 씨도 천주교에 대한 관심이 컸다 하며, 더욱이 고종의 유모 박 씨는 '마르타'라는 교명까지 가진 열렬한 신도였다. 이러한 환경이기 때문에 대원군은 처음에는 천주교에 대하여 반감을 가지기는커녕 도리어 호의를 가진 편이었다.

1860년 청나라와 북경조약을 맺어 연안해를 차지하여 우리나라와 국경을 정하게 된 러시아는 그 여세를 몰아 1864년(고종 1년) 1월에 함경북도 경흥부에 나타나 통상을 요구하여 왔다. 조야가 크게 놀라 당황하고 있을 때에 천주교 신도 남종삼 등은 선교의 자유를 얻을 수 있는 좋은 기회가 왔다 하며 프랑스 선교사를 통하여 영국, 프랑스의 세력을 끌어들여 러시아의 남침을 막을 것을 건의하였다. 이리하여 남종삼은 지방에서 선교 중이던 프랑스 선교사에게 상경하도록 연락하였는데, 그 연락행동이 극히 느려서 대원군의 반감을 산 데다가 늦게 상경한 베르누, 다부루 등이 대원군의 요구를 거절하였기 때문에 대원군의 천주교에 대한 감정이 나빠졌다. 이 틈을 타서 일찍부터 천주교에 반감을 품고 있던 무리들이 천주교 탄압의 상소를 올려 대원군을 부추기니 대원군도 드디어 마음을 움직여 팔도에 영을 내려 천주교도를 잡아 가두게 하였다. 불과 몇 달이 못 되어 베르누 이하 9명의 신부와 김종삼, 정의배 등 수백 명의 교도들이 각지에서 붙잡혀 형장의 이슬로 사라졌다. 이로부터 쇄국정책이 더욱 굳어져 갔다.

2. 토마스 선교사 한국으로 입국

그의 인생에 있어서 전환을 가져온 사건은 1865년에 일어났다. 1865년 가을에 한국에서 온 목선 한 척이 지부에 나타났다. 그 안에는 두 명의 한국 사람이 타고 있었는데 그들은 발각되기만 하면 반환되어 사형될 위험을 무릅쓰고 이곳까지 온 사람들이었다. 그들은 스코틀랜드 전국성서공회의 선교사인 알렉산더 윌리암슨과 접촉하게 되었는데 알고 보니 그들은 천주교 신자들이었다. 그들은 몸에 염주와 십자가를 지니고 있었기 때문에 곧 천주교인임을 알 수가 있었다. 알렉산더 윌리암슨은 이들을 통해 천주교의 수난을 듣게 되었고 아울러 그들에게 성경지식이 아주 없다는 것을 알게 되었다. 알렉산더 윌리암슨과 친분이 있었던 토마스는 이들을 통해 한국에서 대대적인 천주교 박해가 있었다는 것을 알게 된다. 김대인의 책에는 천주교의 박해를 알려 주었던 사람들이 상업 차 중국을 왕래하는 천주교 신자라고 하기도 하고, 민경배의 책에서는 토마스 목사가 조선인 일행을 만나 천주교의 수난을 전해 들었다고 적고 있으나 어느 것이 확실한지는 알 수 없다.

그러나 확실한 것은 토마스가 한국에서 온 김자평 등 몇몇의 천주교인들에 의해 한국에서 있었던 천주교 박해 소식을 듣고 한국인에 대한 관심을 가지게 되었으며 마침내는 한국 선교에 헌신할 것을 결심하게 되었다는 사실이다. 중국에서 실패한 선교에 대한 보상심리, 새로운 세계에서 펼치게 될 선교에 대한 희망 등이 복합적으로 작용했을 것이다.

토마스는 알렉산더 윌리암슨에게 여행 중 봉급을 받지 않고 성서공회의 직원 자격으로 봉사하기를 제의하였다. 한국 교인들은 자신들이 토마스의 길잡이가 되어 여러 가지를 피차 도와주기로 약속하고, 그 목선의 선운 두목은 그를 선객으로 태우고 갈 것과 또는 적당한 때까지 기다려 줄 것, 필경 2~3일의 여정으로 만주 수도까지 도착할 수 있는 지점까지 데려다 주기로 약속하였다. 다시 그는 이 수도에서 북경까지 가려는 계획이었다. 성서공회는 그에게 얼마의 여비를 주었고 그는 한국에다 퍼뜨릴 중국어 성경을 많이 가지고 이 미지의 땅을 향하여 떠났다. 민경배에 의하면, 그는 곧 해상 세관에 사직원을 제출하고 선교회에의 복직을 알아보고는 그 회답을 기다릴 겨를도 없이 알렉산더 윌리암슨의 주선으로 1865년 9월 4일 지부를 떠난 것으로 나타나 있다.

3. 한국의 제1차 선교 활동

토마스는 1865년 9월 4일 지부를 떠나서 그달 13일 한국 해안에 도착하였다. 그가 도착한 곳은 황해도 장연 부근의 어느 해안으로, 거기서 그는 두 달 반의 시간을 보내면서 주로 가톨릭 교인과의 접촉을 통해 충분한 한국말 지식을 습득하면서 성경을 나누어주었다. 그는 김자평의 안내로 서울에 올라와 선교의 허가를 국왕에게 얻으려 했으나 배가 파선하여 뜻을 이루지 못하고 배로 만주를 돌아 우장(牛莊), 산해련을 거쳐 1866년 1월 북경에 돌아갔다. 비록 짧은 기간이었지만 그는 이 기간 동안에 나름대로 성과를 거둔 것처럼 보이는데 이 기간에 선교의 열정을 다시금 확인하였고 새로운 개척지로서 한국을 인식하였던 것으로 보인다. 이런 것으로 볼 때 그의 한국 첫 방문은 성공적이었다고 볼 수 있다. 이는 그가 런던 선교회의 티드맨 박사(Dr. Tidman)에게 보낸 한국 선교 보고서를 통해 확인할 수 있다.

"나의 친애하는 티드맨 박사여! 우리는 한 작은 중국 목선을 타고 9월 4일 지부를 떠났고 한국 해안에 도착한 날은 13일이었습니다. 그리고 해안에서 2개월 반 동안 머물렀습니다. 나는 한국 천주교인의 도움으로 그 불쌍한 백성들에게 복음의 가장 귀중한 진리 중 얼마를 가르치기 위해 넉넉한 한국말을 배워 알고 있습니다. 그 백성으로 말하면 대체로 외국인에게 강한 적개심을 가지고 있었으나, 나는 한국어로 이야기하며 그들에게 책 한두 권씩을 받도록 권할 수 있었습니다. 그들이 이런 책을 받을 때에는 사형을 당하든지 아니면 벌금형이나 투옥될 것을 각오하고 받는 것이기 때문에 그들이 이런 책을 얼마나 읽기를 원하고 있는지 알 수 있었습니다. 지난가을 한국에는 굉장한 강풍이 불어왔습니다. 과거 20년간 한국과 통상 차 다닌 중국의 선원들조차 이런 광풍은 보지 못하였다고 합니다. 이런 광풍에서 우리를 도우신 분은 하나님이십니다. 저는 한국인의 수도인 서울까지 진출하려고 하였지만 이 광풍에 내가 타고 갔던 작은 목선이 파괴되어 뜻을 이루지 못하였습니다. 12월 초순 한국을 떠나 만주 해안에 상륙하였는데 그곳에는 풍랑으로 인한 위험은 없었지만 육지에 있는 마적들로 인하여 또 다른 위험이 도사리고 있었습니다." …중략…

"이곳에서도 저는 성경을 전파하며 3일간 재미있게 지냈습니다. 이곳 백성은 친절했고 매사에 조심성이 있었습니다. 리퀴 화(Liiikwa Hwa) 이슬람 교인을 위하여 매일 점심을 제공해 주었습니다." …중략…

"저는 한국의 서해안에 연한 2개 도를 잘 알며, 장래에 다시 그 백성에게 전도하기 위하여 다수의 단어와 대화를 표준말로 기억하여 두었습니다." …이하 생략…

1866년 1월 22일 북경에서 R. J. 토마스

4. 한국의 제2차 선교 활동

토마스의 제2차 전도여행은 그 이듬해에 이루어졌다. 민경배 교수는 토마스 목사가 다시 한국으로 오게 된 계기를 '1866년 1월 북경에 온 동지사 일행 중 한 사람이 토마스 목사의 포켓 속에다 한문으로 된 쪽지를 하나 넣어주었다. 거기에는 어느 외국인이 서해안에서 배포한 것 같은 마태복음 책 하나를 얻어 달라는 글이 있었다. 토마스 목사 자신이 뿌린 씨앗의 결실이었다. 토마스 목사는 여기서 용기 백배하여 조선을 찾게 되었던 것이다.'라고 하면서 출발 준비를 서둘렀다고 한다. 이러한 확인은 그의 가슴을 뜨겁게 하였고 그는 기회만 있으면 한국으로 달려가려고 하였다.

때마침 한국 안에서는 천주교 대박해가 일어나 라델 이(Ridel 李) 신부 등 세 사람의 프랑스 신부들이 중국으로 탈출, 프랑스 해군 제독 로즈(Rose) 사령관에게 이 참상을 보고하는 동시에 구원을 요청하는 사건이 발생했다. 이때 라델 신부의 보고로 흥분한 프랑스 공관에서 함대를 조선에 문책 차 파견하려고 했을 때 사령관 로즈는 토마스가 거기에 통역으로 편승해 주기를 부탁했고 토마스는 당장 여기에 동의했다. 토마스가 여기에 동의했던 까닭은 토마스의 조선에 대한 선교 열이 한국인은 남달리 기독교에 수용될 가능성이 많다고 보았기 때문이며, 조선에 처음 방문해서 선교한 최초의 프로테스탄트 선교사로서의 명예 의식, 그리고 자신이 최고로 사랑했던 여인 캐롤라인의 비수 어린 추억이 깔려 있는 청나라에서 옮기려는 의지와 같은 것으로 가득 차 그의 발길을 재촉하고 있었기 때문이었다.

그는 자기야말로 서양 사람으로 유일한 조선통이라고 자처하고 있었다. 한편 프랑스 함대가 토마스를 초빙해서 조선에 동행하려던 까닭은 로즈 감독이 프랑스 성직자들을 불신하였기 때문이었다. 그러나 그의 출발은 무기한 연기되었다. 토마스가 지부에 도착하였을 때는 프랑스 함대가 인도 방면에서 발생한 소요를 진압하려고 긴급 출동한 뒤였다.

상해의 기독교 선교사들은 이 돌발사를 요행으로 생각하였다. 프로테스탄트 선교사가 다른 나라의 정치 문제에 상관하는 것을 꺼렸기 때문이었다. 토마스는 이 실망을 참지 못했다. 그는 윌리암슨의 뜻에 따라 성서공회의 파견원 자격으로 미국 국적인 제너럴셔먼호에 편승하여 황해도를 향해 떠났다. 이것은 그가 세상에 마지막으로 남겨 놓은 글에 나타나 있다.

"나는 상당한 분량의 책들과 성서를 가지고 떠납니다. 조선 사람들한테 환영받을 생각을 하니 얼굴이 달아올라 희망에 부풉니다. (런던 선교회의) 이사들이 이 성서의 교리를 전하기 위해 아무 인간의 과오와 혼합되지 아니한 심정을 미지의 나라로 떠나는 나의 노력을 언젠가는 반드시 시인해 주리라 믿으면서 갑니다."

이 편지를 보면, 그는 상당히 조선에 가고 싶어 했다. 그래서 프랑스 함대와 같이 갈 수 없게 되자 제너럴셔먼호를 타게 되었다. 그러나 토마스는 이 배를 탔기 때문에 결국은 순교하게 된다.

5. 제너럴셔먼호 사건과 선교 활동의 실패

미국 국적인 제너럴셔먼호는 한국이 필요로 하리라는 상품을 많이 싣고 통사 개시의 가능성 유무를 시탐하기 위하여 파견된 무장상선이었다. 제너럴셔먼호는 1866년 8월 9일 중국 지부를 향해 떠났으며 승무원은 토마스 목사까지 합하여 백인 5명, 중국인・말레이시아인 19명, 모두 24명으로 8월 20일 대동강 하류에 있는 강서군 조리면 포리에 닻을 내리게 되었다. 약사 10여 명의 천주교인들이 영접을 받는 동시에 몇몇 불신자들에게는 성경을 주었으며 거기서 하루를 지낸 후 대동강을 거슬러 올라가 석호정과 만경대에 상륙하여 백여 권의 성경과 전도 문서를 뿌렸다.

그러나 배가 평양에 가까워지면서 제너럴셔먼호와 한국 측 사이에서는 팽팽한 긴장이 고조되었다. 한국 측에서는 그 배가 닿는 곳마다 문정관을 파견 목적지와 항해의 목적을 물었다. 통역으로 승선한 토마스는 제법 우리말에도 능통했던 듯 그들의 목적지가 평양이며 통상을 원한다는 것을 밝혔다. 아울러 토마스는 한국의 문정관에게 천주교인 학술을 문책하기도 하며 그들은 천주교와는 다른 야소성교를 믿으며, 그들의 목적이 야소교를 전파하려는 데 있음도 밝혔다. 여러 차례에 걸친 탐문을 통해 한국 측은 이 배가 산동반도를 떠나 백령도를 거쳐 평양으로 가고 있다는 것과 통상과 야소교 전파를 목적으로 하고 있음도 알렸다. 그러나 제너럴셔먼호가 대포와 소총으로 무장하고 있는 것은 한국 관민들을 두렵게 만들었다. 처음에 양식과 땔감을 요구하는 그들에게 친절을 보이던 한국 측도 중차(中軍) 이익현이 저들에게 붙잡혀 억류되고, 제너럴셔먼호에서 조총을 마구 쏘아대자 이제껏 취하던 소극적 자세를 버리고 점차 적극적으로 대응하기 시작했다. 평양성의 백성들과 장졸들은 강변에 운집하여 중차 이익현을 구출하였다.

평양의 관민들이 처음에 적극적인 자세를 취하지 않은 것은 당시 평양감사로 있던 박규수가 서울의 중앙정부에 그 대응방법의 지시를 기다리고 있었기 때문이다. 박규수는 실학자 연암 박지원의 손자로 조부의 실학사상을 계승하여 개화사상에 연결시키는 중요한 역할을 감당하고 있었다. 자신이 개화론자였기 때문에 그는 당시 서세동점(西勢東漸)의 상황에 대하여 집권자인 대원군의 쇄국론과는 달리 개국론을 주창하고 있었다. 따라서 이양선 제너럴셔먼호가 개국론자 박규수의 관찰하에 들어온 것은 경우에 따라서 개국, 통상의 호기가 됨직도 했다. 그러나 제너럴셔먼호의 오만한 접근방식은 이 개국 혼자의 결단의 폭을 좁게 할 수밖에 없었다.

이러한 긴장된 분위기 속에서 며칠 동안 더 버틴 제너럴셔먼호는 양가도 모래톱에 좌초되었다. 비 때문에 불어났던 대동강물이 줄어들었기 때문이다. 제너럴셔먼호에 대한 화공이 전개되었다. 배에 머무르고 있던 토마스 일행은 뭍에 내리지 않을 수 없었다.

6. 순교

붙잡혀 결박된 토마스 목사는 나졸들에게 끌려 백사장으로 나왔다. 흰옷에 검은 두루마기를 입었고 그 머리에 갓을 쓴 나졸들은 몽치와 검을 들고서 토마스 목사 앞에 나와서 있었다. 그러나 토마스 목사는 창검 대신에 복음의 창검인 성경책을 가지고 기쁜 얼굴로 이것을 받아 가지라고 권하면서 나졸들에게 말하였다. 그러나

토마스 선교사 무덤, 1866년 병인교난 시 순교

외국어를 모르는 나졸들은 그의 말이 무슨 이야기인지 아는 사람은 하나도 없었으므로 자기들에게 대항하고 반항하는 소리인 줄만 알았다.

무시무시하게 생긴 나졸들은 노한 얼굴빛으로 한 걸음, 한 걸음씩 토마스 목사 앞으로 다가섰다. 그렇지만 토마스 목사는 "예수, 예수, 예수" 하면서 다가서는 나졸들에게 손에 든 성경책을 권하였다. 반가운 얼굴, 간절한 표정으로 머리를 굽실굽실 거리면서 성경책을 받으라고 권할 때에 나졸은 번쩍번쩍 거리는 칼로 목사의 목을 베었다. 토마스 목사는 두 손을 모아 "예수, 예수" 하며 기도할 때에 그들의 칼은 목사의 목에 닿았다. 그 목이 땅 위에 떨어져 굴렀다. 토마스 목사의 목에서 선지와 같은 피가 흘러나올 때에 그는 "예수, 예수, 예수" 하며 숨졌다. 1866년 9월 2일의 그의 나이 27세 때였다.

Ⅳ. 평가

토마스는 한국을 찾아온 개신교 최초의 순교자로 기억된다. 귀츨라프의 성과 없는 방문사건이 있은 때부터 33년 동안 개신교 선교사로서 한국을 방문한 사람은 아무도 없었는데 토마스 목사는 그 오랜 침묵을 깨고 마침내 복음의 씨를 한국에 뿌린 선구자이다.

그의 선교사상은 그의 선교기간이 워낙 짧았기 때문에 그의 사역이 집중적이지 못했고, 자료가 남아 있지 않은 이유 때문에 자세히는 알 수 없다. 토마스 자신의 행동과 선교 방법론에는 엄연하게 서구적인 교회신학이 그 기조가 되어 있었다. 교회 신학에 대한 총괄적인 이해라든가 기독교의 정치와 문화 사이의 유기적 연속에 대한 본질적인 이해가 그의 선교의 핵을 이루고 있었다. 세관에 취직했을 때 그가 "선교사로서 이 일에 착수하며", "이러한 기관에서 간접적으로 보다 더 큰 선교의 업적"을 남길 수 있다고 한 것 같은 것은 다 그의 그러한 입장을 반영하는 것이었다. 그래서 런던 교회는 순수한 형태의 선교 사업이 가능하지 않다고 해서 토마스의 조선행을 엄격히 저지하려고 했던 것이다. 웨일스인으로서의 복음주의적 경건이 그에게 없었던 것이 아니다. 그러나 그는 어디까지나 철저한 서구형 교회의 일원으로 살다가 갔다.

토마스의 위대한 점은 무엇보다 선교를 행한 그의 순수한 열정이었다. 당시 한국은 쇄국정책으로 천주교와 예수교가 모두 엄금되어 있는 삼엄한 시기였으며, 또한 토마스가 한국에 찾아온 병인년은 천주교에 대한 대박해가 일어나 수많은 천주교인들이 순교를 당했던 시기였다. 이런 때 복음을 들고 찾아왔으니 일사 각오의 뜨거운 사명감이 아니면 감당할 수 없는 일이다. 다소 무모하게 보일 수도 있는 그의 행동은 그의 선교에 대한 열정을 증명하는 증거이다. 그가 한국에 왔다는 사실만으로도 그의 열정은 증명되는 것이다.

이런 선교 열정은 그의 죽음과 함께 쉽게 끝이 났지만 그의 죽음은 한 알의 밀알로 썩어 많은 열매를 가져왔다. 그 배가 미국 선적이었기 때문에 그것은 뒷날 신미양요의 직접적인 원인이 되었다. 그리고 이때 비로소 알려지기 시작한 한국에 대한 미국의 관심이 1882년의 한미수호통상조약의 체결과 그 뒤를 이은 각 미국 교단의 선교사 파견으로 연결되었던 것이다.

한편 그의 순교는 많은 이들에게 신앙의 유산으로 전해졌다. 그가 대동에 뿌린 피는 헛되지 않아 한때 평양은 한국의 예루살렘이기도 했다. 토마스 목사는 순교일에 칼로 자기를 치려는 사람에게 성서를 나누어주고 받지 않는 것을 보자 무릎을 꿇고 기도하다가 죽었는데 그가 죽은 후 그 군인은 성서를 가지고 집으로 갔다. 그런데 그 사람의 조카가 바로 훗날 숭실전문대학교를 졸업하고 이눌서 목사와 함께 성서 번역 사업에 종사했던 이영태 씨다.

또 Samuel A. Moffet 목사가 1893년 10월 평양에서 학습반을 조직했을 때 거기 나온 한 사람이 토마스 목사에게 신약성서를 받은 사람이었다.

그뿐 아니라 1907년 한국에 전국적으로 부흥의 불길이 일어나서 최초의 7인 목사가 팔도강산 어느 곳에서나 부흥회를 인도하였을 때의 일이다. 황해도 재령에서 부흥회 기간 중 자복하고 주님 앞에 돌아오는 시간에 많은 사람들이 새 믿음으로 주님 앞에 나와 섰는데 이때 할아버지 한 분이 눈물을 흘리며 흐느껴 울며 앞에 나와 자복하기를 "나는 젊은 나졸 시기에 칼로 남을 죽인 흉악한 죄인이올시다."라고 하며 땅을 치고 통곡하며 회개의 눈물을 흘리는 일이 있었다. 그의 이름은 잘 알려져 있지 않지만 그 자리에서 직접 목격한 분들은 이구동성으로 그가 토마스 목사를 죽인 나졸이라고 하였다. 또 우리 한국교회 최초의 목사인 서경조 목사가 어린 시절에 평양 친척의 집에 왔다가 토마스 목사 일행이 사형당하는 것으로 보고 밤에 김성집이란 아이와 같이 강변에 나가서 성경을 주워 다 읽고 후에 목사가 되었고, 김성집은 장로가 되었다. 이처럼 그는 비록 많은 열매도 보지 못하고 순교했지만 그의 죽음은 결코 헛된 것이 아니었다.

이것을 증명하듯 1912년 9월 서울에서 열렸던 재한 미국 북 장로교 선교부 연회에서는 그의 행적을 수집하여 기록하기를 결의한 바 있으며, 1926년에는 그의 순교 제60주년을 즈음하여 기념회가 조직되었고, 1928년에 오문환 씨가 단독으로 『토마스 목사전』을 출간하기에 이르렀다. 한국교회는 이 최초의 개신교 순교자를 감사하여 1927년 5월 8일 그가 순교한 장소에 천여 명의 신자가 모여 예배를 드렸고 거기에 기념예배당을 1933년 9월 14일에 세웠다.

토마스 목사는 한국이 복음화되어야 할 나라임을 깨닫고 선교사업 구역으로서의 설정을 잘 파악하였던 개신교 선교사 중의 첫 순교자로 하나님의 부르심에 대답하여 용감하게 복음을 전했던 선교사로 기억된다. 비록 그의 선교가 다른 사람들의 선교에 비해 큰 업적을 남기지는 못했더라도 그의 불타는 전도열과 한국선교를 위한 사명감은 높이 평가해 주어야 한다.

V. 결론

토마스 목사는 중국에 선교를 왔다가 우연한 기회에 한국에서 순교한 최초의 개신교 선교사이다. 그러나 두 차례에 걸친 그의 선교는 워낙 짧았고 그나마 2차 선교는 뜻을 펴보지도 못한 채 제너럴셔먼호 사건에 연루되어 순교함으로써 끝나게 되었다. 제대로 선교의 뜻을 펼치지도 못한 채 순교했기에 업적 또한 거의 없다, 그에 대한 자료나 연구가 없다는 점도 이를 증명한다. 이 때문에 토마스를 한국에 온 개신교 선교사로 볼 수 있느냐는 의문이 충분히 제기될 수 있다. 또한 그가 중국에서 선교에 실패한 후 그 좌절감에서 피하기 위한 도피처로 한국을 택했다면 위의 의문이 더 굳어질 수 있다.

그러나 하나님의 부르심을 입고 선교한 한국의 개신교 선교사 중의 한 사람이라는 것이 중요하다. 업적에 의해서 한 사람의 모든 것을 평가한다면 이름도, 빛도 없이 하나님의 뜻을 이루기 위해 살았던 수많은 사람들은 설 자리를 잃고 말 것이다. 토마스 목사는 비록 많은 업적을 남기지는 못했지만 그는 선교 미개척지인 한국에서의 선교를 두려워하지 않고 오히려 열정을 가지고 선교했다. 그의 이런 열정은 한국으로 가는 길이 막히자 마침내 그가 무작정 제너럴셔먼호를 타고 한국에 오게 됐고 그것은 그의 순교를 가져왔다. 여기서 그의 성급한 행동을 비판하기 이전에 그의 선교에 대한 열정을 긍정적으로 평가해 주어야 할 것이다. 당시 한국은 대원군의 쇄국정책 때문에 천주교에 대한 대규모 박해와 외국인에 대한 철저한 배척으로 살벌한 분위기였다. 이런 면에서 볼 때 토마스 목사는 전혀 문호가 열릴 것 같지 않은 한국을 미래의 선교지로 인식하고 선교를 위해 노력한 선구적 행동으로 높이 평가되어야 한다. 그의 이러한 인식으로 한국은 곧 선교의 자유를 얻게 되었고 놀라운 복음의 열매들을 맺게 되었다.

한국의 개신교는 천주교에 비해 상당히 늦게 시작됐다. 그러나 1885년 미국의 선교정신과 개척정신을 가진 장로교 언더우드 선교사와 감리교 아펜젤러 선교사가 입국함으로써 본격적인 선교가 시작된 이후 한국교회는 선교를 받던 자리에서 이제 세계 선교를 감당하는 선두자리에 서 있다. 이러한 때 토마스 목사가 선교에 대한 열정을 가지고 선교하다 순교한 최초의 개신교 목사로서 우리에게 큰 본이 된 것을 우리는 잊지 말아야 할 것이다.

참고문헌

김대인. 『한국교회사』. 서울: 한들, 1995.
김성준. 『한국교회사』. 서울: 기독교문화사, 1993.
민경배. 『한국기독교회사』. 서울: 대한기독교출판사, 1984.
박용규. 『한국교회 순교사』. 성남: 성은출판사, 1979.
백낙준. 『한국교회사』. 서울: 연세대학교출판부, 1995.
유홍렬 · 조좌호 · 민병하. 『한국사 신강』. 서울: 일신사, 1986.
이영헌. 『한국기독교사』. 서울: 컨콜디아사, 1988.
이형근. 『한국교회 순교사』. 서울: 한국기독교 순교자 유족회, 1992.
전택부. 『한국교회 발전사』. 서울: 대한기독교출판사, 1987.
______. 『한국기독교 백년사대계1』. 서울: 대한기독교출판사 1987.
한국기독교사 연구회. 『한국기독교의 역사1』. 서울: 기독교문사 1989.
한우근. 『한국통사』. 서울: 을유문화사 1993.
http://kr.blog.yahoo.com/ydnoh49/2253.

삼자원리를 개발한 선교사 존 네비우스

(John L. Nevius, 1829~1893)

Ⅰ. 서론

19세기 후반, 한국 땅에 첫발을 들여놓은 서양선교사들은 한국을 은둔의 나라라고 표현했을 정도로 한국을 알지 못했다. 1884년 9월 20일에 미국 장로교회가 파송한 의료선교사 앨런이 제물포에 상륙하고 그 뒤를 이어 1885년 4월 5일 언더우드와 아펜젤러 부부가 역시 제물포에 도착하여 한국 땅에 선교가 시작된 것이 어언 120여 년이 넘었다.

이제 한국에 선교가 100여 년이 넘는 이 시점에서 이제는 세계 방방곡곡에 8,000여 명의 한국선교사들이 세계를 향한 선교가 우리 한국 땅에서 시작하게 되었다. 한국은 이제 피선교지역에서 선교하는 중요한 국가로 인정을 받아 하나님의 귀한 역사가 실행되고 있다. 사실 한국 선교는 이미 서구 선교사들이 200여 년간 경험을 쌓은 서구와는 선교전략 면에서 비교할 수 없으나 그동안 한국선교가 괄목할 만하게 성장한 것은 사실이다. 하지만 아직도 기존 선진국의 좋은 경험을 수용할 수밖에 없다. 더욱이 한국 초기의 선교에 빼놓을 수 없는 것이 있다면 네비우스 선교사의 선교정책이라고 할 수 있다. 그의 선교 정책이 중국으로부터 한국에 영향을 미쳐 한국 초기선교에 지대한 영향을 주었으므로 네비우스의 사상과 선교전략으로 한국에 어떤 영향을 미쳤는가를 살펴보고자 한다.

Ⅱ. 네비우스의 생애와 삼자원리의 유래

1. 존 네비우스의 생애

존 네비우스는 1829년 3월 4일 미국 뉴저지에서 출생하여 Ovid에 있는 고등학교를 졸업하고, 1850년 유니온 대학교에서 공부한 후에 곧 이어 장로교신학교에서 신학을 마치고 북 장로교 소속의 중국선교사를 지원하였다. 1853년 뉴욕 출신의 헬렌 산포드 코아와 결혼한 후에 곧 중국에 도착하여 남포선교를 위해 양쯔강과 산동성을 중심으로 선교활동을 하다가 1893년 10월 19일 하나님의 부름을 받음으로 40년간의 중국선교를 마감하였다. 그의 저서로는 『중국과 중국인』(1892), 『선교회의 설립과 발전』(1885), 『귀신들림과 이와 관련한 주제들』(1895), 『Planting and Development of Missionary Churches』(1885) 등이 있다. 특히 선교교회의 설립과 개발의 논문을 "Chinese Recorder"에 게재하면서부터 한국에 큰 관심을 불러일으켰다. 그래서 1890년에 한국 선교계에서 그를 초청하여 다양한 선교정보와 전략을 배우게 되었다. 네비우스는 한국의 젊은 외국 선교사들에게 많은 조언을 아끼지 않았다. 그는 한국 주재선교사들에게 현재 가능한 것들과 현재 필요한 것들을 요구하여 당시에 선교사들에게 많은 충고를 주기도 하고 시험을 보기도 하여 유익한 시간들을 보냈다.

2. 三自원리의 유래

자립교회의 원리는 19세기 서구 선교계가 깨달은 것 중에 위대한 것인데, 이 문제에 공헌한 자들이 여러 명이 있다. 미국의 루푸스 앤더슨(Rufus Anderson), 영국의 헨리 벤, 독일의 바르넥, 그리고 한국의 네비우스이다. 19세기 중순 미국 해외선교회(ABCFM) 총무 루푸스 앤더슨(Rufus Anderson)과 영국 교회선교회(Church Missionary Society) 총무인 헨리 벤(Henry Venn)이 발전시킨 3자 원리로 자립(self-support), 자치(self-government), 자전(self-propagation)으로 한국선교에 지대한 영향을 끼쳤다. 이런 원리는 재정이나 행정, 전도에만 국한한 것이 아니라 교회 구조에도 적용되는 것으로 복음이 전파될 때 전달자의 문화가 아닌, 수용자의 문화 바탕 위에서 복음이 심어지는 원리다. 이 3자 원리는 세계 선교에 새로운 방향을 가져왔고, 19세기의 선교실천 원리다.

1) 루푸스 앤더슨(Rufus Anderson)

19세기 전까지는 대부분의 선교가 선 문명, 후 복음화라는 입장에서 문명화하는 데 더 주력하였다. 그리하여 교회가 선교보다 사회사업 방향으로 시간을 많이 투자하였다. 그러나 그 결과는 소기의 성과밖에 거두지 못했다. 미국 해외선교회 총무인 앤더슨은 터키, 하와이, 인도 등을 방문한 후 그동안 사회, 정치, 경제 개발에 선교를 한 것에서 직접전도와 교회 개척으로 방향을 전환시켰다. 그는 선교란 성경을 기초로 한 자립적인 선교에 의하여 기독교를 전파하여야 함을 역설하였다. 앤더슨은 선교의 목적을 다음과 같은 것으로 요약한다. 첫째로, 멸망하는 교인들을 회심하게 하는 것이고, 둘째로, 회심한자들을 중심으로 교회를 조직하는 것, 셋째로, 이 교회를 위하여 유능한 지도자를 세우는 것, 넷째로 자립하며 자력 전파하는 교회로 키우는 것이다. 그러므로 선교는 교회가 스스로 자기 발전의 단계에 도달하도록 일해야 하고 그러고 나서 다른 지역으로 옮겨야 한다. 그는 이런 자립교회의 설립은 오직 성령에 의해서 가능하다고 생각했다. 그는 바울의 선교 목적은 어디까지나 영혼 구원이었으며, 대상은 주로 하류층과 중류층이었다고 한다. 바울은 철두철미한 자립원리 고수 때문에 직접전도의 가치에 대해 논쟁의 여지가 없었다. 바울은 교육, 문서 사업, 봉사 등은 교회 개척보다 우선하지 못했다.

앤더슨은 성경에서 자립, 자치, 자전의 교회를 사도 바울의 선교론에서 착안하여 일곱 가지로 요약했다.

첫째, 바울은 권위를 가지고 예수를 전했다. 그의 소명은 예수로부터 나왔음을 강조했다.

둘째, 바울은 결신자를 얻은 후에 그들을 교회로 끌어들였다.

셋째, 교회를 세운 후에 목사나 장로 등 지도자를 세워 그들이 교회를 이끌도록 했다.

넷째, 개척교회를 지원하는 교회가 없었다. 오히려 유대의 교회가 모교회였지만 이방 교회가 유대교회를 도왔다.

다섯째, 바울은 사회의 하류층을 상대로 전도한 후에 상류층으로 접근하였다.

여섯째, 사도들이 세운 교회는 흠이 없는 교회는 아니고 많은 문제가 있는 교회였다.

일곱째, 초대교회는 자치, 자립, 자전의 교회였다.

이상의 원리를 요약하면 앤더슨의 자립 원리는 바울의 원리를 재역설한 것임을 알 수 있다. 즉 신생교회의 물질적 가난과 도덕 결함이 자립원리 실천의 문제점이 될 수 없음을 강조한 점이다.

2) 헨리 벤(Henry Venn)

19세기 앤더슨과 동시대에 영국에서 자립선교론을 발전시킨 헨리 벤 역시 같은 이론을 제창하였다. 그는 1841년부터 1872년까지 영국교회(Church Missionary Society)에 선교회 총무로 일하였으며, 선교에 많은 영향을 끼친 인물이었다. 당시에 19세기 영국 교회는 식민주의와 선교가 상호 결탁하여 피선교지 교회의 독립을 허용하지 않고 보호주의 정책을 취하였다. 영국교회는 원주민에 의한 원주민의 교회는 고려하지 않았다. J. A. Sherer는 서구 선교가 식민주의와 결탁한 것을 지적하여 문화적으로 유럽화(Europeanigation)나 미국화(Americanigation)를 시도했다고 비난했다. 헨리 벤은 선교를 식민주의와 결탁한 것에 대하여 신랄하게 비난하였다. 헨리 벤의 자립 선교는 교회의 자치에 중점을 두었으며 그는 원주민을 지도자로 세워서 스스로 자립하게 하는 데 중점을 두었다. 그는 나이지리아의 흑인 청년 Samuel Adgat Crother를 나이지리아의 최초의 감독으로 임명하였다. 벤은 다음과 같은 단계로 선교전략을 현지교회에서 세웠다. 첫째 단계로 선교지에서 교회를 세운 후에 즉시 목사와 장로를 세워 그들이 교회를 이끌도록 하며, 둘째 단계는 원주민의 교인들은 원주민 목사의 재정문제를 책임지게 하며, 셋째 단계는 일정한 지역의 교회 목사들과 평신도 대표들로 구성된 협의체를 구성하는 것이다.

그는 교회는 흥하고 선교사는 쇠퇴해야 된다고 주장했다(요 3:30).

벤의 자립사상은 성령의 역사에 대한 그의 강한 확신에서 나온 것이다. 그는 원주민 회심자들이 성령에 의하여 외국의 도움이 없이도 일할 수 있도록 도와주어야 한다고 강조하면서 원주민 지도자의 도덕성의 결함 유무와 지적능력을 문제시하지 않고 등용하게 되었다.

헨리 벤과 루푸스 앤더슨의 자립 원리는 독일의 선교학자인 구스타프 바르넥으로 계승되었고, 그의 자립사상이 중국선교사인 네비우스에게로 이어졌다. 바르넥의 사상은 한 국가의 교회가 자립하면서 국가전체의 분위기를 기독교화하는 것이다.

3) 롤런드 앨런(Roland Allen)

19세기 자립의 원리는 20세기에도 이어졌는데, 영국의 선교학의 대표적인 인물로서는 성공회 출신의 중국 선교사인 앨런이 있다. 그는 중국에서 선교사들이 수난당하는 의화단 사건을 목도하고, 선교의 보호주의와 교회적 식민주의를 버릴 것을 호소하고 원주민의 교회 설립을 제안하였다. 그의 이론은 경험에서보다도 성경 연구에서 얻은 것이다. 그의 저서 『Missionary Methods: St. Paul's or Ours?』는 선교학의 교과서라고 하여도 과언이 아니다. 『The Spontaneous Expansion of the Church』에서 초대교회의 평신도들은 자발적으로 확장하였다고 주장한다. 그의 사상은 미국 개혁파 교회 선교학자 Harry Boer와 교회성장의 대부인 McGavran에 큰 영향을 주었다. 이상의 자립사상은 앨런의 언급대로 바울의 자립에서 이어져 오늘에 이른다고 할 수 있다.

3. 중국에서 종래의 선교방법

중국의 선교 사역에는 서로 다른 옛 방식과 새 방식의 두 가지 방법이 있었다. 그러나 이들은 다 궁극적으로는 독립적이고 자립적이며 적극적인 현지 교회의 설립을 추구한다.

첫째, 옛 방식은 주로 유급의 현지 대리인에 의존한다. 초기 단계로 외국의 자금을 사용하여 발전의 기초를 두어 현지교회의 성장을 북돋우고 자극하고 점차로 그 자금이 중단되기를 기대한다. 이 방식은 현지교인들 가운데 가장 진보적이고 지성적인 자들을 유급 매개인, 성경 중개상, 복음전도자 혹은 선교 거점의 지도자로 이용한다.

둘째, 새 방식(네비우스 방식)은 유급 현지 매개인의 가치를 덜 인정하고 그들의 수를 최소화하고자 한다. 그리고 독립과 자기의존의 원리를 처음부터 적용할 때 현지교회 설립이 가장 빨리 이루어진다고 믿었다. 새 방식은 현지 매개자로 고용된 사람들이 자신들의 본 고향과 일터에 그대로 머물러 있을 때 궁극적으로 훨씬 더 유용할 것이라고 믿는다.

새 방식은 주목표가 원주민 교회의 설립에 있었던 미국 장로교회 선교사들과 조화를 이루는 것이었다. 이 새 방식은 종래의 방식의 실패를 보완하기 위해 나온 것이다. 종래의 방식은 원주민 고용 대리인(paid native agency)에 크게 의존했으나, 새 방법은 선교의 극대화를 위해 현지 원주민들의 자립과 독립을 주려고 계획한다. 그래서 중국에서 선교사들은 복음전파를 위해서는 중국인 자신들에 의해서 복음화되어야 한다. 방법의 원리는 중국에서 서양 선교사들이 선교비로 고용한 직업적인 중국 지도자들의 실패를 경험으로 무보수 전도사들을 채용할 것을 주장하였다. 고용된 전도자 채용을 '구제도'(the Old Method)라 하는데 이 '구제도'는 중국인 신자들을 '쌀 신자'(Rice Christian)로 만들었다. 이들은 보수를 받을 때는 전도에 열심히 했으나 그 직분을 물러나면 전도는 물론이고 교회도 떠나고 말았다. 그는 이 구제도의 폐단을 다음과 같이 지적했다.

첫째, 새로운 개종자들을 고용 대리인으로 만든다는 것은 그들이 관리하고 있는 선교지부(the Station)에 위험한 영향을 끼친다. 만일 고용된 대리인들이 자리를 옮기거나 해고되는 경우에는 그 고용된 고용인과 선교사와의 관계는 깨진다.

둘째, 새로운 개종자들을 고용 대리인으로 만든다는 것은 종종 개인적으로 그에게 해가 되는 경우가 있다. 그것은 일종의 직업 감각을 자극하는 경향이 있다. 때로는 자만하여 복음에 대한 존경심이나 영향력을 상실하기도 한다.

셋째, 이 체제는 진짜 신자와 가짜 신자를 판정하기 어렵게 만든다. 그들을 채용 시에 도덕적 품행을 보고 채용하나, 채용되지 않았을 때에는 신앙생활에서부터 떨어져 가는 경향이 있다.

넷째, 이 체제는 고용된 대리인으로 하여금 돈을 버는 마음을 자극하며, 보수를 바라는 기독교인들의 수를 증가시키는 경향이 있다. 이것은 자발적이며 대가를 바라지 않고 복음을 전하는 자들의 열심을 중단시키는 등 선교의 순수성을 퇴색시키는 경향이 있다.

다섯째, 그것은 기독교인들 자신 그리고 비기독교 단체들이 보는 앞에서 선교를 비하시킨다. 비기독교인들은 그들을 볼 때 마치 경제적인 이유를 위해 일하는 것처럼 비쳐지기 때문에 선교단체 속에 있는 것으로 간주한다. 고용대리인들이 남들에게 복음을 전하는 것은 전하는 자의 이득을 위해 숫자를 증가시키려는 노력으로 간주될 수 있다.

종래의 방식에 대한 특징을 보면 다음과 같다.

첫째, 선교 지부에 위치한 선교사는 본인은 가지 않고 고용된 현지인을 파송하여 사역을 하게 한다. 둘째, 선교사는 자기 마을의 그리스도인들을 일꾼으로 만들려고 하지 않는다. 셋째, 선교사가 자금줄을 쥐고 있을 때에는 자치는 불가능하다. 단순히 독립의 형식이나 갖출 수 있다. 넷째, 대부분의 집회처는 외국의 자금으로 사거나 임대한다. 다섯째, 한국에서 일어나는 네비우스 정책과 같은 성경공부는 없다. 일반적으로 조직적인 가르침은 없다. 여섯째, 교인들의 잘못을 그대로 방치한다. 만약 징계할 때에 교인들을 잃을지 모른다는 두려움 때문이다. 일곱째, 선교지역의 분할을 생각지도 않는다. 연합은 하지 않는다. 여덟째, 중국의 천주교에서는 신부에게 관리와 권리를 주었다. 아홉째, 사람들의 경제생활에 무관심하였다. 그들은 교회의 유일한 의무는 인간영혼을 구하는 것이므로 경제생활에는 관심이 없었다.

Ⅲ. 네비우스의 선교방법 고찰

1. 개괄적인 고찰

중국 산동, 북 장로교 선교회의 존 네비우스(John L. Nevius) 박사는 1880년대에 이 정책을 고안하여 맨 먼저 자기 선교회의 사람들에게 제시하였지만 이것은 보기 좋게 거부당하였다. 특히 그의 동역자 가운데 한 사람인 마티어(Mateer) 박사는 실제로 네비우스 박사의 아이디어를 논박하고 이 방법이 산동에서 앞으로도 효과를 거두지 못할 뿐만 아니라 과거에도 통하지 않았음을 증명해 보이기 위해 소책자인 『네비우스 정책 논평』(Review of the Nevius Methods)이라는 글을 써서 이 정책을 격렬히 공격하였으며, 사람들이 멀리서 소문으로 들었던 바와 같은 좋은 결과를 네비우스가 산동에서 얻지 못했다고 말했다.

네비우스 박사는 1895년에 상해의 『차이니즈 레코더』(Chinese Recorder)에서 자신의 정책에 관한 모종의 글을 출간하였다. 이 글은 산동으로부터 만을 건너와 한국에서 사역을 갓 시작한 일부 젊은 선교사들의 마음을 사로잡았다. 19세기 말 한국에 온 미국 선교사들은 선교에 불타는 정열은 있었으나, 선교 경험과 전략은 없었다. 언더우드 선교사는 이 문제로 고민하다 중국에서 발간된 잡지 안에 네비우스 선교사의 『선교 교회의 설립과 발전』이라는 글을 읽고 네비우스를 한국에 초청하였다. 네비우스 선교사는 1890년 6월 한국을 방문하여 2주 동안을 보내며 그의 후배 선교사들에게 그들의 상황을 연구하고 이에 대처하는 방법과 자립 선교 원리를 가르쳐 주었다.

네비우스는 이 자립 선교 원리를 독자적으로 발전시킨 것이 아니라, 그가 미국과 구라파를 방문하였을 때 앤더슨과 벤에게 간접적으로 배운 것으로 생각된다. 그러나 그는 한국의 상황을 고려하여 신축성 있게 한국에 적용하였다. 그리하여 지금까지 그의 정책은 많은 부분으로 개선되었으나 그러한 개선은 모두 그의 원리의 일반 노선을 따르고 있다.

후일 언더우드 선교사는 이 네비우스 선교사의 연구 결과에 대한 보고서에서 말하기를 "오랫동안 기도하면서 신중히 생각한 후에 네비우스 목사의 선교방책을 채택하기로 하였다. 7명의 젊은 장로교 선교사들을 데리고, 2주일 동안 체류하게 된 그의 한국 방문은 선교정책에 직접적이고도 깊은 영향을 끼쳤는데, 그러한 영향은 오늘날까지도 계속되고 있다."라고 하였다.

네비우스 박사는 성령의 인도하에 신생 교회가 독립할 수 있다는 가능성을 믿었다는 점에 있어서 자신의 시대를 크게 앞섰던 사람이었다. 한국에 있던 선교사들은 기도하는 마음으로 "네비우스 방법"의 채택을 결정하고 사업의 전체적 지침으로서 4개의 원칙들을 수립하였다.

첫째, 모든 그리스도인은 자신이 처해 있는 일터에 남아서 자신의 일을 하면서 자활해야 하며 자신의 언행으로 이웃에게 그리스도를 증거해야 한다.

둘째, 교회의 방법들과 기구는 한국교회가 그 책임을 감당할 수 있는 한도 내에서만 발전되어야 한다.

셋째, 교회는 최선의 자질을 갖추고 교회가 지원해 줄 수 있는 사람들을 끌어내어 정식 사역자로 일하게 해야 한다.

넷째, 교회 건물은 토착적인 방식과 기독교인들 자신의 재원을 가지고 한국의 그리스도인들에 의하여 건축되어야 한다.

네비우스 자립 원리는 신제도의 도입만이 아닌 적극적인 요소가 있다. 그는 무보수의 자발적인 전도를 역설하였고, 모든 신자가 전도자가 되며, 성경이 신자의 생활에 중심을 차지하도록 하였다.

네비우스 선교 정책은 성경을 강조함, 널리 순회하면서 개인적으로 복음을 전함, 자전, 자치, 자립 엄격한 징계, 협력과 연합, 소송사건에서의 도움 등과 같은 세속적 동기들을 사용하지 않으며, 사람들의 경제적 문제에 도움을 주는 것이다.

이를 한마디로 요약해 보면, 성경공부와 경제자립으로 볼 수 있다. 그는 중국에서 서양선교사들이 무보수로 일하는 토착인 전도자들을 훈련시켰어야 했다는 것을 주장한다.

그러나 고용전도자의 문제점에 대한 네비우스의 평가는 이론적이라기보다는 실제 경험에 의한 것이다. 간단히 요약하면, 네비우스의 자립 원리는 단지 새로운 이론적 도입만이 아닌 매우 실제적인 요소가 있다. 그는 무보수의 자발적인 전도를 역설하였고, 모든 신자가 전도자가 되며, 성경이 신자의 생활에 중심을 차지하도록 하였다.

네비우스 선교정책의 요약을 알아보면 그 중요한 원리는 다음과 같다.

첫째, 선교사가 개인적으로 널리 순회하며 전도한다.

둘째, 사역의 모든 분야에서 성경이 중심이 된다.

셋째, 자전: 모든 신자는 다른 사람을 가르치는 자가 되며 동시에 자기보다 나은 다른 사람으로부터 배우는 자가 된다. 모든 개인과 집단(소수 그리스도교인의 모임)은 사역을 확장시키려고 노력한다.

넷째, 자치: 모든 그룹은 선임된 무보수 영수의 관할을 받는다. 순회교구들은 나중에 복사가 될 유급 조사들의 관할을 받는다. 순회 집회 시에는 교인들을 훈련시켜 훗날 구역, 지방, 전국의 지도자가 되게 한다.

다섯째, 자립: 신자들이 스스로 마련한 예배당을 소유한다. 각 그룹은 창립되자마자 후회 조사의 봉급을 지불하기 시작한다. 하교조차도 부분적인 보조금을 받도록 한다. 이것은 설립될 당시에만 필요하다. 개교회의 목사에게 외국의 자금으로 사례를 지불하지 않는다.

여섯째, 모든 신자는 그룹 영수와 순회 조사 아래서 조직적인 성경공부를 한다. 그리고 모든 영수와 조사는 성경연구모임을 통해 조직적으로 성경을 공부한다.

일곱째, 성경적 형벌을 통해 엄격한 징계를 실시한다.

여덟째, 다른 선교 단체와 협력하고 연합한다. 아니면 최소한 영역이라도 분리한다.

아홉째, 법정 소송 사건이나 그와 유사한 문제에 대해 간섭하지 않는다.

열 번째, 민중의 경제 문제에서 가능할 경우 일반적인 도움을 준다.

이것이 대개 요약한 그 원칙이다. 강력한 자립성과 광범위한 순회선교, 성서에 대한 압도적인 강조가 그 기조였다. 그러나 또 한 가지 이 원칙의 핵심에는 생활과 의무에서의 둔퇴가 종교의 본분이 아니라 일상생활에서 평범한 통상의 생활을 하면서 교리를 구체적으로 실천하는 것이 기독교의 참 모습이라고 설파하는 정신도 깔려 있다.

2. 철저한 성경 교육

네비우스의 원리 중 성경교육에 관계된 사항들을 살펴보면, 첫째, 신자 한 사람 한 사람이 다른 사람에게 성서의 교시자가 된다. 둘째, 체계적인 성서연구와 함께 모든 활동에서의 성서의 중심성을 관철시킨다. 셋째, 성서의 교훈에 따라 엄격한 생활훈련과 치리를 하는 것 등이 있는데 첫 번째는 성서를 가르치는 성서교사를 말하며, 두 번째의 내용은 성경연구와 이해를 그리고 세 번째의 것은 성서적인 생활습관을 말하고 있다.

이러한 선교 방책은 조직되어진 교회 사업을 위한 것이라기보다는, 새로 개척하는 선교지구에서 선교 사업을 시작하는 단계에서 이용하기 위한 원칙이라고 볼 수 있다. 즉 자급 제도를 장려하고 보조금 지출을 반대할 뿐만 아니라, 그 중심이 되는 원칙은 성경공부를 장려하여 모든 교인들로 하여금 성경 지식을 얻어 어떠한 사람을 상대하든지 자신 있게 전도할 수 있게 하자는 것이다. 그래서 당시에는 비록 작은 무리의 숫자지만, 아주 훌륭한 지도정신으로서 복음을 전하여 교회를 확장했던 것이다.

지방에서 배운 지도자들은 각기 자기 교회에서 예배를 인도하며 성경을 가르쳤다. 다른 신자들을 가르치기 위해서는 먼저 자기들이 배웠다. 또한 사경회를 조직하여 지방 지도자들에게 올바른 성경지식을 가르치고자 힘썼다. 서울이나 평양 등지에는 성경 학원을 설립하였으며, 이것은 교육자 양성소가 아니라 성경공부를 위한 교육 기관이었다.

그들은 조사라는 제도를 두었는데, 이는 선교사들이 1년에 한두 번밖에 순회할 수 없는 것을 감안하여 세운 제도다. 그래서 조사들은 지방교회를 맡아 순회하며 지도하는 선교사를 돕는 역할을 담당하였다.

한국교회는 성경을 하나님의 권위 있는 책, 인간들에게 직접 주신 하나님의 권능의 말씀으로 받아들일 뿐만 아니라 성경을 강조하는 방식은 그중에서도 가장 핵심적인 것 가운데 하나이다.

이것에 관하여 곽안련 박사는 언급하기를 "네비우스 정책에서 잘 알려져 있고 가장 많이 언급되는 항목이 자립(경제적 자립), 자전(자력 전도), 자치이다. 이러한 것이 확보될 수 있을 경우 어떤 현장에서든 놀라운 진보가 있으리라는 것은 확실하다. 그리고 이 세 가지 요소 전부에 동력을 공급하는 또 하나의 네비우스 방식이 그것들의 배후에 존재한다고 확신할 수 있는데 그것은 다름 아니라 성경강조 정책이다."라고 하였다.

사실 선교사역이 시작된 이래 장구한 세월을 통과하며 세계의 모든 선교 현장에서 선교사들은 자립과 기타 요소를 확보하기 위해 정직한 마음으로 최선을 다해왔다. 그러나 수많은 현장에서 물을 마시기 싫어하는 말을 억지로 물가로 끌고 가는 격이 되고 말았다. 여기에서 성도들로 하여금 자발적으로 신앙생활을 영위할 수 있도록 만드는 어떤 추진동력이 필요하다. 사람들이 성경을 하나님의 권위 있는 책으로 받아들이고 성경 속에서 하나님이 직접 말씀하신다고 믿게 될 때 그를 붙잡는다면 그는 이웃에게 이 복음을 말하고 싶어 할 것이며 자전, 자치, 자력은 숨 쉬는 것처럼 자유로워질 것이다.

그러므로 한국교회가 이룩한 모든 성공의 저변에 성경공부에 대한 집중적인 강조가 있다고 할 수 있으며, 그 밖의 어떤 것도 그 자리를 대신할 수 없다고 믿는다. 선교방식을 '네비우스 정책'으로 바꾸고 싶어 하는 현상들은 당연히 이것에서부터 출발해야 할 것이다. 이 일이 진행된다면 자립, 자전 혹은 자치에 대해 걱정할 필요가 없을 것이며 그것들은 자연스럽게 이루어질 것이다. 이 성경공부가 없다면 그러한 방법들이 수립된다 하더라도 배후에 지탱력이 결여될 것이며 오래 지속하지 못할 것이다.

3. 평신도 훈련

성경적으로나 역사적으로 살펴볼 때, 평신도 전도는 절대적으로 중요한 것이다. 한국교회의 자립의 원동력도 "평신도의 참여"라는 것을 세계 교회가 다 알고 있는 바이다. 피터 바이엘하우스(Peter Beyerhaus)도 한국교회는 선교의 원리로 경제적 자립과 더불어 사경회에 전도사, 권사, 집사, 장로, 여전도사 등 모든 평신도들에게 성경을 가르치고, 또한 교회 일과 전도도 평신도들이 참여하고 목사는 성례전을 거행하는 것만이 다르다고 하였다. 네비우스는 선교 원리로 평신도는 개종 후에도 자기의 과거 직업에 그대로 머무는 것을 원칙으로 하였다. 이것은 신자들이 개종 후에 교회나 선교부에 물질적으로 의존하지 아니하고 자기 일을 하면서 전도하게 하는 데 그 목적이 있다.

평신도를 교회 일에 적극 참여시키기 위해서는 또한 그들을 훈련하여 평신도가 평신도들을 가르치도록 하여야 한다. 정규 신학 교육을 받고 안수받은 목사가 없을 때는 가장 신실하고 유능한 평신도를 설교자로 임명하여 성경을 가르치고 전도하게 하여야 한다. 그리고 이 평신도 지도자가 신자 등을 훈련하여 그리스도의 제자가 되게 해야 한다. 네비우스의 자립 원리의 핵심은 바로 여기에 있다.

한국교회에 반영된 네비우스의 선교 정책 중 다음 10가지 조항을 살펴보면 평신도 훈련과 그 선교방법이 잘 나타나 있다.

첫째, 상위계층을 겨냥하는 것보다는 하류계층을 전향시키려고 겨냥하는 편이 낫다.

둘째, 여성들의 개종과 여성 기독교인들을 훈련시키는 것이 중요 목표가 되어야 한다. 왜냐하면 어머니들은 미래 세대에 지대한 영향을 미치기 때문이다.

셋째, 시골에서 학교를 운영하는 것은 기독교교육에 있어 많은 결과를 초래할 수 있다. 따라서 우리의 소년학교에 있는 젊은이들에게 자격을 갖추게 해 그들을 교사로 파송하는 데 목표를 겨냥해야 한다.

넷째, 교육을 받은 원주민 목사에 대한 우리의 기대는 동일지역 내에 있으며, 또 항상 고려되어야 한다.

다섯째, 하나님의 말씀은 근거도 없이 존재하는 인간의 존재위치를 변화시킨다. 따라서 가능한 한 빨리 사람들에게 정확히 번역된 성경을 만들어 주는 데 모든 노력을 기울여야 한다.

여섯째, 모든 문학작품에서 냉소의 대상이 되지 않는 순수한 한국인들이 우리의 목표가 되어야 한다.

일곱째, 자립하는 교회가 되어야 한다. 그리고 우리는 반드시 우리 회원 중에서 의존하는 자들의 비율을 줄이고, 따라서 자립하는 공헌적인 개인들의 비율에 초점을 맞추어야 한다.

여덟째, 대다수 한국인들은 반드시 동료 친구들에 의해 예수님께 인도되어야 한다. 따라서 다수의 많은 대중에게 전도를 하는 것보다도 소수의 사람들을 철저하게 전도자로 훈련시키는 것이 좋다.

아홉째, 의사들의 봉사도, 병원의 보호나 환자의 집에서 치료를 장기간 할 수 있을 때 가장 잘 이용되어질 수 있다. 그렇게 하는 것은 마음속 깊이 감화하는 교훈과 모범의 기회를 제공하는 것이다.

열 번째, 한 기간 동안 치료를 받아온 시골 환자들은 반드시 고향 마을을 방문하도록 해야 한다. 왜냐하면 그들의 감동적인 치료의 경험이 전도자에게 마을의 방문을 개방하게 할지도 모르기 때문이다.

과거 중세 가톨릭교회는 물론이거니와, 개신교의 일부 복음주의 교회는 성직자와 평신도를 구분하여, 평신도의 참여를 중요시하지 않았다. 그러나 평신도 참여를 인정하지 않고는 결코 자립교회는 기대할 수 없는 것이다. 성경공부로 잘 훈련된 자들이 실제적으로 현장에서 전도하며, 그리고 주축의 멤버를 형성하게 됨으로 부흥하게 되는 것이다.

4. 자립(Self-Support)

한국교회는 시작에서부터 자립의 원칙에 의해 세워졌다. 자립교회란 경제적인 면에서 또는 행정적인 면에서 자립할 뿐만 아니라, 스스로 전도하며 나아가 자기들의 문화 속에서 교회를 뿌리박으며 견실한 지도를 받으며, 하나님 앞에서 온전한 교회가 되기를 추구하는 교회이다. 한국에서의 자립의 기대는 놀라운 결과를 가져왔다. 시작 때부터 한국의 기독교인들은 선교회로부터의 대가를 기대하지 않았다.

마을의 신자들은 자기들이 교회를 개척할 힘이 있을 때까지 서로 돌아가면서 그들의 집에서 모였다. 그들 중 가장 능력 있는 사람을 지도자로 선출하여 아무 대가 없이 사업 진행의 책임을 맡긴다. 선교사는 이런 곳에 일 년에 한두 번 방문하여 조언을 하기도 하며, 필요하다고 생각될 때에는 감독과 치리를 하기도 한다. 이런 때를 제외하고는 신자들이 스스로 처리해 나갔다.

이렇게 볼 때 이 자립이란 경제적인 자립뿐만 아니라 또한 행정적인 자립도 의미함을 알 수 있다. 그런데 이 자립은 장로교일 경우 경제적인 난제가 아니라 하나의 양적인 양상으로 꽃이 피기 시작했다. 그들은 교회 자립의 능력을 믿었다. 가난과 자립이라는 문제는 한국교회에 있어서 크게 문제가 되지 않았다. 자립이 타당하다고 믿었으므로 그들은 보다 연약한 교회에 전도 명령을 내리는 일도 주저하지 않았다.

네비우스가 자립에 근거를 둔 것은 성경에 근거한 것임을 의심할 필요가 없다. 초기 선교사들은 교회성장의 가장 큰 비결은 성경 공부반 제도라고 믿었다. 한국에서 선교사들과 기독신자들은 성경을 가장 권위 있는 책으로 받아들였다. 그리고 그들은 명확한 기준과 본보기들을 명시하는 명백한 신조문을 가지고 있다. 시작부터 한국교회는 성경을 강조했다. 또한 네비우스도 한국교회의 모든 성공은 성경공부를 강조한 데 그 기초가 있다고 믿게 되었다. 만약 이것이 잘되면 자립, 자력, 자치에 관해 걱정할 필요가 없다. 그들은 자기 자식들을 잘 양육할 것이기 때문이다. 한국교회에서 성경은 정확 무오(戊午)한 언어로 된 모든 사람들을 위한 책이라고 소개되었다.

5. 자전(Self-Propagation)

한국교회에서의 자전은 자립의 프로그램과 병행하여 이루어졌다. 무보수로 일하는 사역자들이 실제적으로 시골에서 지교회들을 담당하였다. 이러한 지교회들은 전도할 수 있는 한두 사람을 따로 세워놓고, 개종하지 않는 이웃을 전도하거나 또는 순회 방문하기 위해 파송한다. 1877년 서울 장로교회는 전도하며 자기의 지구를 수행하기 위해 여러 사람들을 파송하여 행주에서 선교를 시작했다. 출발에서부터 한국교회는 적어도 다른 사람을 전도하려고 애쓰는 기미가 보이지 않으면 아예 세례를 주지 않는 것을 관습처럼 행해왔다.

자기증식의 방법은 다양했다. 선교사들의 심방, 시장 전도, 사랑방운동, 주막 전도, 팸플릿 배부, 신앙부흥전도 집회, 성경공부반 등이다. 교육과 의료사업이 중요하게 생각되긴 했으나, 그것은 단지 목적을 위한 수단에 불과했다.

6. 자치(Self-Government)

네비우스 선교사는 우리의 문화를 서구화하는 것이 선교가 아님을 강조하였다. 즉 선교란 기계, 외국어, 과학 등을 가르치는 것이 아니며, 이방인들을 문명화함으로 기독교화하는 것도 아니다. 이방인들을 기독교화하되 그들로 하여금 그들 자신의 문명을 발전시키도록 하는 것이다.

이 원리를 한마디로 토착화라고 정의할 수 있는데, 이는 원주민 교회가 스스로 자치할 수 있는 능력을 갖추는 것을 말한다. 네비우스는 교회가 자치를 하기 위해서는 항상 그 고장에 거주하는 지도자가 교회의 지도적인 위치에 임명되어야 한다고 했다. 따라서 한국교회는 목사, 전도사, 조수, 통치 장로 그리고 영수라고 부르는 대리자의 직분을 세움으로 해서 토착화된 교회통치권을 가지고 있었다. 즉 한국교회의 특수 상황에서 발전시켜 스스로 교회 성장에 크게 기여하고, 우리 문화의 옷을 입은 기독교로 토착시킨 몇몇 사례들은 성공적인 면이 있다고 본다.

Ⅳ. 네비우스 선교방법이 한국교회에 미친 영향

네비우스 선교방법이 한국교회에 시행됨에 있어 직간접적으로 많은 영향을 끼쳤음은 두말할 필요가 없다. 이제 네비우스 선교 방법이 한국교회에 미친 영향의 장단점을 알아보기로 하겠다. 사실 한국을 아는 사람은 모든 요소가 한국교회창출의 한 요인이 되어왔음을 부인하지 못할 것이다. 정치적, 종교적, 사회적으로 혼란한 붕괴 속에 있을 때 선교사들은 복음을 가지고 들어왔다. 그리고 그들은 온갖 유리한 조건을 지혜롭게 이용했다. 이러한 가운데서 교회는 성장한 것이다.

한국교회의 모든 사역은 네비우스 원리의 정책 노선을 긴밀하게 따라왔다. 즉 지교회를 최초로 설립하는 데에, 집회 장소를 위한 건물을 확보하는 데에, 지교회와 순회 교구의 지도자들을 선정하는 데에, 초기에는 교회의 조직을 단순한 형태로 하는 데에, 그리스도 교인들의 직접적인 사역을 하는 데에, 사경회 제도에, 복음 전도 사역과 교육 사업과 의료사업 제반 국면에서 간직해 온 자립정신에, 그리고 다른 모든 방법에서 네비우스 원리를 따랐던 것이다. 세계 어느 곳에서도 네비우스 정책이 한국의 경우처럼 채택되고 확장되어 온 선교 현장은 없다. 세계 어느 곳에서도 똑같은 기간에 동일한 자금과 선교 기간을 소비하여 이보다 더 크고 구체적인 결과를 거둔 선교 현장은 없다.

1. 교육에 공헌

우리는 한국교회의 초기 교육 문제를 생각해 볼 때 네비우스 선교방법의 공헌을 들 수 있다. 한국교회를 일본과 비교해서 본다면 개신교가 일본에서는 대학생층에 들어가 처음부터 그들 자신의 지적인 판단에 의해서 받아들여졌다. 그러나 한국에서는 시장과 농어촌사람들에게 들어왔으며, 어린아이와 같이 쉽게 의지하려는 맹목적인 태도로 받아들여졌다.

이런 여건 속에서 이성에도 강조점을 둔 네비우스 선교의 영향은 이들을 교육시켜서 한국적으로 틀을 잡아 자립하고 공헌하는 개개인으로 발전시켜나간 중요한 의미가 있다고 본다. 이와 같이 네비우스 선교방법은 이제까지 없었던 근대적인 의미의 시민, 곧 책임과 의식을 지닌 창조적인 인간성을 가꾸는 데 이바지했다는 것을 알 수 있다.

2. 한국교회 급성장의 원인

한국교회가 어떻게 그리 빨리 성장할 수 있었는가에 대한 원인을 다음 세 가지 점에서 지적할 수 있다. 첫째는 경술국치의 정서적 충격의 영향이요, 둘째는 장로교와 감리교 특수 선교지역 분할이다. 마지막 세 번째로 한국교회 성장의 원인은 네비우스 방법이었다고 본다. 그 방법은 한국 신도들로 하여금 그들 스스로 전도에 앞장서게 만들었고, 그들 스스로의 헌금에 의해 예배당을 짓게 하였으며, 한국인 교회를 그들 스스로 운영하고 통치하게 된 것이다.

3. 선교지역의 분할

네비우스의 원칙에 영향을 함께한 단체 중 선교연합의 사업에 가장 적극적인 교파는 장로교였다. 당시 조선에 선교하는 선교기관이 여럿이었기 때문에, 노력을 중복하거나 필요 없는 경쟁을 하지 않도록 연합적으로 분할하는 정책을 마련하였다.

이렇게 해서 남 장로교회는 전라도와 충청도, 호주 장로교회는 경상남도, 캐나다 선교회는 함경도, 북 장로교는 평안도, 황해도, 경상북도를 분할하여 맡았다. 그 후 1892년 6월 11일에는 북 장로교와 북 감리교가 그 신앙과 교리의 장애물을 초월하여, 협의를 거쳐서 조선의 전 지역을 지리적으로 분할정책하게 되었다.

1890년 네비우스를 맞았던 북 장로교 선교사들의 전부라고 해야 불과 열 명도 못 되는 소수였는데도, 모두 네비우스 원칙이 틀림없는 것처럼 확신했다. 그렇게 확신한 끝에 그들은 그 원칙을 실질상 전적으로 받아들였을 뿐만 아니라, 후에 도착한 새로운 선교사들까지 주입시킬 목적으로 규칙을 정했다. 그래서 새로 오는 모든 선교사들의 도착과 함께 네비우스의 책을 선교부로부터 받아, 어학시험과 함께 필수과목으로 네비우스의 원칙도 시험 보게 되었다. 사실상 네비우스 원칙은 선교부의 엄격한 규정으로서 법칙화되었다.

4. 자립운영정책

네비우스의 중요 정책은 처음부터 한국기독교회의 기초요강이었다. 네비우스 박사의 선교 사업방안(Methods of Mission Work)은 계속하여 내한한 선교사들에게 귀중한 필수 습득 과목이었다. 선교사업 개시 근 40년 후인 1927년 W. M. 베어드(Baird)는 장로교 선교부에 끼친 네비우스의 영향을 평가하기를 그의 사상은 우리 선교사업 초창기에 있어 선교사업의 원칙과 방법을 책정하는 데 많은 영향력을 주었다. 만일 선교사들이 그 방안을 충실하고 견고하게 합심하여 실천하면 그들의 사업은 반드시 성공할 것이라고 말했다. 초기 재한 선교사들이 네비우스 선교 방법을 실시함에 있어서 선교사 전체가 철두철미하게 이 방법을 지지하면서 개체 교회의 설립 초부터 완전한 자립 운영책을 실시했다. 새로 믿는 신도들도 자력으로 교회당을 짓지 아니하면 예배당이 없었고, 학교교원의 보수도 학부형들이 자력으로 감당하지 못하면 학교교원도 모실 수 없었다. 그러므로 두말할 것도 없이 자력운영은 기독교인의 정상적인 활동이요, 당연한 의무로 여겨졌다. 이와 같은 자력운영정책은 한국 기독교회 창설에 있어서 좋은 결과를 낳았다. 이 정책은 교인들에게 자립정신과 규칙적 헌금의 습관을 가르쳐 주었으며, 동시에 신앙의 자진전도를 가능하게 하였다. 더욱이 이 정책을 강력하게 추진함으로써 한국 기독교회의 서양화를 방지하였으며, 교회가 이국적이라는 인상을 어느 정도 막아냈다. 우리 교회당들을 서양인의 눈에는 보잘것없고 초라하게 보이겠지만 교회당들은 모두 우리들의 재산일 뿐만 아니라 우리의 고유한 건축 방식으로 건립된 것이다. 당시 설교인들은 강단에서 기독교 신학의 철학적 해석을 펴지 아니하였고 또한 의식과 복장으로 회중을 감동시키려고 하지 않았다. 그들의 평이한 해석과 수수한 옷차림은 시골 사람들의 마음에 거슬리지 않고 활동할 수 있었다. 무엇보다도 자력 유지정신과 실천은 기독교의 신속한 한국화와 자주치리를 촉진시켰다. 또한 교인들은 교회 사업을 자력으로 운영하고 있었으므로 교회회의에 참여권을 요할 것은 자연적인 형세였다. 따라서 한국인들이 한국교회를 조직하게 되니 한국교회는 서양교회의 교도단계를 거치지 않고 자주 치리하는 교회가 되었다. 이리하여 당시 인도와 중국에서 논쟁의 근원이 되고 있는 선교사 지배하의 "종교제국주의"와 "선교단체의 세력퇴화" 문제가 한국에서는 심각하지 아니하였다. 사실상 자립 운영의 원칙은 한국교회의 신속한 성장의 주요 원인이 되었던 것이다.

V. 네비우스 선교 방법의 부정적인 영향

앞에서 살펴본 바와 같이 네비우스의 선교방법이 한국교회에 많은 발전적인 영향을 끼쳤음에도 그에 따른 부작용 또한 다음과 같이 돌출되었다.

첫째, 고등교육을 받은 교회지도자 양성에 소홀하였다. 선교부 자체로서는 미국이나 유럽에 가는 유학생들을 후원하여 주지 않았다.

둘째, 자립정책의 실시과정에서 교인들이 희생정신보다 감정에 호소하며 추진되었던 것이다. 이러한 감정 호소에 의한 영향은 특히 헌금에 잘 나타나 있는데, 이는 헌금 약정의 결과는 지급이 되지 아니하는 난관에 봉착하게 될 뿐만 아니라 예산 편성과 사업계획에 지장을 주게 하였다.

셋째, 각 교인에게 부과된 책임의 하나는 믿지 아니하는 사람을 교회로 인도하는 전도 책임이다. 교인 중에는 다른 사람들에게 전도할 만한 재능을 가지지 못한 이들이 있어 자기들 대신 전도할 전도인의 봉급을 감당하기 위하여 헌금하는 예도 있었다. 그러한 헌금은 극단적으로 말하여 중세교회사에서 볼 수 있었던 면죄부에 대비할 수도 있는 면책부라고 볼 수 있었다.

김남식은 네비우스 선교의 약점을 다음과 같이 설명한다.

첫째, 신학자와 학자 양성에 미흡했다. 한국 교회학적 성장을 위하여 신학 양성에 유의하지 못했다.

둘째, 수준 높은 신학교육을 실시하지 못한 점이다. 한국교회 초창기라는 문제도 있긴 하지만 한국교회의 방향 제시에 부족한 점이 있었다. 신학 교육의 모델이 "경건인"에 있었지만 복음의 사회적인 적용이 미약하였다.

셋째, 교회의 일에 일치가 부족하였다. 경제적으로 자급을 강조하다 보니 개 교회주의에 빠져버리는 경우가 많다.

넷째, 내셔널리즘(Nationalism)의 자극이다. 일제하라는 한국의 특수성도 있으나, 3.1운동 등 구국을 위한 일에 교회가 관여되었다. 이것은 민족과 동행하는 면에서 강점이기도 하나 선교와 타자의 관심이란 측면에서 약점이기도 한다.

다섯째, 경제적인 면에서 너무 집착하게 하였다. 자급이라는 경제적 자립의 강조는 물질주의에 빠지는 위험을 초래케 한다. 물질이 필요하지만 이것이 먼저 강조되는 위험도 있다.

한국에 존 네비우스 선교정책에 의존할 때 오는 여러 가지 문제들이 있다.

첫째로 자칫 현지인 사역자들을 고용인 다루듯이 할 수 있다. 더욱이 한국교회의 담임 목회자와 부목회자의 관계가 성경적이거나 건전한 모습이 아니라 대기업의 상하관계를 닮아 있다. 제3세계에 들어온 교회를 개척하는 한국인 선교사들 사이에 이런 모습이 묻어 있게 마련이다. 한국교회가 건강하지 않으면 반드시 건강하지 않은 모습을 해외로 가지고 나가게 되어 있다. 우리는 토저의 다음과 같은 경고를 명심할 필요가 있다.

"쇠약하고 타락한 기독교를 이방에 확산하는 것은 그리스도의 명령을 순종하는 것도 아니고, 이방에 대한 우리의 책임을 다하는 것도 아니다(of God and Man 중에서)."

둘째로 선교사가 항상 떠날 것을 준비하며 사역하기보다 한국식 담임 목회를 하게 되기 쉽다. 한국식 담임목회가 다 부정적인 면만 있는 것이 아니나 대다수의 한국식 목회는 안주하는 경향이 농후하다. 그러므로 새로운 변화에 적응하지 못하고 답습하는 경향은 현대선교에 바람직하지 못하다. 그러므로 섬김의 모습보다 목회자가 군림하려는 모습이 많다.

셋째로 한국 교단이나 교회의 영향권하에 교회를 운영하기 쉽다. 그래서 교단 소속 교회를 세워 교단의 세를 확장하려 하거나 지교회 설립에 관심이 많아지게 된다. 선교지에서 선교사 간에 경쟁이 생기게 되고 관계의 열매보다는 사역의 열매에 관심을 두기 쉽다. 결국 무엇을 위한 사역인가라는 질문에 답할 수 없게 되는 경우가 생긴다.

한국교회와 한국 선교사의 변화가 일어나야 선교지에 하나님이 원하시는 열매가 맺히게 된다. 선교사의 가장 큰 전략은 다름 아닌 이제 "종교제국주의"와 "식민주의" 시각을 가진 서구 일변도의 선교정책은 성공할 수 없다는 것이 세계 선교 역사를 통해 명백히 입증되었다. 복음이라는 씨가 외주로부터 떨어지는 것만은 틀림없다. 그러나 복음은 원주민을 통하여 심겨져 그곳에서 싹이 나고 자라 열매가 맺혀져 자국민에 의한 복음증거가 다시 이루어져야 원칙이다. 이러한 사실에 입각해서 볼 때 네비우스 선교의 원리는 성경 공부 원칙 위에 자립(self-support), 자전(self-propagation), 자치(self-government)란 원주민에 의한 토착화 작업의 기초로서 역할을 다하도록 제시하고 있다.

Ⅵ. 결론

한국 개신교회의 급속한 성장을 주의 깊게 관찰해 본 사람이라면 네비우스 선교방법이 한국교회 성장에 끼친 공헌에 대하여 인정하게 된다. 세계 어느 곳에서도 네비우스 정책이 한국의 경우처럼 채택되고 확장되어 똑같은 기간에 동일한 자금과 선교 시간을 소비하여 이보다 더 크고 구체적인 결과를 거둔 선교 현장은 없다. 이 모두가 자립운영의 원칙 아래 정책을 수립하고 추진해 나간 결과라고 할 수 있다. 그러나 이러한 성공을 거둔 원리들 가운데서도 나름대로의 부작용이 존재하고 있었음을 앞에서 고찰해 보았다. 따라서 네비우스 선교정책이 모든 조건과 모든 상황을 다스려주는 만병통치약이 아니라, 오직 지극히 유용한 사역의 한 방법에 불과하다는 데 우리는 주의해야 한다. 이 세상 어디에서도 인간의 방법 중 완전이란 있을 수 없다. 단지 종래의 방법들 속에 드러난 일부 단점의 요소들을 보완하고 연구하여 더 나은 결과로의 진행이 있어야 한다는 사실이 우리가 취해야 할 자세라고 보아진다.

복음 증거는 예수 그리스도의 지상명령인 동시에 하나님께서 교회에 내리신 구속적 명령이다(행 1:8, 마 28:19-20). 따라서 어떤 장애물들이 복음의 진로 앞에 놓였다 해도 복음은 보다 더 나은 방법으로 세상을 변혁시켜 왔고 또 그렇게 나아갈 것이다. 복음 증거는 오직 하나님께서 주관자이시며 교회는 그 하나님의 사역을 위해 사용되어지는 도구로서 존재할 때 그 기능은 빛이 나고 사명을 다하는 것이다. 우리는 오직 하나님께로부터 주어진 맡은바 사명을 다하기 위해 선교의 방법에 대한 개선과 연구를 쉬지 않으므로 하나님의 구속역사 반열에 서게 되는 것이다.

참고문헌

김남식.『네비우스선교방법』. 서울: 성광문화사, 1991.
곽안련.『한국교회와 네비우스 선교정책』. 서울: 대한기독교서회, 1994.
배본철.『기독교회사』. 서울: 성지원, 1995.
이만열.『한국 기독교사 특강』. 서울: 성경읽기사, 1985.
전호진.『선교학』. 서울: 개혁주의신행협회, 1995.
______.『한국교회와 선교』. 서울: 정음출판사, 1983.
Brown, A. J. *One Hundred Years*. New York: Fleming H. Revell Co, 1936.
Conn, H. M. *Pacific Conference*. Nov. 1970.
Sherer, J. A. *Missionary Go Home!*. Englewood Cliff: Prentice-Hall, 1964.
http://blog.dreamwiz.com/motizen/5458173.

평안도에서 병자를 전도한 선교사 윌리엄 홀

(William J. Hall. 1860~1894)

Ⅰ. 서론

예수님께서는 선한 사마리아인의 비유를 들어서 말씀하시기를 "참 이웃이 누군가?"라고 질문한 적이 있다. 어떤 사람이 예루살렘에서 여리고 골짜기에 가다가 강도를 만나 거의 죽게 된 것을 여러 사람이 보고서도 지나쳐 버렸다. 그중에는 제사장도 있고 바리새인도 있었으며, 레위인도 있었다. 그러나 이 사람들은 강도 만난 자를 돌보지 않고 자기 길을 가 버리고 말았다. 그런데 한 선한 사마리아인이 있었다. 그는 매 맞고 쓰러진 이 불쌍한 사람에게 가까이 가서 포도주를 먹이고 상처를 치료해 주며 또 자기의 나귀에 태우고 주막에 데리고 가서 돌보아 주었다. 이 사람이야말로 강도 만난 자의 참 이웃이었다.

이와 같이 우리 조선에도 선한 사마리아인을 연상케 하는 위대한 이방인이 있었다. 이는 윌리암 제임스 홀(William J. Hall)이다. 그는 1892년 우리나라에 와서 병든 사람들을 헌신적으로 치료함으로써 사람들을 감동시켰으며 평양을 조선 기독교의 본거지로 만든 공로자의 한 사람이다. 그는 청일전쟁이 있던 해에 두 내외분이 평양의 거리에 쓰러진 호열병자들을 일일이 찾아 치료하다가 끝내 자기 자신도 그 병에 걸려 다시 오지 못할 길을 간 백의의 순교자였다. 그는 진정 조선을 사랑하는 선한 사마리아 사람이었다.

Ⅱ. 윌리암 홀의 생애

캐나다 출신의 미 감리회 선교사로 의사, 목사이며 한국명 홀(忽) 혹은 하락(賀樂)인 윌리암 제임스 홀(Dr. William James Hall)은 1800년 1월 16일 캐나다 Ontario의 Glen Buel에서 5형제 중 장남으로 태어났다. 부친은 아일랜드 출신의 청교도적 장로교인이었으며 석공이었다. 경건한 신앙 가문에서 출생하여 어려서부터 교회 출석과 봉사에 남다른 열성을 보였으며 14세 때 중생을 체험하였다. 글렌 뷰엘학교를 거쳐 1881년 아덴(Athen) 고등학교를 졸업하였고, 교사 자격증을 얻어 2년간 교직에 봉사하였다. 1885년 온타리오 주에 있는 퀸스 대학교 의과대학에 입학하였으며, 그곳에서 YWCA 지부를 조직하고 청년운동을 벌였다. 1887년 "해외선교자원 학생 운동"의 인도 지역 책임자인 J. Furman 목사가 퀸스 대학교에 와서 강연회를 열었을 때 그는 선교사로 지원하였고 선교사 지원 학생들로 조직된 "학생자원회" 활동을 통해 선교사로서의 꿈을 키워 나아가기 시작하였다. 그해 여름 매사추세츠 주 노드필드에서 개최된 무디 여름수양회에 참석하였고, 그곳에서 국제의료선교협회(International Medical Missionary Society) 이사인 G. D. Dow Knott를 만나게 되어 그의 권면으로 학교를 뉴욕의 Bellevue 병원 의과대학으로 옮기게 되었다. 1889년 이 학교를 졸업하였고, 의학박사 학위를 받은 뒤 곧바로 미 감리회에서 추천하는 뉴욕 빈민가 선교 사업에 참여하게 되어 매디슨가의 의료 선교 책임자로 활약하기 시작했다.

로제타 셔우드 홀

이곳에서 펜실베이니아 여자의과대학 출신의 여의사 Rosetta Sherwood를 만나게 되었고, 이들은 이듬해 약혼하였다. 약혼녀 셔우드는 1890년 8월 한국 선교사로 먼저 출발하였고, 그는 1년 후 미 감리회 선교부의 파송을 받아 1891년 12월 내한하였다.

1892년 3월 그는 존스(G. H. Jones)와 함께 북한지방 순회여행길에 올라 개성·서흥·대동·

평양 · 의주까지 순회하였으며 평양에 선교부를 개척할 것을 강력히 주장하였다. 그해 6월 셔우드와 결혼하였고 신혼여행으로 중국을 다녀온 후 평양 개척 선교사로 임명받아 그해 9월 또다시 평양을 다녀왔고, 1893년 2월에는 노블(W. A. Noble)과 함께 또다시 평양 및 평안도 지역을 순회하며 전도하였다. 이 여행에서 평양 서문통에 기생집을 구입하여 이곳을 선교 전초기지로 삼을 수 있게 되었다. 1894년 1월 가족(부인과 아들)을 이끌고 평양으로 이주하여 병원 · 학교 · 교회 사업을 동시에 시작하였는데 학교는 후에 광성학교로 발전하였고 교회는 남산현교회가 되었다. 그러나 개척 선교 사업은 순탄하지만은 않았다. 돈을 빼앗으려는 불량배들의 행패도 당해야 했고 그해 5월에는 기독교에 반감을 가지고 있던 평안감사가 그의 조사인 김창식을 비롯한 장로교의 한석진 등을 연행하여 사형시키려는 사건도 일어났다. William James Hall은 서울의 스크랜턴에게 이 사건을 알려 영국 및 미국공사관이 개입함으로써 다행히 사형을 면하였지만 이 사건으로 교회가 받은 피해는 상당하였다. 그해 7월 청일전쟁이 일어나고 평양은 청일양국 군대의 혈전장이 되어 수많은 사상자들이 나왔는데 이때 홀은 부인과 함께 부상자를 치료하는 일에 헌신적으로 활약하였다. 전세가 더욱 악화되자 그는 김창식에게 평양 일을 맡기고 가족을 이끌고 서울로 피신하였다가 10월에 다시 마펫과 함께 평양으로 귀환하였다. 전쟁 중에 부상을 입은 환자들이 수없이 병원으로 몰려들었고 홀은 이들을 돌보는 데 몸을 아끼지 않았다. 그는 과로가 겹쳐 당시 유행하던 전염병 말라리아에 감염되어 쓰러지고 말았다. 진남포에서 선편으로 인천을 경유, 서울에 호송되어 아내의 극진한 간호와 치료를 받았으나 결국 회복되지 못하고 11월 24일 별세하고 말았다. 그의 유해는 양화진 외국인 묘지에 안장되었다.

Ⅲ. 학생 시절의 홀

독실한 장로교 집안의 영향으로 일찍부터 전통적인 부모들의 신앙을 이어받아 청교도적이고도 경건한 신앙생활을 한 윌리암 홀은 어릴 적부터 천성이 온순하고

침착하며 매사에 사려 깊어 언제나 주위로부터 칭찬을 듣는 좋은 아이였다. 1881년 아덴 고등학교에 입학한 홀은 반에서 가장 종교적 심성이 강한 사람으로 알려져 있다. 비록 외관상은 가히 볼품없고 매력이 없는 자이지만 종교적인 면에서는 그를 필적할 만한 사람이 없었다.

한때, 그와 같이 고등학교 시절을 보낸 바 있는 위티어(Whittler)는 증언하기를 홀은 언제나 신적인 사랑과 동정심이 많은 분이었고 이 세상에서 찾아보기 어려운 가장 아름다운 신앙적인 사람이라고 극찬한 바 있다.

이러한 이유로 언제나 홀은 동료들 사이에서도 거룩한 목사로 통했고 어찌됐든 만나는 자마다 그리스도에게로 인도하려고 애썼다. 대화는 항상 예수에 관한 것뿐이었으며 불신자가 보면 과히 달갑지 않고 재미없는 친구로 보기에 꼭 알맞은 자였다. 홀이 과연 이토록 종교적 신앙의 열심을 나타나게 된 동기는 어디서 나왔을까?

이에 대해서 한때 그를 지도하고 가르친 바 있는 파머스빌리 교회의 목사는 말하기를 "홀의 이와 같은 뜨거운 신앙은 이미 그가 성서에서 가르치고 있는 그리스도인의 완전이라는 교리를 배우고 곧 예수 안에 있는 자신의 특권을 깨달은 데서 왔다."라고 하였다. 그리하여 벌써 그는 고등학교에 들어가자마자 그리스도의 완전한 사랑을 깨닫고 회개한 데서 얻은 것이다. 하여간 이런 제임스 홀의 신앙과 그리고 열렬한 복음주의적 선교의 열심은 훗날 한국 선교를 지망하는 데 있어 큰 역할을 했음은 물론이다. 아무도 가려고 하지 않는 미지의 나라 그리고 죽음과 공포만이 있는 나라로 알려진 한국 땅을 몸소 지망하고 나올 때도 평소 그가 고교 시절에 닦고 얻은 체험적 신앙과 열심이 크게 작용했음은 말할 것도 없는 것이다. 홀은 벌써 이때에 고교생으로서는 상당히 진보적인 종교 서적들을 많이 읽었다.

그는 『오늘의 성공적인 인간』, 『자기노력』, 『리빙스턴의 생애』, 『D. L. Moody와 그의 사업』, 『Todd's Student Manual』 등 많은 책을 즐겨 읽었다. 이것은 그 나름대로 그로 하여금 풍부한 종교적 소양을 제공했으며 특히 리빙스턴의 생애와 같은 책은 장차 선교사를 지망하려는 그의 꿈을 키워 준 결정적인 책이었다. 과연 그의 고등학교 시절은 나이답지 않고 종교적 신앙의 경험과 선교적 봉사를 위한 자신의 꿈을 키워 준 시대라고 할 수 있다. 웬만한 학생 같으면 벌써 이 나이에 세속에서의 화려한 청사진을 계획하고 동시에 세속적인 관심에 심취하련만 벌써 그는 이런 종교적 분위기를 만들어 놓고 있었다. 아마도 이는 그의 한국선교를 속히 이루려는 섭리가 아닌가 생각된다. 홀은 1880년에 고등학교를 졸업했다.

고등학교를 졸업한 홀은 다시 이듬해 뉴욕 시에 있는 Vellevue Medic College에 들어갔다. 의과를 지망하게 된 동기는 이미 고등학교 시절부터 자기들보다도 불쌍한 사람을 돕고 또한 그러한 인류를 위해서 평생을 몸 바쳐 일하고 싶은 마음에서 온 것이다. 특히 이러한 결심은 남달리 뜨거웠던 신앙의 토대 위에서 더욱 굳어졌다.

벨뷰 대학을 졸업한 홀은 이듬해 국제의료선교협회(The International Medical Missionary Society)의 소개로 루스벨트 가에 위치한 빈민가에서 봉사할 기회를 얻었다. 2년 뒤에는 역시 매디슨 가(Madison Street)의 선교 책임자로서 봉사하였다. 19세기 말 미국은 거대한 자본주의적 체제하에서 무산계급과 자본가의 심각한 대립과 동시에 빈부의 차이가 매우 극심한 시기가 있었다. 그래서 당시 뉴욕의 홀이 맡아서 봉사한 지역은 가장 무시를 받던 빈민가로 많은 빈민들이 우글거리는 슬럼가였다.

어떤 아이들은 아예 옷도 입지 못하고 벌거벗은 채로 노는 아이들이 있는가 하면 너무 가난해서 갓난아이를 신문지로 싸서 눕혀 놓는 광경도 흔히 볼 수 있었다. 제임스 홀은 젊은 날을 이런 곳에서 보냈다. 하기야 의학을 배워서 좋은 병원을 짓고 거기서 가만히 앉아 많은 돈을 벌며 호화를 누릴 수도 있었지만 홀은 그것을 거절했다. 오로지 그는 대학시절부터 불쌍하고 가련한 자들의 벗이 되어 살아야 한다는 사명감 속에서 자진해서 들어왔던 것이다. 이날부터 홀의 생활은 이들과의 끊임없는 투쟁 속에서 여유가 없는 날을 보내었다. 무엇보다도 그는 남다른 뜨거운 믿음과 사랑의 정신을 가지고 이곳에 오자마자 빈민가의 아이들을 모아 놓고 주일학교를 열어 성경을 가르치고 복음의 정신으로 사는 것을 지도해 주었고 매일같이 거리로 나가서 술에 만취되어 쓰러진 자들을 일으키고 온전한 생활 정신으로 돌아오도록 지도하고 치료하여 주었다. 또한 그는 의료협회의 이름으로 돈이 없어 치료를 못하고 죽어가는 빈민들의 질병을 치료하며 무수히 죽어가는 생명들을 건져내고 또 그들을 주의 말씀 속에서 살도록 가르쳤다. 가난한 자들을 위해서는 찾아가서 빵을 주고 함께 무릎을 꿇는 생활을 하였다. 이는 그렇게 함으로써 실의에 빠진 자들에게 신의 용기를 주려는 마음에서 이루어진 사랑이었던 것이다. 홀은 이곳에 있는 동안 한 번도 그들보다 나은 떡과 고기를 먹지 않았다. 사랑의 人間인 홀에게 있어서 그렇게 한다는 것은 도저히 용납될 수가 없었기 때문이었다. 다만 그들과 같이 먹고 자고 함께 울며 기도하는 것만이 그의 유일한 낙이요, 사랑이었다. 이러한 이유로서 거기 들어간 지 얼마 못 되어 국제의료 선교협회를 통한 그의 활동은 많은 열매를 가져다주었다. 그가 매디슨 가에 와서 봉사한 지도 거의 4년이란 세월을 흘려보냈다. 그동안 많은 것을 배우고 경험했으며 이제는 벌써 한 사람의 노련한 정신과 사상과 신앙을 소유한 인물이 되었다. 하나님은 더 이상 그를 이곳에 머물게 하지 않았다. 하나님은 그를 한 민족을 위해서 준비한 것이다. 바야흐로 그는 한국선교로 나가지 않으면 안 될 위치에 서게 되었다.

Ⅳ. 선교사로서 한국행의 동기

하나님은 드디어 홀에 대한 한국선교에 더욱 박차를 가하였다. 이 진지한 희생정신과 사랑을 단지 한 민족을 위해서만 쓰기에는 너무도 숭고하고 아까웠기 때문이다. 좀 더 그를 이방에 보냄으로써 무지와 무식 그리고 질병 속에서 허덕이는 백성들에게 빛을 주고 그들을 주 앞으로 돌아오게 하는 것이 더 중요했기 때문이다. 해외선교의 문은 이렇게 해서 열리었다.

1890년 7월 10일 주일에 한 번은 인도의 도부른(Theburn) 감독이 에시버리에 와서 거리의 빈민들을 모아 놓고 설교를 한 바 있었다. 예배가 끝난 후에 그는 홀에게 당신은 인도 선교를 해보지 않겠느냐고 물었다. 이 돌발적인 질문 앞에서 처음에는 그것을 자기의 사명이 아니라고 생각하며 거절했다.

그러면서도 마음속에서는 만약 이것이 하나님의 뜻이라면 가야 된다는 충동을 강하게 느끼지 않을 수 없었다. 또 생각하기를 정 간다면 인도보다는 중국으로 가리라고 결심했다. 그러던 중 얼마 후에 그의 마음을 좀 더 해외 선교로 이끄는 사건이 있었다.

한때 홀은 수 명의 국제선교 협의회의 학생들과 함께하면서 하루를 보낸 일이 있었다. 1891년 3월에 열린 "Student Volunteer Convention"에 참석했다가 이곳에서 그는 좀 더 하나님의 부르심을 느끼면서 마음의 결심을 굳게 할 수 있었다. 그로부터 며칠 뒤에 그의 앞으로 하나의 편지가 배달되었다. 내용인즉 중국 정부에서는 지금 유럽인들을 처리하기 위해서 당신 같은 인물을 필요로 하고 있으니 와보지 않겠느냐는 것이었다. 온다면 연간 천 불씩을 지불하겠다고 하였다. 홀의 마음은 여기서 그렇게 원하는 선교사업도 할 수 있지 않느냐는 뜻을 가지게 되어 한쪽으로는 마음이 끌리었다.

1894년 8월 23일에는 역시 캐나다의 감리교 선교부에서 중국선교를 요망하는 부탁이 있었다. 이어 1890년 6월 3일에는 Dr. Baldwin이 좀 만나자고 하여 갔더니 사연인즉 지금 Dr. Scranton의 사업을 돕기 위해서 사람을 구하고 있는데 한국에 가지 않겠느냐는 것이었다.

이렇듯 많은 요청이 있었으므로 그는 이 문제를 위해서 기도하지 않을 수 없었다. 왜냐하면 사람은 비록 마음에 계획할지라도 그 계획을 성취하시는 분은 하나님이라는 말씀에서 확신을 얻고 기도한 것이다. 기도하기를 '주여 내게 길을 열어주소서' 하며 간절히 구했다. 여기서 자연 홀의 심정은 애인 로제타 홀이 먼저 가 있는 한국으로 임명을 받았으면 하는 마음도 없지 않았다. 사실 그동안 수차 한국에 있는 로제타에게서 편지를 받곤 하였다.

V. 아펜젤러가 본 홀

제임스 홀은 1891년 12월에 조선에 도착하였고, 이에 우리 선교회는 그를 따뜻하게 환영하였다. 나는 그가 제물포에서 25일을 걸어 목요일 저녁 내 집에 도착했을 때를 기억한다. 우리 선교회의 존스 형제가 그를 마중하러 제물포 부두에까지 나갔다. 이 두 사람이 그곳에서 서울을 향해 떠나려고 했을 때 두 사람에게 준비된 타고 갈 말은 한 마리밖에 없었다. 조선에서는 전혀 예기치 않게 이런 차질이 자주 일어나는 것이다.

나는 그때 왜 말이 한 마리밖에 준비되어 있지 못했는지를 지금은 기억하지 못한다. 뉴잉글랜드 지방의 감리교단 선교가인 제시 리는 그의 무거운 몸무게 때문에 여행을 할 때에는 말을 교대로 갈아타기 위하여 두 마리의 말을 끌고 다녀야 했다는 말이 있다.

제임스 홀이 서울로 올 때도 이와 마찬가지로 한 사람에게 오히려 두 마리의 말이 있었다면 두 사람에게 말 한 마리가 있는 것보다는 얼마나 더 좋았으랴. 존스 형제의 항의에도 불구하고 닥터 홀은 말을 양보하겠다고 내내 고집을 피워 서울까지 쭉 걸어왔다. 내가 그를 선교부에서 맞이했을 때 그는 진심 어린 목소리로 "아멘" 하면서 내 손을 꽉 움켜잡았다.

며칠 후에 우리는 앞으로 맡아서 해야 할 선교 사업에 대하여 함께 의논하였다. 선교 사업을 성공시키기 위해서는 반드시 필요한 몇 가지의 중요한 요건들이 있는데 제임스 홀은 이러한 점들을 깊이 체득하고 있다고 나는 생각한다. 이런 점들을 여기에서 다시 언급한다면 다음과 같다.

1. 철저한 신앙심의 소유자

하나님에 대한 신앙심, 성경이 하나님의 말씀이라는 절대적 믿음, 인간으로서 죄와 사함에 대한 지식, 마음속 깊이에서부터 하나님과 그리스도의 자녀라는 점과 하나님의 영에 자신의 영이 합일된다는 강렬하고 영광스러운 느낌을 반드시 지켜야 하는 점이다. "우리가 느꼈고 본 것들을 자신 있게 말한다. 그리고 절대적인 그 징후를 사람들에게 발표하노라."

이러한 경험을 대치시킬 수 있는 것은 아무것도 없다. 선교사란 자신이 "진정한 믿음"을 가지고 있다는 점을 반드시 알고 있어야 한다. 누구든지 닥터 제임스 홀과 함께 있으면 오래되지 않아서 그가 철저한 신앙심에 바탕을 둔 사람이라는 점을 알게 될 뿐만이 아니라, 그의 마음은 따뜻하고 그가 항상 기뻐하는 기독교인이라는 사실을 알게 되는 것이다. 그의 기도는 열렬했다. 그는 기도로 찬송했으며 그것은 마음 깊이에서 울려 나왔다. 그리고 그의 기도는 명료하고 깨끗하였다.

2. 언어에 대한 소질

새로운 언어를 터득한다는 것은 매우 어려운 일이다. 이 어려움은 오로지 여러 해 동안 열심히 공부하는 방법으로 극복할 수밖에 없는 것이다. 단어, 생각, 문장 구성은 선교사들의 모국어와는 모두가 다르다. 선교사는 단지 풍속이 다른 나라에 들어가는 것뿐만 아니라 사상과 방법 모두가 다른 전혀 생소한 문화권에 들어가는 것이다.

선교사는 새로운 문화권에서 매우 당황할 것이다. 선교사는 복음을 전하고 싶은 마음이 간절하겠지만 그 나라의 말을 조금이라도 터득할 때까지는 당황할 수밖에 없다. 제임스 홀은 그러나 이런 점에서는 행동의 사나이였다. 그는 책상에 앉아 있기를 좋아하지 않았다. 한밤중에 그가 등불을 켜고 있을 때는 병자나 죽어가는 사람들을 고통에서 구해 주기 위하여 치료행위를 한 것을 보아 알 수 있다. 그는 아침에는 매우 일찍 일어났다. 늦게까지 일하고 밤에 잠깐 눈을 붙인 그는 모자라는 잠을 개의치 않았다. 하루의 첫 시간을 하나님의 말씀을 공부하고 기도하는 데 바치고자 하는 열망이 너무 컸기 때문이었다. 그는 여기에서 모든 것을 열심히 일하는 것만큼 조선어를 배우는 데도 열심이었으나 진도는 빠르지 못했다. 그 자신에게는 항상 조선을 터득해 가는 향상도가 불만족했던 것이다.

3. 선교사는 뛰어난 판단력과 풍부한 상식의 소유자

제임스 홀은 뛰어난 판단력과 풍부한 상식을 소유한 선교사다. 내가 안식년 휴가로 미국으로 떠나기 전에는 닥터 홀에 대해서 단지 그가 정직한 일꾼이라는 인식을 가졌을 뿐, 별도로 달리 친하게 지낼 기회가 없었다. 그러나 내가 안식년 휴가에서 돌아온 1893년 여름 이후, 나는 그와 매우 중요한 일을 함께하였는데 이때 나는 그의 뛰어난 판단력에 전적으로 의존하게 된 것이다. 그는 매사에 치밀하고 상식이 풍부하고 순발력이 있음을 알게 되었다.

Ⅵ. 한국에서의 선교활동

1891년도 저물어 가는 12월 13일에 그는 오랫동안 바라고 원하던 한국 땅에 발을 디디었다. 아직 이때만 해도 한국은 전국이 복음의 소식을 듣지 못한 곳이었다. 한국은 스크랜턴, 올링거 존스, 아펜젤러 등 열 명도 못 되는 선교사들이 넓은 한국에서 복음의 씨를 뿌리고 있던 실정이었다. 더구나 한국의 제2수도인 평양조차도 복음의 발길이 아직 미치지 못한 때였다. 겨우 선교한 지 6여 년 여전히 이 땅은 어둠이 짙은 때요, 질병과 죽음으로 뒤덮인 여리고의 골짜기였다. 이런 상황에서 홀과 같은 인물의 입성은 어느 모로 보던지 한국인의 질병을 막아 주고, 아울러 그들의 심령을 주께로 인도한다는 의미에서 깊은 뜻을 지닌다고 아니할 수 없는 것이다.

서울로 오던 날 그는 마중 나간 존스(Jones) 목사의 안내를 받고 말을 타고 들어왔다. 서울에 입성한 그는 선교부의 대환영을 받는 동시에 우선 석 달 동안 한국의 선교지로서의 위치와 임지, 그리고 사람들의 풍습 및 언어를 배우는 것에 많은 시간을 보내었다. 누구보다도 순교자적인 행동의 사람이요, 이론가가 아닌 홀은 좀 더 능동적인 선교와 의료를 위해서 할 수 있는 최선을 다해서 준비하였다.

처음 와서 한 것은 3월 Jones와 같이 서울로부터 300마일가량 떨어진 의주로 지방 순회를 나가는 일이었다. 이 순회는 말로만 듣던 조선의 사정을 직접 보고 듣는 기회를 제공하는 것이기도 하였다. 그들은 성경책과 약품과 식량을 말에 싣고 출발하였다. 거의 도보로 걷는 여행이었다. 첫날은 고양에서 잤다. 이어 개성, 서흥, 진단막, 강산, 대동, 황주 등을 거쳐 일주일 만에 평양에 도착하였다. 이때만 해도 여행이란 그리 쉬운 것이 아니었다. 3월이라고는 하지만 북한지방의 기후는 쌀쌀하고 여전히 살을 에는 날씨였다.

그들은 가면서 주막에 들리고 거기서 짐을 풀기가 무섭게 몰려드는 사람들에게 책을 팔고 복음을 전했으며 또한 찾아오는 병자들의 병을 고쳐 주었다. 다음 날 아침부터 저녁까지 그들이 거하고 있는 안채는 연일 들려주는 전도와 그리고 환자를 고친다는 소문으로 날마다 내방하는 사람들로 법석대었다. 오자마자 책도 80여 권이 팔렸으며 급기야는 관가에서 판매금지를 할 만큼 그야말로 불티나게 팔렸다. 생각하면 개신교 이전 Thomas 선교사가 대동강에 들려 자기를 향해 돌을 던지는 무수한 군중들을 향하여 성경을 던졌을 때 관리들은 엄명을 내려 아무도 그걸 줍지 못하게 한 적이 있었다. 반대로 이번에는 전일 금했던 성경을 사고 보고 한 것은 지난 날 토마스의 기도를 응답한 결과라고 할 수 있는 것이다. 주일에는 처음으로 이곳에서 예배를 인도하였다. 1892년 3월 20일이었다. 이 예배는 평양에서 드린 최초의 감리교 예배라고 해도 과언이 아니다. 이날 모여든 많은 사람들은 두 선교사의 입에서 나오는 신기한 복음의 말씀을 들었다. 이런 사실은 존스의 말처럼 평양시내에 도덕적 영적인 다이너마이트를 제공한 것과 같은 것이었다. 아무튼 이렇게 해서 저음 평양행은 큰 재미를 보았고 또한 그것은 처음 한국에 온 홀의 마음에 영원한 자신의 순교적 터전을 만들게 된 깊은 인상을 던져 주었다. 1892년 3월 28일 월요일에는 의주에 도착하였다. 서울을 떠난 지 꼭 20일 만에 온 것이다. 이런 속에서도 홀은 조금도 피로한 기색이나 표정이 없었다. 이미 뉴욕 메디슨 가에서 갈고닦아 훈련된 그의 정신과 체력은 한국에 와서도 지칠 줄 몰랐다. 오히려 이곳 한국에 와서 한국인들이 보여준 열심과 신뢰는 처음 그곳을 여행한 홀의 마음에 즐거운 비명을 울리게 했으며 자연 그것은 큰 용기를 주어 한국인을 위해서 자기의 몸과 마음을 다 바쳐도 좋다는 절대적인 신앙과 기쁨을 갖게 했다.

전하는 바에 의하면, 비록 홀은 의사이지만 보통 의사들과는 달랐다고 한다. 어떤 환자가 자기에게 병을 고치러 와도 먼저 홀은 무릎을 꿇고 기도부터 했다고 하며, 이런 그의 뜨거운 신앙은 말이 치료지 인간적으로 말하면 죽을 수밖에 없는 병도 무수히 기적으로 고쳐 내는 일이 많았다고 한다. 이걸 보면 인간은 치료를 해도 거기에 생기를 부여하는 분은 하나님이라는 성경의 말씀을 더욱 분명하게 하는 내용이라고 할 수 있다. 한 예를 들면, 어떤 마을에서는 늑막폐렴을 앓는 젊은이가 사실은 죽을병이지만 홀의 기도와 치료를 받고 기적적으로 일어선 일이 있었다. 이는 홀이 단순한 치료자만은 아니고 하나님의 능력이 함께 역사하는 의사임을 뜻하는 말이다. 이렇듯 홀은 의주(義州)에 와서 그야말로 좋은 선교적 열매를 맺었으며 많은 생명을 주께로 인도하는 결과를 가져올 수 있었다.

제1차 북한 선교여행은 성공리에 마친 홀은 다시 서울로 돌아왔다. 북한 선교여행에서 서울로 돌아온 그의 기분은 너무도 생생하고 인상적이었다. 그래서 그는 이곳에 선교할 수 있는 교회를 세우고 일꾼을 파송해야 된다고 절실히 깨달았으며, 또한 이곳에도 하루속히 병원을 세워 환자들의 생명을 구하고 아울러 그것을 통한 선교와 학교를 세워 젊은이들을 교육하여 이들을 통한 선교의 기틀을 삼는 것의 시급함을 뼈저리게 느꼈다.

그리하여 그는 1892년 8월에 모인 연회에서 이 문제를 누구보다도 강력하게 가지고 나섰다. 평양을 중심으로 한 선교활동의 개시와 의료선교의 실시를 조속히 촉구한 것이다. 이런 사실은 홀이 처음이었다. 선교부는 1887년에 아펜젤러를 위시해서 존스 등이 이곳을 방문한 일이 있긴 했지만 정식 선교를 위한 추진은 한 번도 재기하지 못했었다. 이에 반해서 장로교회에서는 벌써 1887년 이래로 캐나다 장로교회, 호주 장로교회, 남 장로교회 또 북 장로교회 등 네 곳에서 선교사를 대량으로 파송하고 있었다. 마침내 감독 머라(Rev. Mullalieu)는 최초로 북한지방 선교를 위하여 Dr. Hall을 임명하기에 이르렀다. 홀은 이때부터 여러 차례 평양을 방문하면서 야심적인 선교 사업을 시작하였다. 자신의 전 시간은 물론이며 친구들에게도 자신의 주장을 나타냄으로써 평양선교의 중요성을 누누이 강조했다. 평양선교의 책임을 맡은 그는 1892년 9월 31일에 제2차 선교의 길을 떠났다. 이번 방문의 목적은 장차 이곳에 선교센터를 설립하고 병원을 세우며 학교를 시작할 양으로 조사 차 떠난 것이다. 도착하자마자 그는 우선 주막 하나를 얻어 짐을 풀고 본격적인 조사 작업을 시작하였다. 평양에 있는 동안 그는 여러 번 시내를 돌아보면서 앞으로 설비한 건물과 기지가 있는가를 면밀히 조사하였다.

이번 2차 여행에서는 전보다도 얻은 것이 많았다. 기지를 물색한 것과 특히 이전보다 시민들이 더욱 호응하여 기독교에 깊은 관심을 보이고 아울러 믿겠다는 사람들이 많이 나타난 점이다. 책도 전보다 더 많은 600여 권을 파는 호조를 보였다. 홀의 마음이 더욱 큰 용기를 얻게 되었다. 일단 홀은 모든 것을 살피고 다시 서울로 돌아왔다.

1893년 2월 20일 그는 다시 노블 선교사와 같이 제4차 선교여행에 올랐다. 사람들은 아침부터 저녁까지 몰려들어 환자들을 데려왔다. 심지어 어떤 사람은 일주일이나 걸어서 지방으로부터 온 사람도 적지 않았다. 어떤 이는 품팔이의 등에 업혀 오기도 하고 그렇지 못한 자는 홀을 초청해 모시고 가기도 하였다. 홀은 이들을 위해서 매일 저녁집회를 열고 성경을 가르쳤으며 이뿐만 아니라 교리문답 등을 가르쳐서 훈련하였다. 많은 사람들이 믿고 들어왔으며 이외에도 듣고 깨달으려는 자들이 많이 나타났다.

홀은 이곳에만 머물러 있지 않았다. 평양에서 70~100마일 되는 산골까지 약품과 성경책을 들고 가서 환자를 치료하고 복음을 전해 주었다.

한편 하나님은 홀의 병원 및 전도 사업을 위하여 이전의 간구를 들어주셨다. 1893년 4월 1일 홀은 서문에 두 개의 좋은 위치를 매입하게 되었다. 이렇듯 결과가 빨리 나타나게 된 동기는 홀이 4차 여행을 마치고 서울로 돌아와서 주일학교 시간에 자신이 평양에서 실시한 선교 사업을 이야기한 바 있었다. 이때 주일 학생들은 말하기를 '우리는 주님께서 당신이 필요한 집을 속히 주시도록 기도하겠습니다.'라고 말하였다. 이것이 시초가 되어 주일 학생들이 헌금하고 올링거 목사가 50불을 내었고, 딸 빌라(9살)가 10센트를 내주었다. 이후에도 헌금은 계속 들어와서 여덟 달 동안 정성껏 모아 준 돈이 14만 7,993불에 달했다. 여기다가 머라 감독이 350불을 보내 와서 어느 정도 필요한 기지와 집을 살 수 있게 되었다. 홀은 이 기금을 가지고 평양에서는 최초로 병원을 설립했고 그리고 학교도 시작하였다.

이 학교는 지금의 광성 중·고등학교의 전신이다. 이어 그는 예배실도 마련하여 비로소 지금 남산현교회를 시작하게 되었다. 이 모든 것이 1894년에 시작되었고

1894년 홀 선교사 내외가 평양에서 의료선교를 시작한 집

그것의 대부분이 어린 주일학생들의 기도와 정성으로 모여진 돈이었다. 이렇게 해서 감리교회는 서울을 벗어나서 제2의 수도인 평양에 처음으로 복음 선교 및 의료, 교육을 실시하였던 것이다. 이것이야말로 홀 그 자신의 깊은 애정과 신앙 그리고 헌신이 가져다준 열매가 아닐 수 없다. 하나님은 이곳 평양 시민을 구원하고자 이역만리에 있는 홀을 불러들였던 것이다.

6차 방문으로 1894년 1월 17일 서울을 출발한 홀은 꼭 일주일 만에 평양에 도착하였을 때 불행히도 이 집은 당국의 반대로 몇 달간을 들어가지 못했다. 그러다가 얼마 후에 가서야 이 집을 선교부에 양도하였다. 그런데 홀이 들어가자마자 이틀 연속으로 돌들이 날라들어 왔다. 이유는 이곳에서 저녁 밤을 지내는 습관을 가진 일단의 불량배들이 한 짓이었다. 하지만 홀은 이런 것에는 조금도 굴하지 않고 모든 사업을 진행하였다. 매일 저녁이면 예배와 성경공부를 통해서 신자들을 훈련하는 교육을 했고, 낮이면 환자들을 돌보면서 열심히 일했던 것이다. 이렇게 되자 처음 방해하던 자들도 수그러지고 10주 후에는 방해도 멎었다. 평온을 되찾은 평양교회는 안심을 하고 다시 옛날처럼 모든 것을 운영하여 나갔다. 그러나 2월 17일 아침에 또다시 뜻하지 않은 사건이 발생했다. 즉 이곳의 몇몇 관리들과 불량배들이 작당하여 혹시 그들에게서 돈을 얻어낼 수 있을까 하여 시작한 것이다. 이날 아침 그들은 홀에게 와서 말하기를 우리는 매년 이 집으로부터 귀신들에게 제사하기 위해서 1,500냥씩 걷는 풍습이 있으니 돈을 내라고 하였다. 홀은 단번에 거절해 버렸다. 우리 예수 믿는 기독교인들은 악령에게 제사하는 것은 죄악이니 도저히 그렇게 할 순 없다고 거절했다. 거절한 즉시 그들은 박해를 하기 시작했다. 제일 먼저 이곳에서 예배하러 오는 자들을 위협하고 매질하기 시작하였다. 벌써 두어 사람이 이 일로 인해서 옷이 찢어지고 몽둥이로 얻어맞는 일이 생겼다.

하지만 여전히 둘은 얻어맞으면서도 굽히지 않고 교회를 나왔다. 이것은 평양교회가 생긴 지 처음으로 있었던 박해였다.

1894년 5월에는 관가에서 가장 충성되고 신실한 교인 몇을 붙잡아 옥에 가둔 일이 있었다. 오경식, 김창식 등이 붙잡혀 들어가 까닭 없이 매를 맞고 고생하였다. 김창식은 당시 조사로 올링거 목사의 소개로 홀 선교사와 함께 일하던 자요, 우리나라에서는 가장 먼저 목사안수를 받은 신실한 일꾼이었다. 사실 이 두 사람은 평양교회의 기둥과 같은 존재들로서 홀 선교사이 순행을 나가거나 부재중에는 교인들을 맡아 지도하는 인물이었다. 관가에서 이들을 체포하고 박해한 이유는 전날 돈을 요구했을 때 거절 받은 데서 앙심을 품고 한 것이었다. 김창식은 목에 칼을 쓰고 아주 심한 고문을 받으며 고생하고 있었다. 홀은 몹시 초조하고 당황했다. 감옥에는 감리교인 외에도 장로교 선교사인 사무엘 마펫(Rev. Samuel Moffet)의 조력자인 이씨도 역시 갇혀 있었다. 우선 홀선 교사는 이 급한 상황을 서울에 있는 스크랜턴에게 전보를 쳤다. 마펫도 이 사건을 당시 서울에 주재하고 있는 영국 및 미국공사관에 알리었다. 곧 며칠이 지나지 않아 반가운 소식이 전해졌다. 공사관은 즉시 행동할 것이며 서울에서는 시간이 없다는 대략 이런 식의 편지였다. 얼마 후에 Mr. Grandner(영국의 영사)와 미국인 목사 Sill로부터 전보가 왔다. 공사관은 곧 감옥에 있는 자들의 석방을 명령했으니 안심해도 좋을 것이라는 내용의 전보였다.

홀은 이제나저제나 하며 초조한 마음으로 석방이 되기를 기다렸다. 이틀이 지나도 아무 소식이 없었다. 그로부터 일주일 후 서울서 마펫과 맥켄지가 도착했고, 다시 일주일 뒤에는 스크랜턴이 도착하였다. 이렇게 왕의 명령이 전달되고서도 석방이 지연된 까닭은 관리들이 혹시 돈을 얻어낼까 하고 3,000냥을 요구했으나 잘되지 않으니 차일피일 미루었기 때문이었다. 이때 홀은 돈을 주려고 했지만 김창식이 한사코 반대해서 돈을 주지 않아 늦어졌다고 한다. 얼마 뒤에는 전원이 무사하게 나올 수 있었다.

아무튼 이 박해는 일찍이 조선에 감리교회가 들어온 이래 받은 최초의 박해라고 할 수 있다. 성령의 말씀처럼 환난과 시련은 오히려 인내와 믿음을 더해 주는 신의 은총이다. 이제 갓 태어난 한국 감리교회가 받은 이 핍박은 어떻게 보면 더 큰 선교의 불길과 아울러 교회 부흥의 전주곡이라고도 볼 수 있는 것이다. 평양교회는 비록 이 쓰린 경험을 했으나 실은 이 지방에 선교의 불길을 더 크게 한 결과가 되었다. 홀이 청일전쟁을 맞은 것은 일련의 교회에 대한 핍박이 멎고 결혼한 아내 로제타 홀과 아들 셀우드와 더불어 완전히 평양으로 거처를 옮기고 의료 및 선교 사업을 개시하던 때였다.

7월 23일 아침 새벽 그들의 단잠을 급히 깨우는 사람이 있었다. 그는 바로 김창식 목사였다. 사연인즉 지금 막 일본군들이 서문을 지키기 위해서 몰려 들어오고 있다는 소식이었다. 잠시 후에는 서로 밀고 쫓기는 청일 간의 치열한 시가전이 개시되었다. 전하는 바에 의하면 이 전쟁으로 평양 시내는 쑥밭이 되었으며 많은 사람들이 전부 시가를 빠져나가 마치 시내는 죽음의 정적만이 깃든 유령의 시내와 같았다고 한다. 시내의 성문 벽에는 총격으로 쓰러진 시체들이 여기저기 쌓인 채로 실로 많은 피해를 가져왔었다. 이런 와중에서 홀은 평양을 떠나지 않았다. 그는 Dr. Scranton 및 부인 Rosetta와 함께 매일같이 거리로 나가서 쓰러진 환자들을 일으켜 치료했으며 그들의 치료 활동은 일본군들이나 청군을 막론하고 구별 없이 다친 자는 누구나 치료하였다. 이뿐만 아니라 이런 전세에도 불구하고 처음에는 여전히 전에 했던 것처럼 저녁이면 집회를 열고 책을 팔며 또한 오는 환자들은 밤늦게까지 치료하고 돌보았다. 기록에 의하면 이때 복음을 듣고 예수를 믿기로 한 자들이 많이 나타났으나 시민 거의 대부분이 시내를 빠져나가 버렸고 선교부의 퇴거 명령으로 부득불 그들은 평양 시내를 떠나지 않을 수 없게 되었다. 홀은 부인과 아이들을 데리고 다시 서울로 내려갔다.

1894년 9월 26일 김창식으로부터 편지가 왔다. 내용은 이제는 모든 것이 안전하고 또 회복되었으니 와도 좋다는 편지였다. 편지를 받은 홀 선교사는 매우 기뻤다. 그의 생각에 다시금 평양의 교우들과 그가 시작한 사업을 계속할 수 있다는 희망으로 기쁘지 않을 수 없었다. 10월 1일이 되자 그는 장로교의 Moffet과 함께 평양으로 출발하였다.

홀이 평양에 도착한 것은 꼭 전쟁이 일어난 지 3주 만의 일이었다. 다행히도 그가 없는 동안 김창식 목사가 모든 것을 잘 관리하여 전혀 피해가 없었다. 피해란 약간의 문짝이 떨어진 것과 벽의 일부가 금이 가 갈라진 것 외에는 모두가 무사했다.

양화진에 안장된 윌리암 홀의 초기 무덤

오자마자 홀은 옛날과 같이 환자들을 치료하고 돌보며 열심히 전도하기를 쉬지 않았다. 그러나 홀이 어느 날 갑자기 쓰러지고 말았다. 평양에 입성한 후 그는 전쟁 중 앓던 많은 환자들을 돌보는 데 여념이 없었다. 연일 밀어닥친 환자들을 돌보느라 자정이 넘어서야 쉴 수 있었다. 극도로 피로해지고 쇠약해진 데다가 과로가 겹쳐 마침내 자신도 그때 유행하던 호열자병에 걸리어 자리에 눕게 된 것이다.

이것은 앞에서도 말했지만 그의 죽음을 초래한 운명의 그림자였다. 홀은 대수롭지 않게 여겼으나 병은 악화되어 더 이상 평양에 머물기는 어렵게 되었다. 일이 이렇게 급변하게 되자 마침내 Moffet 이하 선교사들은 그를 속히 서울로 옮겨 치료케 하는 것이 좋다고 하여 당시 일본군이 600명가량의 이질과 열병 환자들을 실은 호송선에 태워 서울을 보냈다.

배가 출발하면서 잠시 홀의 열기가 떨어지기 시작하였다. 이때 사람들은 서울에 가면 곧 회복될 것이라고 하면서 기뻐하였다. 증기선에 제물포를 거쳐 강화섬에 도착했을 때 그들은 암초에 걸려 더 나갈 수 없게 되었다. 그들은 이튿날 다른 배를 타고 서울에 도착하였다. 여기서 그는 아내 로제타에게 인계되고 잘하면 회복되리라고 믿었다. 그러나 홀은 서울로 옮긴 후에 다시 악화되어 여러 날 동안 의식불명을 거듭하다가 많은 사람들의 기대도 외면한 채 기어이 1894년 11월 20일 토요일 영원히 다시 오지 못할 길을 가고 말았다. 이때가 그의 나이 아직 젊은 34살밖에 되지 않던 시절이었다. 1891년 한국에 와서 겨우 3년을 있다가 간 것이다.

Ⅶ. 결론

1892년 기독교 복음전파를 위해 조선에 도착한 윌리암 제임스 홀은 평안도를 집중적으로 여행하면서 많은 병자들을 치료하고 전도하였다. 그는 감리교단에 제출한 보고서에서 평양이 조선 선교의 본거지가 되어야 한다고 주장하였으며 결국 그의 의견이 채택되어 그 스스로가 평양을 개척하게 되었다. 그는 기독교 선교사로는 처음으로 평양에 건물을 구입하고 의료, 교육 사업을 시작하였으며, 1893년 11월 서울에서 태어난 아들과 아내를 대동하고 평양에 이주하여 생활한 서양인으로서는 첫 가족이었다. 그 이듬해 홀 가족은 1894년에 일어난 청일전쟁으로 인해 서울로 돌아왔으나, 전쟁 직후에 다시 홀은 평양으로 가서 많은 사상자들과 전염병 환자들을 치료하였다. 여기에서 홀 자신도 호열자에 전염되어 서울로 후송된 후 사망하였다.

그가 조선에 도착한 이후 사망했을 때까지는 3년이었다. 짧은 생을 살았지만 가장 위대하고 숭고한 생을 살았던 분이다. 그의 생이야말로 사랑의 생이었고, 이웃을 위해서 자기를 완전히 내어 준 생애였기 때문이다. 홀의 생애는 비록 짧은 생이었지만 사랑의 생이며 일찍이 예수께서 말씀하신 선한 사마리아인의 생이었다. 홀은 사랑의 인술 못지않게 그리스도를 전하는 데도 온갖 정력을 기울인 분이다. 본래 그의 의료 활동 목적은 단지 환자를 치료하려고 한 것만이 아니고 죄인들을 주 앞으로 인도하기 위한 것이었다. 또한 그가 뿌린 씨앗은 후일에 대단한 열매를 맺

맹인 학생들과 함께 한 로제타 선교사

셔우드, 메리언 홀 부부

게 되었던 것이다. 평양에서 그가 불우한 소녀들을 모아 가르침의 장소를 만든 것은 광성학교가 되었으며, 그가 시작한 의료원은 평양기독병원이 되었다.

홀 선교사 가족의 묘역: 윌리암-로제타 부부, 셔우트-메리안 부부, 에디스, 프랭크셔우트가 묻혀 있다.

그러나 진정한 큰 열매는 그의 유업을 이어받는 그의 아내인 로제타 홀과 그의 아들 셔우드 홀 그리고 그의 며느리 메리안 홀에 의하여 이루어졌다. 그의 아내인 로제타 홀은 한국 최초의 맹인·농아학교를 설립하고 점자 도입과 한글용 점자 개발, 어린이 병동, 평양 최초의 병원, 여자의 학교설립(현 고려대 의대), 동대문병원(現 이대병원), 인천기독병원, 인천간호보건전문대학을 설립하였으며, 그의 아들은 캐나다와 미국에서 의사가 되어 의사인 아내와 함께 조선에 와서 한국의 결핵을 퇴치하는 데 헌신하였다. 그는 한국 최초의 결핵요양원을 설립했고, 크리스마스 실을 만들어 결핵퇴치에 헌신하였다. 현재 윌리암 홀과 그의 아내 로제타 홀, 아들 내외인 셔우드 홀, 메리안 홀 그리고 아들의 딸 마가레트, 손자인 후래드 등 6명이 서울의 양하진 묘지에 잠들고 있다.

참고문헌

로제타, 셔우드 홀. 『닥터 홀의 조선회상』. 김동렬 역. 서울: 동아일보사, 1984.
로제타, 세우드 홀. 『닥터 윌리암 제임스 홀』. 현종서 역. 서울: 도서출판 에이멘, 1994.
장병욱. 『한국 감리교의 선교자들』. 서울: 성광문화사, 1978.
______. 『주간기독교 신문 제 1089-1090호』. 서울: 주간기독교사, 1993.
http://blog.naver.com/mokpojsk?Redirect=Log&logNo=130022529480.
http://blog.naver.com/nayaguni?Redirect=Log&logNo=120002971583.

19세기 정열적인 선교사 존 로스

(John Ross, 1842~1915)

Ⅰ. 서론

한국에 기독교가 전파된 지 125년이 훨씬 넘었다. 여러 박해를 극복하고 위기를 넘기면서 한국의 기독교 발전상은 역으로 서구 교회의 모범이 되었고, 한국 기독교인들의 자랑이 되었다. 19세기는 세계 선교사에 있어서 "위대한 세기"(Great Century)라고 불리어졌는데, 로스 목사는 이 시기의 "거장"(Giant)이라고 할 수 있다. 19세기 말에 열정적으로 선교 사업을 했고, 그가 개척한 교회는 선교 중심지나 교회 중심지에서 많이 떨어져 있었으므로, 개신교 개척자들의 명단에는 거의 나타나지 않는다. 그 수많은 헌신자 중 인내와 관용을 가지고 처음으로 한국에 복음을 전했음에도 알려지지 않았고, 끝까지 주의 명령에 복종했던 선교사이기도 하다.

19세기 최고의 아시아 선교 정책의 한 획을 긋게 된 것이다. 그에 의해 한국 개신교가 시작되었고, 서구에 한국이 소개되는 첫 계기가 되었다. 로스 목사는 바로 영어로 된 신약을 최초로 한국어로 번역했던 분이었고, 중국사관 연구와 조선어 문법 연구는 그 어느 학자가 하지 못한 큰일을 해 놓은 것이었다.

저자는 로스의 생애와 그의 선교 사상에 영향을 미쳤던 배경을 살펴보고, 특히 한국 선교에 직접적 관계를 맺고 있는 고려문 전도와 그의 성서 번역 작업, 그리고 로스 목사에게 세례를 받고, 그를 도와 선교 활동을 벌였으며 한국 땅에 복음을 들여왔던 한국 청년 개종자들을 중심으로 개관해 보고자 한다.

Ⅱ. 존 로스의 생애

John Ross는 아버지 휴 로스(Hugh Ross)와 어머니 캐서린 슈더랜드(Catherine Sutherland)의 맏아들로 1842년 8월 9일 스코틀랜드의 Cromarty 하구 Inverness의 북쪽 Nigg 마을에서 태어나 가족과 함께 작은 농촌지역에서 어린 시절을 보냈다. 존 로스는 갈릭어을 사용하면서 성장했고, 펀(Fearn) 교구의 힐턴마을에 있는 학교에 가서 영어를 배웠다. 말할 나위 없이 두 언어인 영어와 갈릭어를 배운 경험으로 중국어와 한국어를 유창하게 할 수 있었다. 로스 목사의 어릴 때 성장 발전에 영향을 주었던 또 하나의 요소는 교회였다. 연합장로교회의 전통은 로스 목사의 신학사상 발전에 깊은 영향을 주었고, 그는 가끔 그때를 스코틀랜드 교회의 역사에 있어서 영광스러웠던 한 순간으로 회상하곤 했다. 1860년대 중반 존 로스는 에든버러에 있는 연합 장로교회 신학대학에 가서 신학을 공부했다. 졸업 후에 인버네스에 있는 조지 브라운(George Brown) 목사가 시무하던 교회에서 전도사로서 봉사했다. 1868년 가을부터 선교활동에 대해 생각하기 시작해서 해외 선교부 총무인 윌리암 맥길(William McGill) 박사와 접촉했다. 1871년 말, 중국으로 가기로 결정하고 해외 선교부에 서류를 제출한 후, 1872년 2월 27일에 해외 선교부는 그를 중국 선교사로 선택했다. 3월 20일에 엘진(Elgin)과 인버네스의 노회는 그에게 안수했고, 3월 25일에 M. A. 스튜아트(M. A. Stewaart)와 결혼하였다.

로스의 가족(1880년대)

이때부터 그는 한국에 대해 관심을 가졌고, 고려문, 즉 항만 국경의 출외국 관문을 방문하여 한국 사람들과 접촉하였다. 그곳은 당시 한국인들이 외국인들과 접촉할 수 있는 유일한 곳으로 로스 목사는 이곳을 통해 한국에 개신교를 전래시키는 선구자가 되었다.

한국 선교를 오래도록 염원해 온 그는 국

경을 넘나드는 청년들에게 복음을 전하면서 한글 번역 성경의 집필 필요성을 느껴 그는 1882년에 누가복음과 요한복음을 간행하는 데에 성공하였다. 1881년부터 상행에서 인쇄기를 구입하여 봉천에 인쇄소를 차렸으나 한인 식자공을 구하는 데 무척 고생을 하기도 했다. 1884년에는 마가복음과 마태복음을 간행하였고 1885년에는 로마서와 고린도 전후서, 그리고 갈라디아서와 에베소서 등을 출간하였으며, 1887년 마침내 "로스역 성서"(Ross Version)가 간행되었고 한국 선교의 구체적인 실현 이전에 이룩한 놀라운 업적이었다.

로스 목사는 1884년 집안현의 한인부락을 찾아가 약 100명에게 세례를 베풀고 한인교회 개척을 하도록 도왔다. 후에 서상륜을 전도사로 임명한 후 한국 선교사로 파견하였다. 또한 로스 목사는 1887년 언더우드 목사가 새문안교회를 설립할 때 한국에 밀입국하여 도와주기도 했다.

로스 목사는 저술 면에 있어서도 크게 공헌했다. 그는 만주에 있으면서 그 당시 "은거의 나라" 사정을 연구하였고, 『한영문전입문』을 엮어 내었다. 그 뒤 또한 한국인들에 대한 서방교회의 관심을 불러일으키기 위하여 『한국지, 그 역사 생활 습관』이라는 책을 펴내기도 하였다. 그 밖에도 많은 저서들을 통하여 선교 사역의 성공에 기여했는데 후임 선교사들로 하여금 로스의 저서들을 통하여 만주에 밀집한 지역들의 언어들을 숙달시킬 수 있게 해 주었다. 한편 중국어 성경의 주석을 준비하기 위한 위원회의 일원이 되어 이사야서 1-39장, 욥기, 마태복음의 뒷부분과 야고보서 등의 주석을 집필하기도 하였다.

그 후로도 복음 전도의 사명을 계속 이어가던 그는 1915년 8월 6일 『중국 민족의 기원』(The Origin of the Chinese People)이라는 유고집을 남긴 채 하나님의 부르심을 받고 세상을 영원히 떠났다.

"……75세로 서거하였으니 때는 1915년 가을이었다. 부음의 서편이 오매 교우들이 듣고 사무친 옛정에 울음이 쏟아지고 밤낮으로 잊을 길이 없어서 이에 찬하는 글을 써서 돌에 새겨 영원히 전케 하노라."

－로스 목사 기념 비문－

Ⅲ. 존 로스의 선교사상 형성 배경과 한국의 선교 배경

이 지역(Nigg)은 19C 중엽까지 대부분 갈릭어(Gaelic Language)를 사용하였으며, Fearn 교구의 Hiton 마을에 가서야 영어를 배웠는데 두 언어를 익힌 경험으로 아마 중국어와 한국어를 잘할 수 있는 계기를 만든 셈이라 생각된다. 제임스 웹스터(James Webster) 목사가 말하기를 "무례한 군중들에 대한 그의 놀라운 인내와, 끊임없는 예의와 재치를 보았다. 여러 주간 매일 같이 있었으나 아무리 어려운 경우를 당해도 그가 자제력을 잃는 것을 보지 못하였다."라고 하였다.

그의 고향 Nigg지방은 갈릭 문화의 전설을 가지고 있는 지역으로 신비스러운 전설에 관한 이야기를 새긴 비석 "클라크 아카리드"(Clach a'Charridh)를 통해 일반 농민들이 소유하고 있던 미신적 신앙에 대해 이해할 수 있는 기회를 가졌다. 또한 바다와 항구를 끼고 있는 조화로운 농촌인 그곳은 농업 · 어업 · 무역을 곁들인 종합 경제적 양상을 띤 축소된 국제무역의 분위기를 갖춘 장소로서, 성장하면서 해외 진출의 꿈을 갖도록 영향을 받은 좋은 지역이라 할 수 있다.

로스 목사에게 영향을 끼쳤던 또 다른 요소는 여러 파로 갈려 있었던 스코틀랜드 교회의 한 교파였던 부속교회에서 성장한 점이다. 그 부속교회는 1847년 스코틀랜드 연합장로교회가 창설되었고 그 교단이 지니고 있었던 독특하고 비범한 신학사상은 로스의 신학사상의 발전에 지대한 영향을 주었다. 무엇보다도 로스 목사의 사상에 영향을 미친 것은 그의 부유한 가정환경이었다. 정서적인 것과 관련된 사항은 대부분 가정환경을 통하여 형성되기 때문이다.

그의 아버지(Hugh Ross)는 1832년 설립된 콜레라 방역회 회원이고 양복업자(당시 전문 업자는 수준 높은 인물임)로서 교구 밖의 사람들의 접촉의 기회가 많은 분이다. 로스 목사는 가정환경에서 유복하게 자라났고 고등 교육을 받을 수 있었다. 그는 1860년에 에든버러에 있는 연합장로교의 신학대학에서 신학을 전공한 후 전도사로 봉사하다가 중국 선교에 대한 비전을 품게 되었다. 1872년 2월 27일 해외선교부에서 그를 중국 선교사로 임명함으로써 그의 선교 사역이 시작되었다.

1872년 산동성의 지부에 도착한 로스 목사는 지부를 본거지로 삼아 산동 내부로 영역을 확대해 가는 것을 계획으로 세웠다. 그러나 이미 미국 선교사들이 그 지역에서 사역하고 있다는 사실을 안 그는 선교지를 다른 곳으로 옮기기로 작정한 후 만주와 고려문에서 전도를 한 경험이 있던 Williamson 목사가 로스에게 만주로 옮길 것을 권고하였고, 그는 그의 제안을 수락하여 만주의 우장으로 건너갔다. 당시 우장은 선교 사역이 거의 전무한 상태였다. 그곳에서 그는 선교의 근거지를 다시 봉천으로 정하고 만주 교회를 개척하였다. 우장은 후에 한국 개신 교회의 발생지로서 한글 성서를 번역하는 곳이 되었고, 봉천에서는 한글성서가 출판되는 등의 중요 선교지가 된다.

Ⅳ. 존 로스의 한국 선교사역과 활동

1. 초기(1872~1888)

1872년 늦은 가을 로스 목사 부부는 영국을 떠나 중국으로 갔다. 그들은 배를 타고 대서양을 건너 기차로 북미대륙을 통과하여 밴쿠버에서 일본으로 가는 배를 탔다. 일본에 있는 동안 몇몇 선교부들을 방문하고 상해로 가서 8월 23일에 산동에 있는 지부에 도착했다. 1850년대에 중국은 몇몇 항구를 외국인에게 개방했다. 이런 도시에 선교부들은 대표들을 파견했고, 연합장로교는 1862년에 중국 남부 항주만 입구의 영파(寧波)에 첫 선교지부를 설립했으나 여의치 않아 1872년에 문을 닫았다. 1871년부터 연합장로교는 스코틀랜드 성서협회 대표였던 알렉산더 윌리암슨의 지도하에 산동반도에 있는 지부, 연대에 지부를 운영했다. 그들이 그때 로스 목사를 지부로 보내어 선교사들의 집단에 참가시킨 것은 에든버러에 있는 외국 선교회가 중국의 한 지방에서 그들의 노력을 집중할 바로 그때였다. 윌리암슨 목사의 경험에 의해 로스 목사의 선교활동은 완전히 방향이 달라졌다. 1850년대 외국인들에게 열려진 항구들 중에는 영구(營口)와 우장(牛莊)이 있었는데 어떤 사람에게는 선교의 가능성을 주어 중국의 이웃인 조선에 간접적인 영향을 준 것

같았다.

알렉산더 윌리암슨은 1863년부터 스코틀랜드 성서공회를 대표했고, 1866년부터 1868년까지는 윌리암 번즈와 같이 순회전도를 했다. 1867년 가을 그는 조선과 중국 국경을 인접한 세관인 봉황성을 방문했는데, 연중 보고서에서 몇몇 조선 상인들이 거기서 성경을 몇 권 샀고, 휴 와들 목사가 최근에 떠났으므로 선교사 몇 명이 더 필요하다고 생각했다. 그는 이런 생각을 로스 목사와 나누고 겨울이 오기 전에 영구로 가야 한다고 강조했다. 겨울엔 요동(遼東)만이 얼어 갈 수 없기 때문이었다. 또 그 시간에 언어학습을 할 수 있다는 것을 강조했다. 로스 목사는 모험적인 생각으로 응답하고, 9월에 집에 도착한 뒤 한 달 지나서 로스 목사 부부는 영구로 옮겼다.

중국에서 첫 겨울에 에든버러로 보낸 편지를 보면, 로스 목사 부부가 집과 예배당을 구하기가 어려웠음을 알 수 있다. 그때 그는 중국어와 사서삼경을 배워 봄이 오기 전 간단한 설교를 할 수 있었다. 그때 로스 목사 부부에게 두 가지 어려움이 있었는데, 하나는 혹한이었고, 다른 하나는 헌터 의사와의 다툼이었다. 헌터는 성미가 급했다. 또한 아일랜드 선교사의 아성에 스코틀랜드 선교사의 도착은 틀림없이 바람직하지 않았을 것이다. 기후가 큰 문제였다. 로스 목사 부인은 임신 마지막 달에 여행하면서 몸이 불편했는데, 그와 같은 기후는 건강상태를 더 악화시켰다. 늦은 2월 그의 아들 드러몬드를 낳았으나 건강은 급속히 악화됐다. 그녀는 3월 31일에 죽어 번즈 선교사 무덤 옆에 묻혔다. 로스 목사는 마음이 몹시 아팠으나, 계속해서 중국어를 배우고 선교활동을 위한 준비를 했다.

1872년 만주 우장에 여장을 풀고 만주 선교를 개시한 로스 목사는 그 다음해 제1차 전도여행을 떠났다. 그 여정은 천 리 길이나 되는 장기 여행이었다. 우장을 출발하여 봉천, 홍경을 거쳐서 압록강 상류 임진강 부근에 이르렀을 때 그는 우연히 한국인들이 살고 있는 한 촌락을 발견하였다. 그곳은 바로 고구려의 옛 수도였던 집안현 이양자였는데 약 3,000가구의 한국인이 살고 있었다. 그곳에는 한국인의 출입국을 관리하는 우리나라 별정수가 있어 의주부 집사 몇 사람이 파견, 주둔하고 있었다. 로스 목사는 고려문에서 많은 한국 사람들을 만나 보았다. 그들은 때를 지어 로스 목사의 여관을 찾아가서 서양에 관한 새 지식을 얻으려고 온 종일 필담을 나누었다. 대원군의 가혹한 쇄국정책에도 불구하고 세계의 지식을 구하려는 강렬한 욕망은 서민들의 가슴속에 불타고 있었다. 로스 목사가 한국인의 가난과 무지에 크게 실망하면서도 그 이듬해 봄에 다시 고려문을 찾아간 것은 그들의 신지식에 대한 강렬한 욕망과 대담한 행동에 깊은 인상을 받았기 때문이었다.

1873년 말 로스 목사는 영구 지방을 순회 전도했는데, 이때 그의 선교방법이 성립되었다. 그것은 두 가지였는데, 하나는 그 나라의 가치관이나 신앙을 버릴 필요가 없고, 그보다는 그 문화를 바탕으로 그리스도 안에서 설립하도록 보여 주는 것이 필요하다는 것이었고, 둘째로는 비기독교 지역에 있는 교회는 외국인 선교사의 활동을 통해서 성장하는 것이 아니라 자국의 기독교인들의 생활과 전도활동을 통해서 된다고 믿었다.

그래서 그는 많은 선교사가 필요 없고 몇 명만 있으면 그 지방 신자들에게 더 효과적으로 도울 수 있을 것이라고 믿었다. 로스 목사는 사서삼경을 열심히 익혔고, 전도할 때 그것을 많이 이용했다. 그는 유교를 한 번도 비판하지 않았고 사회의 훌륭한 가치관으로 칭찬했으며, 설교 시에는 이 윤리적 가치관을 중국인에게 그리스도를 믿게 하는 방법으로 사용했다. 한 번도 길가에서 설교하지 않았고, 일부러 구입했던 교회당에서 강연했다. 그는 먼저 모월 모일에 어떤 교회당에서 기독교에 대해 토의한다고 공표하곤 했는데, 먼저 간단한 강연을 하고 난 다음 어떤 사람이 질문하거나 주를 달았다. 이 방법을 순회전도라기보다 중국 토착문화와 더 밀접했다. 3세기부터 중국의 청담이라는 방법이 있었고, 그것은 광범위한 문제들을 논하던 것이었다. 이 창담식 전도 방법은 중국인에게 쉽게 적응되었고, 결과적으로 기독교 사상은 더 잘 전파되었다. 만주에 있는 교회성장이 그의 주요한 임무였으나, 로스 목사는 윌리암슨 박사의 조선에 대한 관심사를 결코 잊지 않았다.

1874년 그는 태평산과 개주현에 예배당을 살 때에 천주교나 지방민들의 마찰을 걱정했으나 별 탈이 없이 진행된 것을 깨닫고 외국인이나 그들의 조력자들이 외국 정부나 중국 정부의 힘에 의지하지 않는 방법을 찾아야 한다고 생각했다. 왜냐하면 반서양 감정으로 기독교 발전을 어렵게 만든다는 것을 알았기 때문이다.

그해 봄과 여름에 모교회의 편지에서 자국인의 선교 책임이 중요하다는 내용을 강조하였으며 순회 설교 시 학습하며 6개월 지난 사람에게 세례를 주었다.

같은 해 여름 아일랜드 선교사와 만주지역을 순회하면서 조선 국경선에 전도자를 보낼 수 있다는 확신을 가지기도 하였다. 1874년 봄에 로스 목사는 중국인 서기를 동반하고 고려문의 한국인 선교를 목적하여 제2차 여행을 떠났다. 그는 고려문 시장을 찾아 한국인들이 국법이 금하는 어려운 사정으로 사람의 눈에 뜨이는 곳에서는 서양인을 피하는 사정을 알았으므로 중국인 서기를 시켜 유숙하고 있는 여관으로 데려오라는 일을 진행시켰다. 중국인 서기는 여러 날 동안 거리에 나가 애쓰던 중에 드디어 한국인 네 사람을 포섭할 기회가 생겼다. 그들은 평안북도 의주 사람으로 백홍준을 비롯하여 이응찬, 이성아, 김진기 등이었다. 그들은 청운의 뜻을 품고 장사를 핑계하여 이역을 헤매고 있었다. 그들은 서양인을 만나려는 호기심이 가득 차 있으면서도 국법을 어기는 두려움 때문에 주저하고 있었다. 그러나 마침내 백홍준의 제의로 중국인 서기와 동행하여 로스 목사를 만났던 것이다. 한국어와 한국 역사를 가르쳐 주는 대가로 청년들에게 후한 월급과 서양 과학을 배우게 한다는 조건으로 네 명의 청년은 로스 목사를 따라 우장으로 갔다.

1866년 스코틀랜드 선교사 토마스 목사가 평양에서 순교한 사실을 안 로스 목사는 1874년 10월 9일 첫 번째로 고려문을 방문한 후 11월, 12월의 격월지 '중국 기록과 선교 보고'와 1875년 5월 '연합 장로교 선교 보고'에 기고했다. 그는 약 3주에 걸쳐 대석교를 지나 동쪽으로 천산 산맥을 넘어 12번이나 양하를 건너면서 각 지방의 동식물과 지리, 풍속을 살폈다고 한다. 고려문은 청국과 조선국 사이의 세관이 있는 작은 마을로 봉황산의 지맥 근방으로 도가의 수사들이 기거하는 곳이며, 양국 사이의 합법적인 교역이 이루어지던 관문이었다. 일 년 중 음력에 3월, 4월, 8월, 9월, 12월에 열린다. 로스 목사는 봉황성 지방 장관이 직접 여는 9월에 조선 상인을 만나러 나갔으나 한꺼번에 나가지 않고 성경을 팔거나 대화했는데 천주교인들의 심한 박해를 받던 시기라 접촉이 두려웠다고 했다.

영구로 돌아오자 고려문 심방(Visit to the Corea Gate)을 쓰고 650킬로미터 떨어진 북경으로 갔다고 했는데 그곳에서는 W. A. P. Martin 박사와의 선교 방법에 대한 협의나 또는 조선어를 배울 계획으로 생각된다. 또한 로스 목사는 한국 상인을 만나 그에게서 한국 정세와 한국인의 발음법 등을 배울 수 있었다. 이때 로스 목사는 그 상인에게 한문 신약성경과 "훈아진언"(Peep of Day)을 건네주었고, 그 상인은 그의 아들과 그 친구들에게 그 성경과 책자를 주어 읽게 하였다. 후에 그것을 읽었던 자들은 개신교 최초의 수제자들이 되었던 것이다.

1875년 만주의 봉천에 다섯 번씩 방문하면서 전도관을 몇 개 설립하고자 왕징민, 탕운환 주 전도사를 선택하고 대석교에 장소를 지정했다. 로스 목사는 고국의 존 매킨타이어를 1871년에 만주로 불러 1876년 자기 여동생과 결혼시킨 후 순회전도를 하기 시작했다. 로스 목사의 두 번째 고려문 전도여행은 1876년 3월 강화도조약에 의한 한국 문호개방 소식에 자극을 받아 4월 말에 이루어졌다. 세관을 지나 압록강과 북쪽 국경 사이 무인 지경까지 올라가면서 반도에 들어오려는 여러 가지 방법을 살피기도 하였으며 변방의 뱃사공을 부르려 하였으나 변방 군인들의 경계가 두려워 뜻을 이루지 못하였다. 그가 두 번째 시도한 것은 조선어 선생을 찾고 신약성서를 조선어로 번역할 조력자를 찾기 위해서이다. 나중에 동역자로 한약 장수인 이응찬이 압록강 도강 중 물건을 다 잃어버리고 어쩔 수 없는 상태에 로스 목사를 만나 일주일간 지내다가 로스 목사의 교사가 되어줄 것을 결심하고 봉황성을 떠나 봉천으로 가는 길도 다르게 하여 만났다. 앞에서 열기했듯이 이응찬 외 3명의 청년은 고려문을 벗어나 우장으로 가서 일하면서 3년간 신문화를 수학한 후 1876년에 예수를 믿기로 작정하고 매킨타이어 목사에게 세례를 받은 한국 최초의 세례 교인이 된 것이다.

신자가 된 네 명의 청년은 그때부터 로스 목사와 매킨타이어 목사를 도와 한글성경을 번역해 만드는 작업에 착수하였다. 그들은 모두 상당한 학식을 소유하고 있었으므로 한문 성경을 우리말로 번역하는 것이 큰 어려움이 되지 아니하였다. 1878년 이응찬이 의주로 돌아간 후 홍삼 행상으로 만주에 건너갔던 서상륜은 장티푸스에 걸려 중태에 빠져 있을 때 로스의 매부인 매킨타이어 목사의 전도로 로스 목사에게 소개되었고 선교회 경영 병원에 입원하여 헌터 의사의 치료를 받아 생명을 건졌고, 완쾌하였다. 서상륜은 1879년 로스 목사에게 세례를 받고 봉천에 가서 성경 번역과 출판 사업에 종사하였으며, 1883년에 봉천에서 서간도 한인촌의 김청송이 로스 목사에게 세례를 받았다.

1877년의 선교보고에서 특히 재미있는 것은 그의 활동방법이다. 로스 목사는 두 가지 특성을 가졌는데, 비판하는 사람을 다룰 때 그의 풍성한 관용과 중국문화와 풍습에 대한 지식이었다. 1876~1877년 젊은 학자들 몇 집단이 그를 추방하려고 노력했다. 원망을 많이 들었으나 참았으므로 나중에 여러 학자들은 그의 설교를 잘 수긍했다. 동시에 봉천에서 처음 전도할 때 용왕사에 살았다. 그때 머물 곳이 없었기 때문이다. 그의 관용성 있는 수용성을 영국 본부에서 알았더라면 놀랐을 것이다.

동시에 이응찬 밑에서 조선말을 배웠음이 틀림없다. 그의 두 번째 저술인 『조선어 교재』는 1877년에 발행됐다. 그 책의 서론을 보면, 맨드린 프라이머에 기초해 있는 조선어 문법공부였다. 불란서 드 로조니에(De Rosony)의해 '조선어에 관하여'가 쓰여 졌는데, 'Corean Primer'는 첫째 영어로 쓰여 졌고 조선어 문법을 설명했으며, 조선어로서 예문 문장을 들도록 모두 서양어로 썼다. 이 책의 특징은 두 가지인데, 하나는 한글로 쓰고, 그 사용언어는 표준어가 아니라 북쪽 사투리였다. 이것은 의주 출신 이응찬의 영향을 나타낸다.

번역할 때 어떤 방법이 있었는가? 그의 번역 작업은 1877년부터 1886년까지 계속되었고 번역은 네 번에 걸쳐서 이루어졌는데, 두 번, 세 번, 네 번째 번역은 근거로 증명될 만한 것이 있으나, 첫 번째 기록은 없다. 1880년 말 매킨타이어 목사가 선교본부에 편지하기를 첫 원고는 1878~1879년에 시작됐고, 두 번째 원고는 로스 목사가 안식년으로 간 후 한문을 사용해서 번역을 시작했다. 1880년 말 멕킨타이어 목사는 헬라어 성경을 사용하여 새로 성경 번역을 시작했고 에든버러 본부에 편지를 보낼 때, 매킨타이어 목사는 마태복음과 사도행전을 끝내고 누가복음을 시작했다. 매일 매킨타이어 목사와 두 사람은 3시간 내지 4시간을 일했다. 이때 세 번째 번역을 했고, 매킨타이어 목사는 세 번째 역자에게 1881년 봄까지 "천로역정"을 완성하도록 부탁했다. 1880년 매킨타이어 목사의 보고서에서 마태복음은 네 번 번역했는데, 이것은 그것을 대단히 자세히 번역했다고 했다.

성경번역에 있어 제일 공헌도가 높았던 인물은 로스와 매킨타이어에게 한글을 가르쳐 주었던 이응찬으로 로스 역 성경(Ross Version)의 절반 이상을 수정, 번역하였다. 그는 불행하게도 1883년에 콜레라로 병사하고 말았다. 그 외에 백홍준과 서상륜이 번역 작업의 초기에 참여하였고 이성하, 김진기도 초반에 협조하였다. 성서번역에 있어서 로스 목사는 비용을 여러 단체들에게 부탁했다. 맨 처음 스코틀랜드 성서회는 관심을 보이지 않았다. 1880년 영국 및 해외 성서공회의 주필인 라잇(Wright) 박사에게 첫 지원을 약속받았고, 1881년 2월 여러 후원자들에게 인쇄와 출판의 도움을 부탁할 수 있었다.

스코틀랜드 성서공회가 지원할 수 있었으나, 영국의 극심한 불경기로 활자를 위해 130파운드만 제공할 수 있었다. 자선사업가 로버트 아링톤은 1876년 종이와 누가복음, 요한복음의 3,000권의 인쇄비용을 돕겠다고 했고, 글라스고우와 던디는 무명의 자선 사업가들로, 매킨타이어 목사를 선택해서 5년 동안 첫 조선 선교사의 봉급을 지불하는 데 동의했다. 이렇게 해서 1882년 이른 봄 로스 목사는 백홍준, 김진기, 서상윤 세 명의 청년으로 하여금 그해 가을 요한복음과 누가복음이 완성되어 한국어 최초 성경이 된 것이다.

1880년에 기독교에 대해 관심을 가진 조선인들이 많아졌다. 이 사람들은 5~6명씩 떼를 지어 선교사 집으로 와서 며칠간이나, 일주일간 성경교육을 받았다. 또 조선인 30여 명이 같은 방법으로 교육을 받았다. 이 무렵 영구로 들어오는 조선 상인들이 많았을 시기인데, 매킨타이어 목사가 말하기를 "거의 한 달에 한 번씩 조선인 성경반을 가르쳤는데, 그것을 광고한다면 더 많이 올 것이다."라고 했다. 그의 아들 드리몬드와 영국에 도착할 때 로스 목사의 가장 급선무는 1879년 6월 21일에 에든버러에 있는 연합장로교 해외선교부에서 중국선교의 필요성을 강하게 건의하면서 "중국은 미래 아시아 선교의 발판이요, 세계선교를 위해서는 중국 선교가 중시되어야 한다."고 역설했다. 또한 "평범하거나 국내에서 그 이하 수준의 선교사 파송은 무의미한 것"이라 했다. 곧 중국파송 선교사는 최고 수준의 실력자이어야 한다는 것이고 로스 목사는 동북 중국과 조선의 선교 중심지로서 만주가 전략적 요충지임을 강조한 것이다.

1880년 5월 로스 목사는 에든버러의 시너드에 참석해서 중국선교의 최근 현황을 이야기했다. 그가 조선 고대 근대사를 쓰고 난 후부터 시너드에 참석하는 중간에는 각 교회에서 설교현황을 발표할 기회가 없어서, 조선 고대 근대사의 속간인 '만주족: 중국의 현대 왕주'를 쓰기에 몰두했다. 시너드가 끝난 뒤 이것은 제이 앤드 알 파레인 출판사에서 나왔고, 9월에 런던의 더 스펙테이터 잡지는 이를 칭찬했다. 이것이 중국과 중국인의 가능성에 대해 우호적인 견해를 보였기 때문에 로스 목사를 중국에 대한 열광자로 표현했는데 그가 중국인에 대해 친밀한 감정을 가지고 있었기 때문이었다. 그전에 나왔던 책과 마찬가지로 이것은 그 기원과 자료를 사용하는데 생생한 필체로 썼다고 칭찬받았다. 이 출판은 동아시아와 중국연구에 훌륭한 학자로서 로스 목사의 명성을 공고하게 만들었다. 로스 목사의 첫 선교 기간의 특징은 그의 문학의 성취이며, 둘째는 교회 내에 정착이었다. 특히 그는 만주의 새로운 선교사를 보내는 것에 관심을 두었기에 1881년 6월 선교회 총무는 봉천에 있는 그에게 목사 한 사람과 의사 한 사람을 보내겠다고 약속했으며 제나라는 여서교회를 설립하여 같은 해 9월 14일에 한 사람을 중국에 보냈고, 상해에 10월 31일에 도착했다. 바바라 프리티라는 여선교사는 11월 13일 영구에 머무르면서 왕정밍 전도사가 감독하고 있는 봉천교회를 살폈다.

앞에서 열거했듯이 김청송에게 세례를 주고 그의 고향인 간도 지역에 성경 판매원으로 보냈다는 이야기와 1882년도 매킨타이어가 에든버러에 연락할 때 세 사람의 집사가 안수 받았다고 전했으며, 1883년에 봉천에서 37명의 세례자 중 5명이 조선인이었다고 했다.

같은 때 선교회 본부는 처음 지부(芝罘)에 있는 사업을 폐쇄하고 만주에 있는 사업을 강화할 생각이었다. 이것은 로스 목사의 사역에 성공과 발전을 의미한다. 중국기록과 선교 보고에 '조선어 신약'이라는 기사를 썼는데, 거기서 신약번역 문제에 대해 이야기했고 한국신약성서 번역의 완성을 의미하는 것 같다. 신약을 번역할 때에 현재 교회가 사용하는 하나님, 성령, 천사 등의 용어 선택이 제일 어려웠다고 했는데, 현재 교회에서 사용하는 대부분의 용어를 로스 목사가 택하고 만들었던 것이다. 이해에 마태복음, 마가복음, 사도행전이 출판되고 만주교회는 계속 성장하는 가운데 6월까지 34명이 세례를 받고 봉천에는 3개의 예배당이 설립되었는데 맨 처음 예배당이 철령에 설립되었고 모두 중국인이 감독했다.

갑신정변의 피난민들은 봉천에 가서 세례를 부탁했으며, 김청송을 통해 간도 전도가 잘 되었다는 보고도 로스 목사에게 왔다. 또한 조선어 신약의 출판과 배포가 잘 되고 있다는 소식을 전했고 아직 신약은 한 권으로 묶여진 것이 아니라 각 복음서가 따로따로 배포되고 있었다. 누가와 요한복음서는 각각 3,000권씩 출판하였으나 1884년 초에 나누어졌으므로, 같은 해에 누가복음과 사도행전을 출판하고 같이 5,000권씩 제본했다. 1884년 말 요한복음 5,000권과, 마태복음서 5,000권을 출판하고 있다는 소식을 전했다. 동시에 마가복음서와 로마서, 고린도 전・후서가 인쇄 중이고, 갈라디아서와 에베소서의 번역을 다시 교정하고 있으며, 여러 소론들을 한반도로 보냈다고 전했다.

만주 선교사는 조선인 전도에 모두 열의가 있었으며 로스 목사와 웹스터 목사는 봉천을 떠나 왕릉, 홍경, 통화와 여양을 돌며 기독교촌이 됨에 놀라며 풍성한 대접도 받으며 요양에서 75명에게 세례를 주고 봉천을 거처 성탄 전야에 영구에 도착했다. 1885년 로스 목사와 여러 선교사들은 선교 장소를 늘리려고 많이 노력했으며 그해 중국이 찬송가를 출판하고 간도에 조선인촌 학교에 선교본부로 보조를 받도록 하였다.

그리고 1885년 조선인 100명이 세례를 받았으며 간도와 거리상 관계가 있지만 조선의 수도인 서울에 개종자들과 학습 문답을 나누지 못하는 유감도 표시하며 그때는 대원군의 쇄국정치 시기로 힘들지만 대원군 동료가 북경으로 갈 때 봉천에 머무르는 동안 조선이 3년 내 기독교 복음이 완전히 전해진다는 연락도 하였다. 1886년 보고서에서 로스 목사는 기독교로 개종하는 사람과 세례자 수가 많아지는 것을 강조했다. 이것은 자기의 노력이 아니라 중국인 전도자의 노력에 의한 것이라 했고, 그가 만주에 온 다음에 600명이 세례를 받았고, 이 중 12명만 로스 목사의 전도 때문에 기독교를 믿게 되었다고 전했다. 그는 또 중국인 전도자를 통해서만 교회가 발전될 수 있겠다고 했고, 이 결과는 그의 생각을 확실케 했다. 1886년 말 조선어로 된 신약 번역의 최후 교정이 완성되어서 신약 전체를 배포할

예수셩교젼서(1887)

수 있다고 전했다.

1887년에 청년 학도들의 도움으로 로스 역 성경(Ross Version)인 "예수셩교젼서"라는 신약전서 전권이 출판됨으로써 완성되었다. "예수셩교젼셔"는 발행부수가 5천 부로 총 399쪽으로 이루어져 있다. 성경 번역을 시작한 지 만 10년, 성경출판을 시작한 지 5년, 이미 한국은 복음의 문이 열려 수만 권의 성경이 반포되어 로스가 믿고 바랐던 풍성한 수확이 선교사들에 의해 시작되고 있었다. 같은 해인 1887년 성서 조직위원회가 조직되어 성서의 새로운 번역이 한국 안에서 시작되었기 때문에 로스는 구약성서 번역 작업을 시도하진 않았지만 성서 조직 위원회에서 "신약 젼셔"가 출간되기 전까지 약 18년 동안 한국교회 특히 북한지방에서 애용되어 수백만 부가 보급되었고 세례를 받기를 소원하는 자가 6백 명에 이르렀다. 로스 목사의 "예수셩교젼서"는 한국 개신교의 성립과 한국 근대화에 커다란 영향을 미쳤으며, 수많은 영혼에게 복음의 빛을 전하는 도구가 되었다.

2. 중기(1888~1899)

1889년 1월까지 그는 자기의 생각을 두 가지 문제로 귀결시켰는데, 하나는 아일랜드의 스코틀랜드 선교회를 합병하여 만주에서 장로교 선교회를 하나로 만드는 것이고, 다른 하나는 그의 친구이며 동료인 왕징밍을 기리는 책을 쓰는 것이었다.

1890년 초, 로스 목사는 연합장로교 선교보고서에 두 강연 내용을 보도했다. 그것은 '만주에서 우리의 사역'과 '조선에 있어서 복음'이었다. 첫 번째 내용에서 그는 자기의 초기 생활과 사역을 기술했고, 외국 선교사들에 대응한 만큼 자국의 대행인을 두어야 한다고 주장했으며, 간도 지방에서 일어나는 기독교 복음화의 과정을 간단하게 썼다. 그는 또 기독교 지식이 진보하려면 외국 선교사의 노력이 있어야 함을 강조했고, 또한 그가 믿기로는 조선이 기독교 복음을 받아들이는 첫 아시아 국가가 될 수 있다고 강조했다. 그의 논점엔 두 가지 바탕이 깔려 있는데, 첫째는 불교가 민중에게서 멀어졌고, 둘째는 조선인은 고등 신에 대한 신앙을 가졌다는 것이었다.

1890년 여름 로스 목사는 상해의 제2차 중국 선교 수련회에 참석했는데 이것이 중요한 계기가 되었다. 그는 한 논문에서 만주인의 제사문제를 다루고 회의에 참석, 그것을 제출했다. 그는 또한 세계선교의 재음미라는 잡지에 두 논문을 제출했는데, 하나는 '조선에 있어서의 기독교 여명'이고, 다른 하나는 '중국 선교의 문제'란 제목을 붙였다. 얼마 후 로스 목사의 조선인 서적판매원인 김청송이 가계에서 온 다른 조선인과 같이 봉천에 도착해서 복음서, 신약성서 및 교회 문답서를 가져오도록 요구해서 이것들을 보냈다.

1891년 2월 로스 목사는 철령과 그 주위를 살펴보려고 여행했고, 16명에게 세례를 주었으며 4명을 집사들을 뽑도록 지도했다. 교회가 최초에 설립된 봉천의 북쪽지방에 있어서 자체 독립과 자체 전도의 단계가 이미 달성되었기 때문이었다. 1891년 2월 27일 북미 선교사 중 조선으로 왔던 제임스 게일과 사무엘 마펫은 조선의 수도인 서울에서 북쪽으로 탐험 여행을 떠났다. 게일은 캐나다인으로 토론토 대학교 YMCA의 파송을 받았고, 반면 마펫은 북 장로교에서 왔다. 3월 24일까지 그들은 의주에 도착했는데, 로스 목사를 통해 믿었던 많은 교인들이 나와서 영접했고, 거기서 4월 5일까지 머물렀다. 그해 7월 한 달간을 로스 목사는 순회전도 여행을 하면서 보냈다. 같은 해 여름 동력하여 활동 중인 에이레와 스코틀랜드 선교회가 단독 장로교회 관할구를 만들었는데, 그것이 지방교회 연합의 중요한 단계였다. 그것은 하나의 선교회로서 더 이상 간주되지 않았고, 관동 장로교구로서 알려진 하나의 자립교회로 생각되었다.

1892년 2월 16일 로스 목사와 잉글러스는 또 한 번의 여행을 했는데, 이때 봉천의 동서와 개원을 거쳐 처음엔 철령으로, 서쪽으로 대평구와 매매가로 갔고, 거기서 동쪽으로 이동, 남쪽으로 휘남(輝南) 즉 오늘의 조양(朝陽)에 이르렀다. 1893년

4월 로스 목사는 봉천의 동쪽으로 순회전도 여행을 했는데, 선왕들의 무덤이 있는 홍경을 거쳐 조선과 중국 사이에 오래된 세관 중 하나인 왕청문에 도착했다.

1894년 1월 로스 목사는 봉천 전 지역 특히 일부 지방을 중점적으로 여행했다. 이 지역에 대한 그의 노력은 북쪽으로 선교영역을 넓히기 위해 한 지역을 활성화한다는 뜻이다.

3월에 로스 목사는 글래스고 대학에서 신학박사 학위를 받았는데, 그 공적은 만주에서의 선교에 대한 노력뿐만 아니라 그의 두 저서인『A History of Corea』및『History of the Manchus』때문이었다. 그러나 그해 여름 조선인 영주권 문제를 둘러싸고 청일전쟁이 일어났다. 주된 격전지는 만주와 조선의 북쪽지방으로 교회와 선교의 모든 방면에 타격을 주었다. 로스 목사는 중국 내부의 문제에 서양의 부력이 참견해서는 안 된다는 중요성을 강조하고, 교인들의 노력에 결정적으로 해를 끼친다고 느끼는 전함의 출동에 대해 단호했다.

1896년 초 일반교회 활동은 정상을 되찾았고, 외국선교사들은 가장 멀리 떨어진 곳에서까지 원상을 회복했다. 1897년 1월 그는 일루로 여행을 계속해서, 이 시장 주위 몇몇 마을에서 158명에게 세례를 주었다. 2월 그는 동쪽으로 또 여행했고 그때의 약 50마일을 선회했는데, 그가 관할했던 가장자리에서 개원의 서쪽인 파쨔즈우로 가서 그 후 영릉, 홍경, 통화와 치앙티엔쯔우 남부까지 갔다. 로스 목사는 불굴의 여행자였다. 1898년 1월 다시 동쪽으로 여행했는데 홍경까지 여행했고, 먼 산골에 있는 작은 마을을 거치면서 북쪽으로 갔다. 이 여행과 특히 조선인의 세례를 회고하면서 "모든 조선인의 문제는 나에게 무겁게 지워져 있다."라고 술회했다.

1898년 12월 세 사람이 로스 목사의 부탁으로 간도지방을 여행했는데, 그들은 2월 여행에 동반했던 틀럴리, 복음서 보급협회의 스프렌트와 요양의 선교사인 그레함이었다.

이 세 사람이 갔던 진로는 홍경, 왕청문, 영액과 통화 전체 지역이었다. 이 지역에서 성찬식을 거행했고 33명의 중국인과 조선인 6명에게 세례를 주었고, 압록강의 어귀인 통구성으로 가서 조선으로 건너갔다. 1898년 겨울과 1899년 초 로스 목사는 대부분의 시간을 신학생 고학년을 가르치며 보냈다. 7명의 학생들이 있었고 그들을 실천신학으로 양육했는데, 대부분이 설교준비와 설교하는 방법에 관한 것이었다.

3. 말기(1900~1916)

20세기 초 그 전해 2,500명을 합쳐 만주 교회 교인 수는 1만 1,000명이 되었다. 그동안 여러 기독교 조직이 성장했으나 제일 자랑스러웠던 것은 만주교인과 선교사에게 있어서 두 번째 맞는 중국인 목사의 안수식이었다. 모두가 교회의 발전을 확신했으나 북청사변은 이것을 짓밟았다. 로스 목사가 2월 안식년으로 간 다음 시작되어 6, 7월에 크게 약탈하는 소동을 벌였는데, 이 사변의 목적은 외국인 및 그의 조직과 관계있는 중국인을 쫓아 버리는 운동이었다. 만주 선교사는 7월 말 중국을 떠났고, 만주 북부 선교사는 블라디보스토크로 망명했다. 이 반 외국인 운동은 선교사와 관련된 사람도 포함되어 요양의 전도자와 장로는 한국으로 도망갔다가 나중에 평양에 있는 미 북 장로교 선교사인 사무엘 마펫 집에 머물렀다.

1901년 정월과 2월에 로스 목사는 만주의 교회 지도자에게 계속해서 신자들의 고통에 대한 연락을 받은 까닭에, '신음하는 만주교인을 위해'(Appeal on Behalf of the Suffering Manchurian Christians)라는 기사를 써서, 본 교회에게 만주 교회에 대한 후원을 요청했다. 그해 여름에 로스 목사가 만주교인의 고통과 순교자를 수집해서 9월 선교보고서에 주만주 조선교인 들의 박해보고서를 보냈다. 많은 사람이 조선으로 도망갈 수 있었으나, 네 사람이 통화에서 사형당했다.

로스 목사는 교회를 세울 때에 선교사의 지식과 열심보다는 그의 인격이 더 중요하며, 희생하는 마음 없이 자기 문화의 가치와 개인의 쾌락을 선행한다면 전도인 마음에 방해될 것이라고 했다. 1902년은 『만주에서 선교방법』(Mission Methods in Manchuria)이라는 책을 썼고 그다음 해에 출판했다. 14년간 책을 쓸 기회가 없었으므로 이 책은 많은 갈채를 받았다. 20년 동안 현대 선교사들이 따라갈 방법은 성 바울의 그것이다 하면서 만주의 경험을 따라 이 책을 썼다. 이 지역의 선교 방법은 서양식이 아니라 독립되고 민족성에 맞는 교회가 건설되어야 한다는 주장으로 책을 보는 이들로 하여금 많은 갈채를 받았다.

1903년 3월 신학기 초부터 신학원을 개강하여 94명의 목사부와 전도부의 학생이 늘어갔으며, 7월 10일 본부는 영국 대사관에 로스 목사를 만주선교회의 대표자로 임명하고 11월 새 학기에는 성적 우수한 목사부에만 22명이나 되었다.

1904년 1월부터 러일전쟁 소문이 나도는 가운데 로스 목사는 건강이 악화되어 진황도 부근 북대하에서 휴식 중 러일전쟁이 일어나 몇 명의 선교사만 남고 철수하면서 북경에 있던 선교사 중심으로 중국교회설립 가능성 여부를 위해 회의가 열렸을 때 그는 참석하여 찬송가 통합, 교회와 부속예배당의 언어 통일, 상제와 성령은 하나님과 성신을 상징하는 언어의 통일과 통일선교회의 설립 등을 결정하였다.

1905년 1월 만주에 있는 선교사들은 모두 전쟁이 확산되고 소모전은 끝날 것이라 믿었다. 시민들과 군인들이 대량 학살되고 만주는 많이 파괴되었다. 1906년 4월에 로스 목사는 봉천 북쪽지역으로 순회전도를 했는데, 이번에 특히 일루에 관심이 많았다. 1907년 4월 로스 목사는 봉천 북쪽지역으로 순회전도를 한 후 봉천 서남부에 있는 교회로 갔다.

같은 해 6월 안식년을 맞아 시베리아 대륙선 열차로 영국에 갔다. 스위스 요양병원에서 오래 머물러야 했다는 것으로 그의 건강상태가 악화되고 있다는 것을 알 수 있었다. 가을 스코틀랜드로 갔다가 11월 11일 중국선교 100주년 기념회 특강을 했다.

1908년 5월 21일 선교 본부에서 중국 교회의 형편과 만주교회 부흥에 대해 발표하면서 조선반도 전체에 확산되는 부흥운동은 만주교회의 큰 영향이라고 전했다. 중국에 있던 어떤 선교사가 조선에 왔다가 가는 길에 평양에 들러 그 부흥을 목격하고, 하남선교지역으로 갈 때에 요양에 있으면서 만주 교회에 부흥의 소식을 전했다. 그 후 중국인 교인 두 사람이 평양에 갔다 올 때 조선 부흥에 대해 훌륭하다고 전했다. 같은 해 말부터 로스 목사는 그의 유명한 학술책인 『중국의 원시종교』라는 책을 쓰기 시작했다.

1909년 5월에 스코틀랜드에 가서 원고를 출판사에 넘겼고, 그해 말에 출판되었다. 이 책에서 로스 목사는 다른 학자와 다르게 중국 고대 종교는 유일신교라고 했다. 1910년 세계선교대회에 참석 후 로스 목사는 발린토어로 갔고, 여름 동안 거기에 머물렀다. 7월 초 외국선교부에서 퇴직할 의사를 발표했고, 38년간의 봉사는 끝났다. 그의 유고집으로 『중국민족의 기원』(The Origin of the Chinese People)이라는 책을 써서 중국민족과 그 사회적 기원을 설명했던 것이다.

1915년 4월 28일에 런던의 '기독교 문학회'에 참석했는데 그것이 공식적인 최후의 행사였고 그해 8월 6일에 하나님의 부르심을 받아 에든버러의 뉴윙턴 묘지에 묻혔고, 그 위에 그의 사업을 설명하는 비석을 세웠다. 중국에서는 교인들이 로스 목사의 죽음을 듣고 봉천의 중앙교회 제단 뒤에 위패를 모셨다.

V. 결론

19세기는 세계 선교사에 있어서 "위대한 세기"(Great Century)라고 불리어졌는데, 로스 목사는 19세기 말에 정력적으로 선교사업을 했고, 그가 개척한 교회는 선교중심지나 교회중심지에서 많이 떨어져 있었으므로, 개신교 개척자들의 명단에는 기의 나타나지 않는다. 그는 선구지적인 개척자로서 그의 선교방법과 본토교회 역할의 이해가 그 시기 다른 선교사들보다도 한발 앞서 있었다. 또 초교파적인 조합(에큐메니컬) 교회운동과 전도력이 잘 균형을 이루었다. 로스 목사는 문화적인 이해로써, 제국주의의 영향으로 중국 내의 사건에 서양의 군대가 관여하는 그러한 일들은 절대로 있어선 안 된다고 생각했다. 그래서 19세기 선교사들이 주로 제국주의에 영합했지만, 로스 목사는 그러한 제국주의에 영합한 선교사가 아님을 알 수 있다.

선교 인물 중에서 로스 목사는 자주 나타나지 않는다. 그는 스코틀랜드 선교사인 제임스 레기(James Legge)만큼 위대한 학자는 아니더라도 학문적, 저술적인 면에서도 중요한 공헌을 했다. 그는 서양 언어로 첫 한국 역사책을 썼고, 영어로 된 첫 한글문법책을 썼으며, 한글로 처음 신약성서를 번역했고, 최초의 만주민족사,

중국 고대종교 및 만주족의 기원을 쓰는 등 중요한 저술들을 남겼다.

그는 초교파적인 생각들을 다른 사람보다 먼저 했고, 만주에 있는 에이레와 스코틀랜드 선교의 연합을 위한 일을 성취시켰으며, 중국에서 단독 교회를 창설했다. 오늘날 선교학자들은 그가 다른 문화에 적응이 되어 있다고 하니, 로스 목사는 현대인이라 생각된다. 또한 로스 번역을 읽은 학자들은 이구동성으로 불교보다 우수한 종교라고 평하였으며 희망과 새로운 사상을 일으켜 주는 종교라고 절찬하였다. 그리하여 곳곳에서 영원한 진리를 찾는 새로운 정신운동이 일어난 것이다.

로스 번역 성경의 한글의 재생과 부흥발전에 미친 영향은 지대한 것이다. 또한 그는 본보기로서 세 가지 성격인 자비, 이해, 근면을 가진 바울을 택했는데, 로스 목사 자신은 그 세 가지 성격을 풍부히 가지고 있었다. 가장 어려운 상황하에서조차 그는 결코 성내지 않았고, 그의 동료들은 거짓을 주장할 수 없었다. 제임스 웹스터는 그에 대해 말하기를 "그를 알고 난 뒤 그가 성내는 것을 한 번도 볼 수 없었다."라고 말했다. 로스 목사가 중국을 머무르기 전 그는 복음의 바탕을 위해 유교경전인 사서삼경을 공부하려고 마음먹었고, 이것으로 중국 문화를 이해하게 되었으며, 중국 백성에 대한 그의 용기가 유럽 사람들이 볼 때에 그가 하나의 열정가라고 이해하게 했다. 그러나 그는 중국인과 잘 어울렸고 매우 근면했다. 아마 만주에 있는 다른 선교사도 하지 못할 만큼 넓은 지역을 자주 여행했다. 이 조그만 책이 교회를 위해 오래 헌신할 사람의 이름을 정확히 기억케 할 것이다. 로스 목사는 확실히 기독교 선교인물 중에서 더욱 중요한 위치를 차지할 가치가 있는 것이다.

특히 한국교회의 입장에서 준 로스의 공헌 가운데 하나는 '선교사가 국내에 들어오기 이전에 성경번역'이 행해졌다는 사실이다. 복음 전달의 기본적인 통로가 언어와 문자이며, 그 요체는 성경 말씀이다. 여자들과 아이들까지 쉽게 이해할 수 있는 한글성경이 번역되어 선교사보다 먼저 들어온 것은 어떤 의미에서는 한국 전통문화라는 자루 속에 누룩을 넣은 것과도 같았다. 후에 선교사들이 서양의 문화라는 그릇에 복음을 담아 온 셈이다. 이런 맥락에서 볼 때, 한국선교의 초창기에는 서양문화보다는 복음이 우선해 왔다는 추론을 할 수 있다. 선교사들이 와서 이미 번역된 복음서를 기초로 해서 신·구약 성경전서를 완역하여 선교사역을 시작했다는 사실은 독특한 복음전달의 통로가 만들어졌다는 의미이다. 이것은 선교사의 입장에서는 복음을 상황화(현장화)하기 수월할 수 있었다는 뜻이고, 한국교회의 입장에서는 복음을 토착화하는 과정에서 밑바닥에 기초가 놓였다는 의미이다. 물론 "어떤 문화에서도 완전한 토착 교회는 없다."는 말이 있지만 존 로스 선교사의 복음에 대한 열정으로 한국교회는 특별한 토착화의 길을 걸을 수 있었다.

참고문헌

김정현. 『한국의 첫 선교사』. 대구: 계명대학교 출판부, 1982.
김해연. 『한국교회사』. 서울: 성광문화사, 1993.
민경배. 『알렌의 선교와 근대 한미 외교』. 서울: 연세대학교 출판부, 1991.
_____. 『한국기독교회사』. 서울: 대한기독교출판사, 1989.
이찬영. 『한국기독교사연대표』. 서울: 창미서관, 1979.
한영제. 『한국기독교성장 100년』. 서울: 기독교교문사, 1986.
마서, 헌트리. 『한국 개신교 초기의 선교와 교회성장』. 차종순 역. 서울: 교문사, 1985.
기독교백과사전편찬위원회. 『기독교백과사전』. 서울: 기독교문사, 1993.
그리스도대사전편찬위원회. 『그리스도백과사전』. 서울: 대한기독교서회, 1979.
http://blog.naver.com/dodreamlight?Redirect=Log&logNo=50104696056.

학원 선교의 대부 헨리 아펜젤러

(Henry G. Appenzeller, 1858~1902)

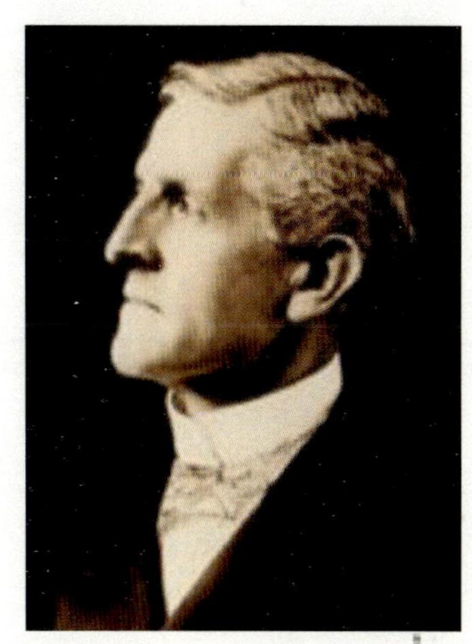

Ⅰ. 서론

우리나라의 선교 역사에 빼놓을 수 없는 분을 뽑으라면 감리교의 아펜젤러 선교사와 언더우드 선교사를 들 수 있다. 이 두 분이 1885년 4월 5일 부활절 주일날에 제물포에 도착한 그날부터 한국의 개신교가 시작되었다. 1885년 4월 5일은 아펜젤러가 미 감리회 목사로 한국 프로테스탄트를 개척한 최초의 선교사로 한국에 첫발을 내디뎠던 날이다.

아펜젤러가 이 땅에 첫발을 내디디면서 외쳤던 염원은 부활절에 도착한 복음의 사도답게 이 나라 백성들이 사망의 굴레를 끊고 죄와 사망에서 해방을 맞도록 하는 것이며, 이제껏 하나님과 관계없이 살아오던 한국인들에게 하나님을 알게 하고 하나님의 자녀로서의 빛과 자유를 누리게 하자는 것이었다. 이러한 한국선교의 특별한 소명을 받고 한국에 온 선교사 아펜젤러는 한국을 기독교화하는 데 있어 초석과 같은 존재였다. 그는 한국 개신교 개척 선교사이며 교육가이며 성서 번역자로서, 또한 교회지도자로서 다방면에서 활동하였다. 그의 뜨거운 선교열정과 위대함은 부름을 받아 나선 주위 일꾼들에게 이 시대의 사역자들에게 훌륭한 사표가 되고 있다.

한국교회에 지대한 영향을 끼친 '아펜젤러'의 성장 배경과 그 당시의 한국 현지 상황, 그리고 그의 선교과정과 선교전략에 대하여 살펴보는 것은 선교를 연구하는 분들에게 많은 도움이 될 것이다.

Ⅱ. 아펜젤러의 생애

Henry Gerhard Appenzeller는 1858년 2월 6일, 미국의 Pennsylvania 주 Souderton에서 아버지 Gideon Appenzeller와 어머니 Maria Gerhard의 3형제 중 둘째 아들로 태어났다. 본래 이들은 Switzerland 태생으로 1739년 미국으로 이민 온 후 Pennsylvania에 정착하여 농사를 지으며 살았다. 전통적으로 이 가정은 강한 칼빈주의의 색채를 지닌 Zwingli의 개혁교회에 속하여 다른 어느 가정보다도 신앙에 대한 열심을 가지고 있었으며, 사랑이 뜨거운 종교적 가정이었다. 훗날 한국에서 보여준 그의 종교적 헌신은 이 같은 가정환경에서 성장했기 때문이라고 할 수 있을 것이다.

영어에서 가장 고귀한 단어로 생각되는 "하늘, 가정, 어머니"라는 이 세 단어들은 Henry Gerhard Appenzeller에게는 하나와 같은 의미를 지니고 있어서 그의 지적 연상 작용과 심적 활동에 있어서 통일을 이루고 있었다. 식구들에게 헌신적인 어머니였던 Maria Gerhard는 집에서 영어를 거의 쓰지 않았고, Henry 역시 열두 살이 될 때까지 어머니와 말할 때는 'Pennsylvania식 독일어'를 사용하였다. 그는 다섯 살 때부터 학교 교육을 받기 시작했는데, 놀이터나 집에서는 독일식 사투리로 말을 하고 선생님 앞에서나 암송을 할 때에는 영어를 사용하였다.

Henry의 어머니는 오래된 메노파교도(Mennonite) 집안 출신이었다. 메노파교도의 가정생활의 특징 중 하나는 성서공부로서 Henry의 어머니 역시 주일 오후에는 세 아들을 불러 Luther가 번역한 독일어 성서를 읽어주거나 그들과 함께 읽었다. 이러한 어머니의 교육을 통해서 Henry와 그의 형제들은 이스라엘 민족의 이야기와 신약의 풍부한 영적 진리에 친숙하게 되었다. 이렇게 가정에서 자연스럽게 배운 것과 훗날의 비판적 연구를 통하여 Henry는 모국어인 독일어를 알게 되었으며, 죽는 날까지 독일어로 말하고, 쓸 수 있었던 것이다. 이후에도 그는 성서언어인 히브리어와 그리스어, 프랑스어도 자기 것으로 소화하여 사용할 만큼 학문적 재능과 언어에 능통했다.

Henry의 아버지는 유아세례에 대해 부정적인 입장을 가진 사람이었기 때문에 자신의 아이들이 스스로 신앙고백을 할 수 있는 나이가 되었을 때, 물로 세례를 받도록 하였다. 이러한 이유로 어린 시절에 총명하고 열성적인 아이였던 Henry는 『하이델베르크 요리문답』(the Heidelberg Catechism)을 통해 신앙 훈련을 받았고, 열네 살이 되던 해에 집에서 물로 세례를 받았으며, 4일 뒤인 1872년 11월 12일에 Souderton 근처의 임마누엘 개혁교회(the Emmanuel Reformed Church)에서 자신에게 세례를 준 Peter S. Fisher 목사에게서 견신례를 받았다. 그 후 West Chester의 장로교회에서 Fulton의 설교를 통해 영적으로 풍성해짐을 경험하고, 4년 후인 1876년 10월 6일 중생의 체험을 통해 인생이 완전히 변하는 경험을 했다. 이 같은 빠른 경험들은 급히 서둘러야 할 한국선교를 위한 하나님의 계획하심과 그에 따른 준비과정 중 하나로 생각된다.

Henry의 부모들은 경제력이 허용하는 한 그의 지적 성장을 위한 지원을 아끼지 않았으며, 총명한 Henry는 그의 지적 성장을 성실하게 향상시켰다. 공립학교 교육을 마친 뒤, 그는 대학 진학을 위하여 West Chester State Normal School에 진학했으며, 이 시기에 그는 학교에서 기도모임을 시작했는데, 이것은 그 후 수년간 계속되어 나중에 West Chester의 YMCA로 성장하였다. 20세 되던 해에는 아버지의 희망에 따라 1878년 Lancaster에 있는 개혁교회의 Franklin and Marshall College에 입학하였다. 이 대학시절 중 1879년경 그의 교회 생활에 변화가 있었는데 이는 그의 삶에 있어서 중요한 계기가 되었다. 그즈음 Henry는 감리교도들과 많은 교제를 하면서 여러 교회에 참석하고 있었는데 이 시기에 그는 한동안 정신적 불안상태에 빠져 있었고, 동시에 자신의 영적 상태에 대한 불만을 가지고 있었으며, 보다 풍부한 체험을 갈망하고 있었다. 1882년 대학을 졸업하고 문학사가 된 Henry는 New Jersey 주 Madison에 있는 드류 신학교(Drew Theological Seminary)에 입학하였다. 장엄한 신학부의 환경에서 그의 성격과 재능은 최고의 유능한 선교사의 자질을 위해 훈련받았다. Buttz 학장, Miley 학장, Strong 박사, Upham 박사, Crooks 박사와 같은 분들의 교습과 지도로 그는 교회가 자랑할 만한 자질을 키웠다. 이러한 분들은 그에게 커다란 영향을 주었고 일생 그분들 밑에서 보낸 날의 기억들은 기쁨이 되었으며, 언제나 그들에 대해서 이야기했다. Drew에 있는 동안에도 적극적인 선교활동과 사업을 계속하여 대학에서 주어지는 최고의 선물인 파송을 받을 때까지 그의 길을 걷고 있었다. 많은 동기생들이 교회에서 명예롭고 책임 있는 일을 맡았고 그들보다 뒤지지 않는 훌륭한 인물이었다. 이 두 대학을 거치는 동안 선교 일군으로서의 필수조건인 인격, 종교, 문화, 지식의 토대를 구축할 수 있었고, 신학교를 졸업하기 전 그는 해외선교에 헌신키로 결심하였다. 하지만 Underwood와는 달리 Appenzeller는 가족의 지원을 받지 못했다. 그의 아버지는 선교사로서의 삶을 사는 것이 자신을 내던지는 어리석은 것이라며 반대하였고, 그의 어머니 역시 아들이 한국에서 익사하는 꿈과 환상을 보면서 몹시도 불안해했다. 이러한 집안의 반대에도 불구하고 Appenzeller는 하나님을 향한 자신의 꿈을 계속해서 품고 키워나갔으며, 그러한 Appenzeller에게 1884년 12월에는 그의 일생에 있어서 가장 중요한 두 사건이 일어났는데, 하나는 Pennsylvania Lancaster의 Ella J. Dodge와의 결혼이고, 또 하나는 한국으로의 파송이었다. 1885년 1월, 대학 시험에 합격하고 신학사의 학위를 받고, 그는 아내와 함께 그들의 선교지로 떠날 준비를 하였다. 1885년1월 14일, 드류 신학교를 졸업할 무렵이 되자 Henry의 교수와 동료 학생들은 특별예배를 가졌고, 그해 2월 2일 Henry Gerhard Appenzeller는 드디어 한국 선교사로서의 부르심을 받게 되었다.

1885년 2월 3일 The Pacific Male의 Arabic호를 탄 3명의 선교사는 한국으로의 항해를 시작하였는데, 그중 Henry Gerhard Appenzeller와 William B. Scranton 박사가 각각 아내를 동반하고 있었다. 24일간의 항해 후, 그들은 2월 27일 저녁 늦은 시간에 일본에 도착하게 되었으며, 며칠간 일본에서 시간을 보내면서 여러 가지를 본 후에 Henry Gerhard Appenzeller는 3월 31일 한국으로 향하는 작은 기선에 몸을 실었고, 드디어 부활주일인 4월 5일이 되어서야 제물포에 도착하게 되었다.

그 후 Appenzeller는 한국에서 하나님의 왕국을 세우는 일에 몰두하여 17년간 전도자, 선교사, 교육자, 편집자 그리고 번역자로서의 삶을 살았다. 1887년, 그는 한국에서 담임 감리사가 되어 1892년에 안식년 휴가로 미국에 돌아갈 때까지 이러한 중요하고 고귀한 업무에 지칠 줄 몰랐다. 그가 일하는 가운데 당면한 육체적이고 도덕적 문제는 이루 말할 수 없었다. 그는 교사나 심지어 책도 없이 언어를 습득했고 외국인들에 대해 의심하고 증오하는 나라와 화해해야만 했다. 또한 기독교는 쓸모없는 사람들의 모임이라고 믿는 이들에게 기독교를 옹호해야만 했다. 그는 모든 장애물을 인격, 능력 그리고 선한 성품의 힘으로 극복해 나아갔다.

그는 배재대학을 설립하여 그의 대부분의 선교사 활동을 학교 교장으로 봉직하였다. 초기 감리교의 개종자들에게 세례를 주었는데 이들은 이 나라의 최초의 교회의 기초를 닦는 원동력이 되었다. 그는 글로 자신을 나타냈고, 한글을 사용했으며, 한글로 성경을 번역하는 일을 도왔다. 그는 공공심을 가진 자이며 연합교회(Union Church), 대한성교서회(Korean Religious Tract Society), 서울 유니온(the Seoul Union), 외국인 묘지 협회(the Cemetery Association), 대영왕립아시아학회 한국 지부(the Korea Branch of the Association Society)의 중추적인 회원이 되었다. 사실상 그는 지역사회의 중요한 인물이었으며 모든 방면에서 그렇게 인식되었다. 선교사로서 그는 많은 여행을 한 대단한 인물이었다. 그는 반도의 한쪽 끝에서 다른 끝까지 알려졌다. 그는 이 나라의 모든 지역을 여행하였으며 사람들과 매우 친근한 관계를 가졌다. 일하던 인부도 일하다가 말고 그에게 인사를 했고, 친구들을 존경하는 그에 대해 설명을 했다. 학자들도 그의 박식함과 교육의 열정과 그의 활동에 대해 존경을 표했다. 양반 계층들도 그들의 친구로서 그를 대하기를 기뻐했다. 정부에서도 그를 진정한 한국의 친구로서 여기게 되었으며, 더 나아가 중요한 자리에 함께하여 국시를 논히기도 히였디.

Appenzeller는 기골이 장대한 사람으로 건강하였고 운동도 잘하는 분이었다. 그는 1885년에 약 179cm의 키에 약 91kg의 몸무게를 가진 갈색 머리의 청년이었으나, 1891년 31세로 첫 안식년을 맞아 미국에 갔을 때 그는 약 62kg밖에 안 되었으며 1900년 42세 때 두 번째 안식년의 휴가 때에는 약 60kg으로 머리는 희고 허리는 굽어져 그의 가장 친한 친구도 알아보지 못할 정도가 되어 있었다. 이는 그가 한국 선교사의 사역을 감당키 위해 자신의 몸을 돌보지 않고 얼마나 헌신했는가를 보여주는 것이다. 그러던 중 결국 1902년 6월 11일 성서번역회의를 위해 목포로 항해하던 중 칠산 바다 어청도 부근에서 선박 충돌 사고가 일어났다. 이때 그는 갑판에 있었으므로 구조선을 탈 수 있었지만 동행했던 조한규 선생이 아직 선실에서 나오지 못한 것을 알고 자기 자신을 돌보지 않고 다시 배 가운데로 들어

갔다가 모두 세상을 떠나고 말았다. 그 후 Appenzeller의 장례식은 1902년 6월 29일 주일날 시신도 없이 정동교회에서 거행되었다. 이때 W. C. Swearer와 M. B. Helbert 선교사의 추모사가 있었고, H. N. Allen의 조사가 있었다. Allen은 조사에서 "한국인들이 Appenzeller의 죽음에 대해 한국인들에게 측량할 수 없는 손실을 가져다주었다고 하는데, 이에 전적으로 동감하고 있다. 모든 한국인들은 지위고하를 막론하고 이 슬픈 사건에 대해 진심으로 애도를 표하고 있다."라고 하였다.

1. 한국 선교의 배경

은둔의 나라 한국에 복음을 전하려는 노력은 여러 나라의 복음 기관들이 시도하였지만 선교사를 직접 파견한 최초의 나라는 미국이었으며 그들의 선교 열정의 결과라 할 수 있겠다. 그 배경을 살펴보면, 미국에서는 18세기 말에 제2차 대각성 운동이 일어났고, 그러한 종교적 열정으로서 해외선교열이 고조되어 여러 교단에서 선교회가 창립되었고 기독교대학과 신학교가 세워지게 되었다. 또한 남북전쟁 후 무디에 의한 부흥운동과 1880년대 신학교 학생들의 선교 부흥운동의 열기는 더욱 해외선교를 자극하였고 우리나라에 온 초대선교사들도 이러한 영향으로 뜻을 세웠던 사람들이 많다.

당시 미국은 1860년대 남북전쟁 후 국내 산업화를 서두르면서 한편 해외수출을 진작시키던 시기로서 해외진출의 한 과정으로 세계 각지에 선교사를 파견하는 현상도 나타나게 되었는데, 미국의 대외 팽창주의와 관련된 백인 우월주의에 입각한 기독교 문화의 전파라는 면도 있었다. 미국의 선교단체는 제2차 대 각성운동과 부흥운동의 영향으로 1806년 신앙동우회, 1810년 미국 회중교회 해외선교본부, 1814년 침례교 해외선교회와 1819년 감독교회에서, 1832년 감리교회에서, 1833년 장로교회에서, 각각 선교사업이 시작되었다. 특히 한국에 선교사를 파견한 감리교회의 선교운동은 1818년 성서 및 선교회를 조직하여 그 이듬해는 감리교선교회를 조직하고, 1869년 9월에는 해외선교회를 조직하여 아프리카, 남아메리카, 인도, 중국, 일본, 멕시코, 말레이시아, 불가리아 등에 선교 사업을 진행하고 있었다.

그러나 한국에 대한 선교의 관심은 1882년 한미수호통상조약이 맺어지고 그 이듬해 한국의 사절단이 미국에 파견되어 가우처 목사를 만남으로써 감리교회의 한국선교에 가교가 놓이게 되었다. 가우처의 요청에 의하여 선교의 가능성 여부를 탐문하였고 한국선교의 필요성이 교계언론에 게재되면서 선교를 위한 헌금이 답지하여 감리교회 소속의 스크랜턴 박사와 아펜젤러 목사 및 스크랜턴 부인이 한국선교사로 임명되었던 것이다.

2. 그의 선교 과정

갑신정변이 일어난 지 3개월밖에 되지 않아 서울은 아직도 불안한 정세하에 있어 외국인 여자의 입국이 허락되지 않았다. 당시 미국 대리공사 폴크(G. C. Foulk)의 충고대로 인천의 여관에서 1주간을 머물다 다시 일본으로 돌아가 한 달을 머물면서 한국어를 공부하며 지냈다. 그 사이 스크랜턴이 혼자 성루에 진출하여 정동에 집을 마련하였고, 아펜젤러 부부는 7월 19일에야 서울에 들어올 수 있었다.

이와 같이 현지 상황이 위험하고 선교가 어려워 목숨을 내놓지 않고는 도저히 감당할 수 없는 한국에 오겠다는 뜻을 굽히지 않은 아펜젤러는 한국에 가서 하나님 말씀을 전하는 일은 바로 자신의 뜻이 아니라 하나님의 뜻이라고 생각하였기 때문이다. 1884년 12월 4일 아펜젤러는 드디어 선교사로 명령을 받고 한국에 갈 차비를 했다.

그의 처음 선교 목적지는 한국이 아닌 일본이었다. 와즈워드가 그보다 더 열성적으로 한국 선교를 지원하고 나섰기 때문이었다. 1883년 10월 하트포드에서 열린 전국신학교연합회집회에 Drew 신학생 대표의 한 사람으로 참석한 후 선교 동역자 언더우드도 만나게 되었다. 1884년 졸업반이 되었을 때 미 감리교회 해외선교부에서는 한국선교를 결행하기로 하고 우선 학교와 병원사업을 추진할 선교사 후보를 물색하였다. 우선 병원사업자로 의사인 스크랜턴이 선임되었고, 다른 한 자리를 와즈워드가 개인 사정으로 포기하는 바람에 아펜젤러가 담당하게 되었다. 그는

1884년 12월 랭커스터에서 만난 청교도 후예인 닷지와 결혼하였고 이듬해(1885) 함께 한국을 향해 출발하였다. 출발에 앞서 2월 샌프란시스코에서 미 감리회 해외 선교부 총무인 포울러 감독에게 목사안수를 받았다. 스크랜턴 부부와 함께 태평양 우편선인 아라빅호를 타고 2월 27일 일본에 도착하였고, 3월 5일 일본주재 선교사 매클레이의 서재에서 제1회 한국선교사회의를 개최하였다. 그는 일본에 머무는 한 달 동안 갑신정변으로 망명해 있던 박영효에게 한국어를 배우기로 했다. 본국 포울러 감독의 지시에 따라 한국선교부 부감리사로 임명받은 그는 나가사키로 가서 미북장로회 선교사로 임명받은 언더우드와 합류하였고, 미쓰비시 선박회사의 배편으로 요코하마를 떠나 한국으로 향하였다. 그 배에는 아펜젤러 부부와 언더우드 외에 고종의 특사로 일본을 방문하고 돌아오던 푈렌토르프도 끼어 있었다. 4월 2일 부산에 도착하여 하루 정박하는 동안 하선하여 처음으로 한국 땅을 거닐었고 다시 배는 제물포를 향하여 북상, 4월 5일에 제물포항에 도착하였다.

아펜젤러는 1886년에 보다 적극적인 선교 사업을 시작하였는데 감리교 교리서를 한글로 번역, 출판하였고 매서인을 고용해 전도를 시작했으며, 자신도 배재학당 학생 등 만나는 사람에게 전도하기 시작했다. 그 결과 1886년 부활절에 일본대사관에 근무하던 다카하라(高平)라는 일본인에게 첫 세례를 베풀었고 6월에는 배재학당 학생 2명에게 세례를 베풀었다. 1887년부터는 한국 선교부 감리사가 되면서 학교, 병원, 복음 전도의 제반 선교 사업을 관장하였다. 그해 정동에 1층짜리 양옥을 건축하여 학교교실, 예배당, 선교본부로 사용토록 하였으며, 성경공부를 위한 별도의 집을 마련하여 "벧엘예배당"을 설립하고 1887년 10월 9일 첫 공중예배를 드렸는데 이것이 오늘의 정동제일교회 모체가 되었다. 서울에서 어느 정도 선교사업이 본 궤도에 오르게 되자 장로교의 언더우드와 함께 지방전도여행에 나서 1888년 봄 소래를 거쳐 평양까지 순회하였고, 그해 8월에는 감리교의 존슨(G. H. Jones)과 동행하여 강원도, 경상도 지방을 순회하였다. 1888~1890년에는 그는 전국 팔도 중 6개 도의 각 지방을 순회하였는데 총 여행거리는 1,800마일에 이르렀다. 1887년 선교사로 조직된 한국 성서위원회 서기로 선출되어 성서사업의 실질업무를 관장하게 되었고 우선 성서번역사업에 착수하여 번역자로 활약하였다. 언더우드, 헤론 등과 협의하여 1890년 "한국성서교회"를 창설하였고, 1892년부터 회장이 되어 문서사업을 관장하게 되었으며, 올링거가 맡아하던 "감리교출판소"까지 맡게 되었고, 선교사들이 연구지인 『The Korea Repository』의 편집책임자로도 활약하였다.

배재학당 내 삼문출판사

3. 주요 선교활동

1885년 4월 5일 제물포 도착 이후부터 1902년 선박 사고로 인해 삶을 마감하기까지 Appenzeller는 한국에서 하나님의 왕국을 세우는 일에 몰두하여 17년간 전도자, 선교사, 교육자, 편집자, 번역자 등으로 많은 일들을 하였는데, 특히 그의 여러 가지 활동들 중에서도 중요한 몇 가지들을 살펴보면 다음과 같은 것들을 들 수 있다.

우선 Appenzeller는 배재학당을 설립하고 그곳에 산업부를 두어 기술을 가르쳤으며, 인쇄소를 설치하여 학비를 벌어서 자립할 수 있게 훈련시켰다. 바로 이 인쇄소에서 『협성회보』, 『독립신문』, 『조선 그리스도인 회보』뿐 아니라 영문 잡지인 『The Korea Review; The Korean Reporsitory』 등을 발간하여 인쇄문화와 언론의 효시를 이루게 하였다.

또한 Appenzeller는 1885년 7월 17일 서울 정동에 주택을 마련하고 지성소, 즉 예배실을 꾸미고, 7월 29일에 첫 입주 예배를 드려서 오늘날 정동교회를 이루게 했다. 또한 방 하나를 교실로 하여 1885년 8월 3일에는 고 영

배재학당(1886년)

배재학당 현판

필, 이겸나라는 두 학생을 교육하기 시작하여 오늘날 한국 최초의 근대식 사립학교인 배재학당을 시작했다. 그의 교육은 곧 복음 전도였고 전도인을 양성하며 신앙을 지닌 민족의 지도자와 인재를 양성하는 것이었고 이 학교 교훈도 "크게 되고자 하는 자는 마땅히 다른 사람의 부림을 받아야 한다."라고 하였다. 이는 "너희 중에 누구든지 으뜸이 되고자 하는 자는 너희 종이 되어야 하리라. 인자가 온 것은 섬김을 받으려 함이 아니라 자기 목숨을 많은 사람의 대속물로 주려 함이니라."라는 마태복음 20:23-28의 성경 말씀에서 온 것이다. 실제로 Henry Gerhard Appenzeller는 이 말씀대로 온전히 주님께 헌신하는 삶을 살았다.

1) 교육활동

아펜젤러의 선교활동 중 가장 돋보이는 것은 선교교육활동이었다. 이 점은 복음 선교사로서의 아펜젤러가 우리 민족사에 끼친 가장 위대한 업적이라고 평가해야 할 것이다.

우선 그는 '폴크'를 통해 학교 설립의 가능성을 한국정부에 타진하여 국왕으로부터 긍정적인 반응을 얻자 8월부터 두 학생에게 영어를 가르치는 것으로 사업을 시작하였으니 이것이 배재학당의 시초였다.

배재학당은 신분을 초월하여 평민까지도 입학을 시켰고 새로운 사조와 생활양식을 채택하는 등 과감하였다. 배재학당에서는 "욕위대자 당위인역"(欲爲大者當爲人役)을 교훈으로 하여 예수 그리스도의 희생과 봉사의 정신을 교육의 바탕으로 삼았다. 또 여기서는 자립, 자주, 독립정신과 근로정신을 심어주어 노동의 신성함과 가치를 가르쳤고 자유의 정신, 국제적 협동정신도 고양하였다.

1886년 9월 1일 단 한 명의 등록으로 새 학기를 시작한 학교는 그해 11월 6일에 32명이었고, 1887년 6월 24일 방학할 때에는 "잠깐 동안만 출석하고 떠난 학생들"

을 포함하여 1년 동안 63명이 등록했는데 방학할 때는 43명에 실제 출석 학생 수는 38명이었다. 1887년 그는 성루에서 가장 전망이 좋은 곳에 교사를 짓기 시작했다. 벽돌 건물로서 76×52피트 크기의 르네상스식 1층 건물이었다. 아펜젤러는 1887년 이 해에 회개하고 기독교인이 된 학생들이 나오게 된 것을 매우 고무적인 것으로 받아들였다. 복음 선교사로서의 아펜젤러가 선교교육의 진정한 목표를 교육에 두었다고 할 정도로 유용한 인재는 구원받은 인간이어야 함을 강조하고 있다.

배재학당 학생들과 아펜젤러 선교사

처음에 아펜젤러가 세운 학교는 미 대리공사 폴크의 건의안과 관련해서 생각해 보면, 영어를 가르친다는 비교적 단순한 목적 위에 출발했을 수도 있다. 그러나 예로부터 학식으로 부귀와 영화를 얻을 수 있어야 한다고 생각해 온 백성들에게 이 새로운 학교의 영어 교육이 곧 당시의 출세의 한 첩경으로 비쳐졌을 것이다. 결국 이러한 훈련이 자조, 자주정신을 반침략 자주독립의 근대정신으로 발전시켜 갔던 것이다. 아펜젤러는 당시의 학생들을 통역관이나 교환수로 만드는 것이 아니라 박식한 교양인으로 양성하는 데 뜻을 두었다. 봉건적 사회질서에 순응하는 그런 인간이 아니라 전국 각지에서 현 상태를 개선하기 위해 찾아오는 사람들을 구원하기 위해 소임을 다하는 사람들을 양성하는 데 교육의 목적을 두었다.

2) 신앙 훈련과 학생 활동

아펜젤러가 영어를 가르치기 위해서 한국 정부로부터 학교 설립의 허가를 받기는 했지만 복음 선교사로서의 그가 교육을 통해 강조한 것은 기독교 신앙이었다. 학교에는 기독교 정신이 널리 퍼져 있으며, 간접적으로 말씀을 전파할 길들을 닦기 위해 많은 일들도 이루어지고 있었다는 것이다. 1890년대에 들어서서 아펜젤러는 신앙교육을 한층 강화하였다. 아직 국내에서의 신약성경 완역출간이 불가

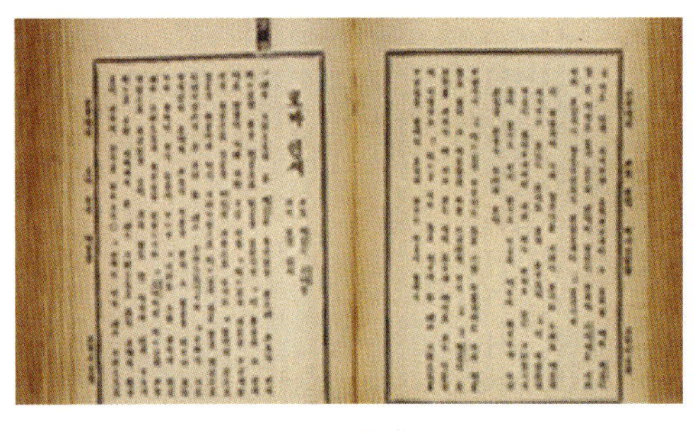

한국번역성경

능한 상황에서 배재학당에서는 한문신약성경을 교과과정의 일부로 채택하였다.

그의 교육이념과 신앙훈련은 처음에 오로지 벼슬을 목표로 입학했던 젊은이들을 변화시켜 갔다. 많은 학생들은 아펜젤러의 교육이념과 신앙훈련에 큰 영향을 받았다. 신앙을 고백하고 세례를 받으며 때로는 그들의 요청에 의하여 한 주간씩 기도회를 가지기도 하고 성경 공부반이 열리기도 했다.

아펜젤러는 또한 한국 청년운동에 큰 공을 남겼다. 갑신정변 때 미국으로 망명했다 귀국한 서재필과 손잡고 배재학당과 정동교회 내에서 기독교청년 운동을 벌였으며 독립협회 운동도 적극 후원하였다. 1899년부터는 언더우드와 함께 한국에서의 YMCA운동을 주도하여 1901년에는 배재학교 내에 최초로 학생 YMCA가 설립되기도 했다.

3) 복음전도

한국에 선교사로 왔던 아펜젤러는 처음에 복음 선교사가 행하여야 할 전도활동을 펼 수 없었다. 복음전도 활동에 어려움을 느끼고 있던 아펜젤러는 한국 정부의 권위를 최대한 인정하면서 전도를 위한 집회를 조심스럽게 전개하였다. 복음 선교사들이 입국한 1885년 겨울부터 일본인 3명과 아펜젤러 부부가 정기적으로 성경공부 모임을 진행시켜 왔고 1886년 가을에는 일본 영사의 집에서 한 번 모일 때 12명 정도가 회집하게 되었다는 것이다. 이런 예비적 움직임 후에 1886년 4월 25일 부활주일에 한국에서의 최초의 세례가 이루어지게 되었다. 아펜젤러는 주한 외국인들에게 세례를 베푸는 한편 한국인에게 세례를 베푸는 것을 도우면서 전도활동이 금지되어 있는 한국인에게 차츰 용기를 갖고 전도의 기회를 모색하고 확대해 갔다.

독립협회사건(1898)으로 많은 민족지도자들이 투옥되었을 때 이들은 옥중으로 방문, 전도하여 이상재, 이승만, 유성춘, 김정식, 홍재기, 안국선, 김린, 이원긍, 남궁억 등이 기독교인이 되는 동기를 만들기도 했다. 특히 이승만, 신흥우, 정교 등은 그와 각별한 친분관계를 맺게 되었다. 1897년 2월 그는 한국 최초의 순 한글 종교 신문인 <조션 그리스도인회보>를 창간하여 교회뿐만 아니라 일반사회에도 민족계몽과 복음 선교의 내용을 전하였다.

아펜젤러는 자기 집에서 1887년 봄부터 성경 공부를 시작하였다. 이때 모인 사람은 배재학당 학생 한 사람과 관리 한 사람이었다. 1888년 1월에는 이화학당에서 처음으로 주일학교를 시작하여 처녀 12명과 부인 3명이 모여서 성경을 공부했다. 그해 2월에는 독신녀였던 스크랜턴 부인이 주일 밤마다 여자들을 모아 성경공부를 시작했고, 그해 가을에는 평균 35명이나 되었다. 아펜젤러는 주일예배 성경공부 교재로 사용하기 위해 구약성서의 내용 중에서 발췌하여 번역을 하였다. 이것이 1897년 2월 2일 창간된 <조션 그리스도인회보>에 창간호부터 1899년 6월 14일까지 66회에 걸쳐 연재된 사무엘상하와 열왕기상, 그리고 창세기의 본문들이다. 이는 1898년 피터스(Alexander Albert Pieters, 1871~1958)가 번역하여 서울에서 출판된 『시편촬요』에 이은 구약 번역사에 있어서 의미 있는 발자취였다.

4) 교회설립과 교회당 건축

아펜젤러는 1887년 9월에 시내 남쪽에 조그마한 집 한 채를 사서 수리하기 시작했다. 그 안에서 한국인이 모여 예배를 볼 수 있도록 꾸몄다. 1887년 10월 2일 주일날 저녁 그는 배재학교 학생인 한용경에게 두 번째 세례를 주었다. 10월 16일 주일에 29세의 최 씨 부인에게 세례를 주었다. 그 일주일 후인 10월 23일에는 한국에서 감리교 최초의 성찬예식을 가졌다. 아펜젤러는 이제 벧엘교회를 세웠고, 거기서 한국인 형제들과 더불어 세례예식은 물론 성만찬을 같이 나눌 수 있게 되었던 것이다. 결국 그리스도의 살과 피를 나누는 공동체

정동제일교회(1885년), 아펜젤러 선교사가 세운 한국 최초 감리교 교회

교회가 성립된 것이다.

이러한 일련의 선교활동 속에서 믿는 자들의 모임인 교회운동이 성숙되어 갔다. 그것은 1885년 10월 9일 주일 아펜젤러가 성경공부를 위해서 매입한 집인 벧엘에서 오후 예배를 시작했는데, 이것이 한국인을 위한 최초의 공중예배였다.

이렇게 한국의 감리교회는 1887년을 기점으로 세례, 성찬, 공중예배가 갖추어진 교회로 성장 발전해 갔던 것이다. 아펜젤러는 이러한 성장에 발맞춰 새 교회당 건축을 기획하게 되었다. 서울에서 1893년에는 준교인(Probation) 115명, 정교인 54명, 1894년에는 준교인 106명, 정교인 48명으로 불어났으며, 1894년 현재 정동과 이화학당 구역에서 남녀가 각각 따로 모여 예배드리는 회중을 합치면 200명이나 되었다. 신축계획은 진행되어 1895년 8월 7일 기공식을 거행하고 9월 9일에 초석을 놓았다. 고통 끝에 신축 교회당은 1897년 7월 거의 완공단계에 있었기 때문에 이달 8일의 종강행사 때 사용되었다. 그리고 1897년 10월 3일 주일에 남녀 교우들이 모여 새 예배당에서 첫 예배를 드렸고 이해 12월 26일에 예배당 봉헌식이 거행되었던 것이다. 그러나 새 교회당이 완공된 것은 그 이듬해인 1898년 10월이었다.

4. 선교전략 평가

선교는 하나님과 사람이 함께 일하는 데서 이루어진다. 하나님께서 모든 일의 근원이시며 하나님께서 하시고자 하신다면 인간의 어떤 활동과는 무관하게 그 뜻을 성취시킬 수 있다. 선교전략은 피선교지의 사람들을 위한 것이다. 그러므로 그것은 '그 사람들 중심'이어야 한다. 각기 다른 언어와 문화를 갖고 사는 사람들을 위한 그들 중심의 전략이어야 한다. 사람들만 있다고 선교전략이 바르게 수립되지 않는다. 거기에는 반드시 올바른 목표가 설정되어야 한다. 선교의 지상과제는 무엇보다도 죽어가는 영혼의 구원이라 할 수 있다. 그것은 예수께서 마지막으로 분부하신 지상명령에 잘 드러나 있다.

그리스도의 지상명령의 중심은 모든 족속으로 제자를 삼는 데 있다. 제자로 삼는다는 것이 복음전도와 선교의 바른 목표라면 구체적으로 그것이 무엇을 의미하는지도 밝혀져야 한다. 제자로 삼기 위해서는 아직 참기독교인이 되지 못한 사람들에게로 가야 한다.

목표가 하나님으로부터 주어진 것이라면 전략은 인간이 그 목표성취를 위하여 취하는 수단이다. 전략은 지혜롭게 세워져야 하고 성실하게 수행되어야 한다. 최상의 전략은, 첫째로, 효율성의 원리를 따라야 한다. 인적 자원도 선교비도 시간도 최선의 방식으로 이용하여야 한다. 하나님의 목적을 가장 잘 성취할 수 있는 방식이 우선적으로 선택되어야 하는 것이다. 둘째로, 선교전략은 적합성의 원리를 따라야 한다. 선교현장은 늘 변하고 있다. 전략은 시대와 형편에 맞아야 되는 것이다. 셋째로, 선교전략은 도덕성의 원리를 따라야 한다. 아무리 훌륭한 결과를 가져오며(효율성), 현실적으로 적절(적합성)하다고 하더라도 도덕성이 결핍된 전략은 건전한 전략이 아니라는 말이다. 우리에게 요구되는 것은 건전한 선교전략의 수립이다. 건전성을 가리는 척도는 단순히 앞서 논의한 몇 가지 요건을 충족시키는 이상으로 그것이 성서적, 신학적 타당성도 지니고 있어야 한다.

앞에서 살펴본 선교전략 요건에 비추어 본 그의 선교전략을 다음과 같이 평가해 볼 수 있다.

첫째로, 교육기관과 활동을 통한 그룹단위의 전도이다. 그에게 가장 돋보인 선교활동이 교육활동이었다. 정부와 타진하여 합법적인 학교를 설립하고 배움의 장으로 모이는 학생들에게 전도하고 신앙을 주입시키는 그룹전도는 가장 효과적인 선교전략임에 틀림없다. 유용한 인재를 길러 내는 교육기관이 그들의 영혼까지 구원하는 구원의 방주와 같은 역할을 한다는 것은 매우 고무적인 일이다.

둘째로, 학생활동을 통한 집단적 개종 선교전략이었음을 알 수 있다. 그의 교육이념과 신앙훈련을 바탕으로 그리스도인이 되게 함과 동시에 영적, 지적 능력을 겸비한 젊은이들을 변화시켜 청년운동을 하는 데 업적을 남겼다. 배재학당과 정동교회 내에서 기독교 청년운동을 벌였으며, 독립협회 운동도 후원하였고, 1901년 배재학교 내에 최초로 학생 YMCA가 설립되기도 했는데 이러한 과정에서 많은 사람들이 기독교인이 되었다.

셋째로, 여러 선교사업을 통한 사회활동으로 교회를 성장해 나가는 선교전략이었다. 한국에 온 선교사로서 한국의 사회적, 문화적 요인을 잘 파악하여 선교의 장을 펼쳐나갔다. 출판사업 현장에서 고용인을 전도하고 학교, 병원 등지에서 선교사업을 하였던 것이다. 마지막으로 그의 선교전략은 희생적 봉사적 선교전략이었다. 예수님께서 몸소 인류의 죄를 대신 청산하시고 구원하시기 위해 십자가를 지신 희생적 정신을 이어받아 아펜젤러 자신도 그러한 희생과 봉사로 목숨까지도 기꺼이 이 땅에 바친 예수 그리스도의 정신을 몸소 실천하신 분이다. 그 위대하고 고귀한 희생을 오늘의 개신교의 놀라운 부흥과 발전의 초석이 되었던 것이다.

인간 Henry Gerhard Appenzeller에 대해 평가를 한다면 다음과 같다.

첫째, Henry Gerhard Appenzeller는 근면하게 일하고, 자신이 맡은 일에 감사하며, 부지런히 일한 사람이었다. Henry Gerhard Appenzeller는 훌륭한 고관이나 부유한 사업가의 자녀로 태어나지는 않았다. 시골 농장에서 태어나 충실한 신앙으로 양육받아 성경공부와 교리문답을 교육받았고, 부모를 도와 근면하게 일하였다. 그는 마구 갈기, 목초 베기, 포도밭 밟기 등을 하였고 말을 타고 심부름도 잘 하였다. 하늘과 땅, 새와 동물들 그리고 다양한 자연의 모습에서 풍부한 인간성을 함양하였고, 사랑하는 법을 배웠다. 이러한 Henry Gerhard Appenzeller의 자립, 자조, 근로의 정신과 삶은 그가 초기 한국 선교사로 왔을 때 한국을 깊이 이해하고 사랑하는 기반이 되었고 배재학당 학생들과 교인들에게도 자립과 자주, 근로의 생활을 가르치고 보여 주었다.

둘째, Henry Gerhard Appenzeller는 선교에 대한 열정이 불타는 사람이었다. Henry Gerhard Appenzeller는 1876년 10월 1일 죄의 용서와 하나님이 주시는 평화를 체험하였고 Franklin and Marshall College에서 기도회 모임을 만들기 시작하였다. 또 그는 대학 시절에 설교자의 자격을 얻었으며, 1882년에 대학을 졸업한 후에는 드류신학교(Drew Theological Seminary)에 입학하여 복음 전도와 설교에 힘썼다. 또 Montville과 New Jersey 주의 산악지대인 Taylortown에 교회를 개척하여 선교했고, 졸업반 시절에는 New Jersey 주 Madison 시의 가장 유명한 Green Village의 설교자로 추천될 만큼 유력한 학생이었다. 그는 선교란 하나님이 하시는 일로 알고 기도하고, 믿고, 나아가기만 하면 하나님의 권능으로 이룩됨을 믿었다. 인간의 지혜와 능력을 의지하지 않고 하나님의 능력을 믿고 의지한 전도자였다.

셋째, Henry Gerhard Appenzeller는 애국 애족하는 민족 구원과 사랑을 실천한 분이었다. Appenzeller는 서울을 중심으로 평양지역 선교와 인천, 수원, 공주뿐 아니라 대구와 전주에도 교회를 세우고 전도하기를 힘썼다. 그는 1895년에 한국 최초로 교회 건축에 착수하여 1897년에 준공하였는데 이 교회가 현재 남아 있는 한국 개신교회의 유일한 문화재 예배당인 정동교회로서 이곳에서 서재필, 이승만, 윤치호, 주시경, 이상재, 남궁억 등의 구국 선각자들이 모여서 독립협회 집회를 하기도 했다. Appenzeller의 설교는 단순히 복음 전도의 차원에 매여 있는 것이 아니라 민족 구원을 위한 애국 애족의 활동이었다. 이는 교인들에게 애국가를 부르게 하고, 태극기도 게양하게 한 것을 보아도 알 수 있으며, 정부의 탄압으로 독립협회가 해체되고 그 주모자들이 감옥에 갇히게 되었을 때에도 Appenzeller는 감옥을 찾아다니며 음식과 의복뿐 아니라 성경과 서적도 넣어주면서 그들을 돌봐 준 것을 보아도 알 수 있다.

Appenzeller는 은밀히 남을 구제하는 데 힘써서 자신의 선교비를 한국에 모두 바쳤고 마지막에 자신의 목숨까지도 한국인의 구원을 위해 바쳤다. 숨지는 그 순간까지도 한국에 대한 사랑과 소망의 열정이 끓어올랐던 것이다. 숨지기 직전의 강연들을 살펴보면 이러한 그의 한국에 대한 사랑과 열정을 알 수 있는데, 그의 마지막 말은 "자, 활짝 열린 문으로 들어가 그 나라를 주 예수 그리스도에게 인도하자. 지금은 좋은 기회이다."라는 말이었다.

우리 한국 기독교는 이러한 Henry Gerhard Appenzeller의 근면하고, 성실한 신앙생활 훈련과 하나님의 권능을 믿고 온전히 헌신하기를 힘쓴 선교 열정을 잊어서는 안 될 것이다

Ⅲ. 결론

아펜젤러의 한국에서의 선교활동과 그의 생애와 사상을 이해하기 위해서는 그의

삶의 실제, 그의 교우관계와 동역자들과의 관계, 일본인과 외국인들과의 관계, 한국 감리교회의 창설자의 한 사람으로서 당시 장로교 등 다른 교단과의 관계, 독립협회 및 정부와의 관계, 그의 문서 활동과 성서번역위원으로서의 업적, 선교부의 감리사, 장로사 및 회계로서의 직책수행, 주한미국인 사회에서의 그의 활동 등 여전히 다루어야 할 부분이 많다. 더욱이 그의 신앙과 사상을 체계적으로 연구하는 데는 그의 설교와 많은 메모들을 다시 정리하지 않고서는 가능치 못한 형편이다.

그의 열정적인 활동은 건강을 잃게 할 정도였다. 1885년 한국에 부임할 때 그의 몸은 200파운드였으나 1891년 1차 휴가 때에는 140파운드로 줄었다. 1901년의 2차 휴가 때에는 그전의 180파운드의 몸이 131파운드로 줄었다. 이것은 그가 선교현장의 악조건 속에서 개척자적 사명을 수행하는 데에 얼마나 충성하고 있었는가를 보여주는 것이기도 하다.

그의 한국관 및 인간됨과 관련하여 다음 몇 가지를 주시하고자 한다.

첫째로, 그의 한국관을 보면, 그는 한국을 사랑하고 이해하려고 노력한 사람이다.

둘째로, 그의 독립협회에 대한 자세를 보면, 그가 독립협회 운동에 깊이 관련하였던 것도 그의 이러한 독립협회관 형성에 관련되어 있을 것이다.

마지막으로, 그는 책임감에 투철한 희생적인 인격자였다. 이 점은 그의 생애의 마지막 밤에 일어난 배 충돌 때에 더욱 돋보였던 것 같다. 그가 대동하던 한국인들의 생명과 안전에 더 큰 관심을 갖고 있었기 때문에 자신의 생명을 잃었다는 것이다.

진정 남을 위한 희생, 봉사, 사랑으로 꽉 찬 그의 정신은 우리 민족을 위하여 최후의 목숨까지 바쳤다. 위대한 아펜젤러 목사야말로 예수 그리스도의 희생을 몸소 실천하신 순교자이다. 그 숭고한 순교자적 선교정신은 "땅끝까지 이르러 내 증인이 되라."고 당부하신 주님의 지상명령을 이행한 분이다. 그가 행한 모든 것을 오늘의 부름 받은 모든 성직자들이 이어받아 하나님 나라를 확장하기 위하여 각자에게 부여된 선교사명을 능히 감당할 수 있도록 더욱 분발하여야 하겠으며, 각자의 세워놓은 선교 사업을 성취할 수 있도록 최선을 다하여야 할 것이다.

〈헨리 거하드 아펜젤러의 연보(1858~1902)〉

1858년 2월 6일: 미국 펜실베이니아 주 손더튼에서 출생, 농장을 하는 독일 루터교회 교인인 부모 밑에서 양육됨.

1877년: 웨스트 체스터 주립 사범학교 졸업.

1878년(20세): 펜실베이니아 주 랭커스터에 위치한 프랭클린 앤 마셜 대학에 입학.

1882년: 프랭클린 앤 마셜 대학 졸업.

가을에 드류 신학교 입학.

1884년 12월 17일: 다지와 결혼.

12월 말: 한국 선교사로 임명됨.

1885년(27세) 1월: 드류 신학교 졸업.

2월 3일: 샌프란시스코를 출발하여 일본에 도착.

3월 31일: 한국 선교회의 부감리사로 임명됨.

4월 4일: 부산을 거쳐 제물포 도착, 얼마 동안 체제 후 일본으로 돌아감.

6월 20일: 다시 입국하여 한국 선교사업의 문을 엶.

6월 28일: 외국인을 위한 한국 최초의 개신교 공식 예배 인도.

8월: 소유지 구입하고 영어학교(배재학당 전신) 시작.

10월: 이 무렵 언더우드 목사와 함께 성경번역 착수.

11월 19일: 첫딸 앨리스 낳음.

1886년 6월 8일: 영어 학당 첫 학기 공식 개강.

여름: 서울에 콜레라 만연.

7월 8일: 언더우드 목사에 의한 한국인 최초의 세례식에 참석해서 도와줌.

11월 6일: Union Church 목사로 피선됨.

1887년 2월 21일: "배재학당" 이름을 하사받음.

3월 14일: "배재학당" 헌판식.

4월 13일~5월 12일: 평안도 지방 여행(평양까지)

감리사로 임명됨(~1892).

상임 성서위원회 및 번역 위원회 위원으로 성서번역사업 계속.

7월 24일: 최초의 감리교인 박중상에게 세례를 줌.

9월: 예배처소(벧엘교회) 구입, 배재학당 전물 준공식.

10월 9일: 한국인 최초의 공중예배(벧엘교회 예배당).

23일: 한국인의 성찬식.

26일: 두 명의 권서인을 북부지방으로 보냄.

12월 25일: 한국어로 첫 설교 행함.

1888년(30세): 배재학당 완공, 교장으로 이후 줄곧 봉사함.

봄: 언더우드와 함께 북부지방여행(반기독교칙령으로 소환).

10월: 평안도 의주까지 전도여행.

가을: 배재 제본소 개설.

1889년 8월: 존스와 함께 부산까지 전도여행.

1890년 1월: 종로서점 설치.

1890년 6월 25일: "대한 성서공회" 회장으로 피선됨.

1891년: 인천지방상주책임자로 임명됨.

1892년 6월: 안식년 휴가, 감리사직 사임(후임 스크랜턴) 이듬해 7월 귀임.

1895년: 존스와 함께 월간지 <한국 유기>를 속간(~1898. 12)

1896년 8월: 독립협회 창설.

1897년 2월 6일: <대한 그리스도인 회보>를 창간하고 편집인 맡음.

8월 13일: 독립협회 창립 1주년 기념식에서 연설.

12월 26일: 정동제일감리교회 헌당 예배.

1898년(40세): 서재필 퇴거로 윤치호와 함께 '독립신문' 편집.

9월: 블라디보스토크 여행(건강상 휴가).

12월: 감옥에 있는 이승만 도와줌.

1900년: 영국왕립협회 아시아지도부 도서관 사서로 일함.

9월 9일: 신약성서 완선 감사 예배.

9월 28일: 안식년 휴가 차 출발.

10월 1일: 부친 사망(9월 8일 소식 들음).

12월 22일: 동아시아와 유럽을 거쳐 미국에 도착. 북감리교의 한국 선교 집필.

1901년 10월: 귀임.

1902년 5월: 남한지역 총리사로 임명됨.

6월 1일: 무어 감독과 함께 무치네 교회에 예배 차 가던 중 일본인 철도 노동자들과 충돌사건이 일어남.

6월 11일: 성서번역모임(실행위원 공독회)에 참석 차 목포로 가던 중 선박 충돌사고로 하나님의 부르심을 입어 안식함.

참고문헌

김해연. 『한국교회사』. 서울: 성광문화사, 1993.
배본철. 『한국교회사』. 서울: 문서선교 성지원, 1997.
엄문용. 『사랑의 아펜젤러』. 서울: 교음사, 1990.
이만열. 『아펜젤러』. 서울: 연세대학교 출판부, 1985.
이광순 · 이용원. 『선교학 개론』. 서울: 한국장로교출판사, 1996.
이덕주. 『초기한국선교사들의 신앙과 신학』. 서울: 한국기독교역사연구소, 1996.
이성삼. 『감리교와 신학대학사』. 서울: 한국교육도서 출판사, 1997.
한승홍. 『한국 기독교와 역사』. 창간호 1991. 7.
한영제. 『기독교대백과사전』. 서울: 기독교문사, 1986.
http://cafe.naver.com/dorga.cafe?iframe_url=/ArticleRead.nhn%3Farticleid=1566&.

백정에게 전도한 선교사 사무엘 무어

(Samuel F. Moore, 1860~1906)

Ⅰ. 서론: 백정 해방 운동의 선구자

사무엘 무어(Samuel F. Moore, 한국명 모삼율) 선교사는 한국교회사에 많이 알려지지 않은 선교사다. 그러나 그의 복음 사역과 신학 사상, 그리고 한국교회에 이바지한 공헌 등이 결코 부족하거나 미약해서가 아니다. 그는 그 당시 언더우드나 아펜젤러 등의 큰 그늘 속에 가려져 있어서 그의 진가를 발견하지 못했을 뿐이다. 사실 그들 이상으로 선교 사역에 헌신했던 주님의 위대하고 신실한 종이었음에 틀림없다.

무어 선교사는 1892년 32세의 나이로 한국에 도착, 이후 14년간 서울을 중심으로 경기도 일대와 황해도에 이르기까지 복음 전도 활동을 펼쳤다. 무어 선교사는 천민들을 가까이하며 그들에게 복음을 전파하기 위해 선교사 캠프가 아닌 서민 주거지역에 함께 거주했다. 그 결과 매일 아침 20~30명의 한국 사람들을 전도해 성경공부를 할 수 있었다.

무어 선교사는 갑오경장이 일어나기도 전 이미 백정에 대한 신분제한 철폐를 조정에 탄원했으며 조정으로부터 백정에 대한 복장제한 철폐와 일반 백성과 동등한 권리 보장 등을 보장받기도 했다.

그는 당시 승동교회, 동막교회, 대현교회 이외에도 25개 처나 되는 예배 처소를 만들 정도로 활발한 선교활동을 펼쳤으며, 미국 북 장로교회는 그를 기념하기 위해 동막교회를 '사무엘 무어 기념교회'로 지정했다. 한국사회의 개명과 변화개혁을 위해 심혈을 바쳐 헌신했던 그는 계속되는 격무로 인해 지병을 얻어 1906년 12월 22일 46세를 일기로 짧은 생을 마감했다.

무어 선교사는 1892년 한국에 입국한 이래 14여 년간 복음 증거에 헌신하다가 병을 얻어 46세의 젊은 나이로 순직하기까지 수십 개의 교회와 예배처소를 세우고 천 명 이상의 사람들을 회심시키는 귀한 사역을 감당하였던 것이다. '기쁜 소식'이라는 이름을 명명한 나룻배를 구입하여 배를 타고 경기도 이북을 선교한 정렬적인 선교사였다.

기록에 의하면, 대부분 다른 선교사들은 한국인의 문화와 생활양식을 세심하게 관찰하고 기록하는 데 열중했으나, 무어 선교사는 외골수로 복음 전도에 전심전력한 나머지 다른 것은 아예 생각조차 하지 않았다고 한다.

그는 한국인들을 무척이나 사랑했고 그들이 당하는 아픔을 자신의 아픔처럼 느꼈으며, 복음으로 새 생명을 얻게 하는 일은 물론이고 그들이 당면하고 있는 현실적인 문제들을 개혁하는 데 앞장섰다. 그는 500여 년 동안 사회구조적 · 제도적인 압제 속에서 인간으로서 인간답지 못하게 살던 천민 중 백정들의 아픔을 실감하였다. 그래서 그는 복음으로 그들의 영혼을 구원하면서 조정에 탄원서를 내어 그들의 실존적인 아픔을 구체적으로 해결해 주었다.

무어 선교사는 한국민의 유교적 인습 속에 사회계급 문제, 남존여비사상에서 오는 남녀 불평등 문제, 우상 숭배 등에 관한 사회적 악습들을 잘 이해한 후에 그들과의 대화를 통해 죄 문제들을 소상히 깨우쳐 주었다. 또한 그는 틈틈이 각종 문서와 선교 보고서를 통하여 이러한 한국의 사회적 인습을 선교본부에 전하며 이를 위하여 기도해 줄 것을 요청하였다. 또한 길거리에 길을 잃고 헤매는 아이들을 찾아 그들의 헐벗고 굶주림을 채워주며, 고아들을 가르치고, 문맹을 퇴치시키며, 그들이 사회인으로 적응할 수 있는 생활양식들을 가르쳐 주었다. 또한 이들을 위하여 <그리스도 신문>을 통해 한국인들에게 계몽운동을 전개하되 첫째, 이 고아들을 위하여 한국인과 교회들이 기도해 줄 것과 둘째, 이들을 위하여 헌금을 해 줄 것, 셋째, 그들을 입양하여 바른 양육과 교육이 되기를 호소하였다.

무어 선교사는 틈이 있을 때 평양 신학교 교수 생활도 하면서 '한국의 복음화는 한국인에 의하여'라는 신념 아래, 한국인 신학생들의 교육에 최선을 다했고, 또한 『The Missionary Review of the World』에 '신기원을 이룩한 한국 기독교 연합운동'과 '한국의 선교연합을 위하여' 등의 글을 통해 한국의 복음화를 위하여 각 선교단체가 연합하여 헌신할 것을 역설하였다. 특히, 그는 이 글을 통하여 한국인들의 교육에 관한 열성을 높이 평가하고 학교 교육을 위한 시설과 교육기관 신설 등에 투자할 것을 강조하였다.

이와 같이 한국인들을 무척이나 사랑했던 무어 선교사는 한 영혼이라도 더 구원하고 그들이 삶의 현실적인 굴레 속에서 참자유와 보다 나은 인간으로서의 삶을 살도록 동분서주하다가 결국 48세의 젊은 나이로 선교사로서의 달려갈 길을 마쳤다. 이런 면에서 무어의 선교사역을 현대의 눈으로 다시 재조명하는 일은 대단히 기쁜 일이 아닐 수 없다.

Ⅱ. 무어 선교사의 입국과 선교활동

1. 무어 선교사의 입국

무어 선교사는 남북 전쟁이 발발하기 전인 1860년 9월 하순에 미국 북부 일리노이 주의 그랜드 릿지에서 출생하여 13세에 기독신자가 되었다, 이후 외국 선교의 소명을 확신하고, 1889년 몬태나 대학, 1892년 맥코믹 신학교를 졸업하고, 그 당시 무디 부흥회에 참석했다가 도전받아 14명과 함께 선교사로 헌신하게 되었다. 1892년 9월 24일 그의 아내인 로즈, 그리고 이길함 선교사와 함께 미국 북장로교회 선교사로 내한하였다. 무어 선교사 부부는 17번째로 입국한 선교사가 되었다.

사무엘 무어 선교사 가족들

서울에 도착한 무어 선교사가 한 일은 선교사역을 위한 자세로서 한국어를 배우는 것이 첫 번째 일과였고, 다음은 언더우드 선교사가 시작한 예수교 학당에서

학생들을 돌보는 일이었다. 일반적으로 한국에 새로 부임하는 선교사들은 장로교 어학위원회에서 실시하는 어학 습득과정을 통하여 한국어 습득을 했지만 무어 선교사는 선교사들이 살고 있는 주택에서 떨어져 나와 멀지 않은 곳에 별도로 방 하나를 빌려 한국인들과 더불어 살면서 한국어를 배웠다. 이렇게 시작한 그의 독특한 어학 공부 방법으로 인하여 얼마 안 가서 한국어로 복음을 전할 수 있을 정도까지 되었다.

그는 한국어 습득을 가장 즐거운 일로 생각하였고, 6개월이 지난 후에는 현지에 있는 기독교인들과 대화를 나누며 교회에서 한국어로 기도할 수 있을 정도가 되었다. 이렇게 한국인에게 복음을 전하기 위하여 언어 장벽을 깨뜨리는 데 온 정열을 기울이면서 그의 한국 선교는 시작되었다. 그는 2년 만에 856명을 전도하고, 1년 만에 100명에게 세례를 베풀었다.

2. 무어 선교사의 선교활동과 곤당골교회 개척

1) 무어선교사의 선교활동

(1) 교육사업

무어 선교사는 한국에 오는 도중 일본의 개혁파교회에서 선교사업의 하나로 초등학교를 경영하고 있는 것을 보고 매우 깊은 감명을 받았다. 그는 자신이 한국에 가면 그와 같은 사업을 해보겠다고 마음속에 생각하고 있었다. 그가 도착하기 전 이미 언더우드 목사는 학교사역을 하고 있었고, 앨런 의사와 더불어 의료 사업도 같이하고 있었다.

무어 선교사는 언더우드 목사 등과는 별도로 곤당골에서 초등학교를 운영하기 시작하였다. 이 학교에서 어린 학생들은 주기도문을 배우고 암송하는 것과 기타 중요한 성경 구절을 암송하는 것을 비롯하여 한글과 산수를 배우는 것이 일과였다. 일단 한글을 깨우치고 곧 소요리문답을 배운다.

무어는 평양신학교에서 1학년 학생들에게 창세기를 가르쳤고, 2학년 학생들에게는 민수기와 열왕기를, 3학년 학생들에게는 영국역사를 가르쳤다. 그는 한국학생들에게 자유민주주의 의식을 불어넣어 주었고, 장차 좋은 결과가 나올 것을 예견하였다.

이와 같은 교육 선교 사업은 곧 아름다운 열매를 맺게 되었다. 이 학교에서 배운 학생들은 기도회에서 찬양을 하기도 하고 그들 중에 몇몇 학생들은 아침 예배에 아버지를 데려오기도 하였다. 놀라운 성과가 아닐 수 없었다. 학교에서 가르치는 교과과목은 그 수가 늘어나서 한문으로 된 기독교 서적과 국사, 그리고 다른 일반 초등학교에서 가르치는 과목도 추가하여 가르치기 시작하였다.

(2) 무어 선교사의 순회전도

선교사로서 무어 선교사의 참된 모습은 학교사역보다는 선교사역에서 찾아볼 수 있다. 복음 전도에 대한 그의 뜨거운 열정은 그의 서신에서 얼마든지 찾아볼 수 있다. 그는 "우리는 이곳 현장에서 사역에 들어가려고 합니다. 우리가 개척자들이라는 사실을 생각할 때 매우 기쁩니다."라고 자신의 심정을 피력하였다. 또한 그는 큰 소리로 외치면서 노상에서 전도를 하였다. 그는 책을 잔뜩 짊어지고 다니면서 한글로 된 책을 큰 소리로 읽으면 한국인들은 무슨 소리인가 하고서 신기하게 생각히여 몰려오곤 했다. 사람들이 몰려들면 그는 복음을 전하면서 한국 사람들이 믿고 있는 종교는 우상들과 마귀 숭배라고 가르쳐주곤 하였다. 한국어가 익숙해짐에 따라 사람들과 자주 어울리게 되었고 사랑방에서 사람들에게 복음을 전하기도 하였다.

무어 선교사의 전도여행은 서울을 위시하여 동서남북을 왕래하였다. 무어 선교사가 전도한 곳을 살펴보면 우선 황해도 지역에서 출발하였다. 황해도 백천군에는 주일에 예배를 드리는 곳이 여덟 군데가 있다. 그런데 당시 새로운 신자들에게 성경을 효과적으로 가르치기 위해 2주 내지 3주간 집중적으로 신자들을 한곳에 모아놓고 사경회를 실시하곤 하였다.

한번은 백찬 읍내에서 사경회를 열었는데, 세 고을에서 33명이 모여서 성경을 공부하였다. 무어 선교사는 이곳을 방문하여 44명에게 세례를 베풀었다. 백천뿐 아니라 무어 선교사는 북쪽에 있는 평산까지 진출하였다. 당시 평산군 내에는 예배 장소가 여섯 곳이 있었는데, 이 중 한 곳에서는 한 과부가 백 리나 걸어서 새 신자반에 참석할 정도로 열의가 대단하였다. 무어 선교사는 전도지역을 더 넓혀 경기도 북부지역까지 진출하였다. 이 지역에는 새 신자가 34명이었다고 보고되어 있다. 이 34명 중 일부는 60리 이상 멀리 떨어진 곳에서 예배를 참석하고 있었다. 이들 중에는 14명의 어른과 4명의 어린이들도 포함되어 있었고, 백정들의 아내와 아이들도 있었다. 이 지역에 새로 12개의 집회장소가 생겼으며 6개 교회가 설립되었다.

선교사들의 연례보고서에 의하면 1898년에서 1899년 사이에 무어 선교사의 헌신적인 전도활동의 결과 새로운 신자가 75명이었고, 정식교인은 853명으로 기록되어 있다. 무어 선교사의 헌신적인 전도활동에 관해서만 기술한다 하더라도 그것은 한 권의 책이 되고도 남을 것이다.

2) 곤당골교회의 설립

로즈 선교사에 의하면, 1890년대 서울에서는 세 곳에서 노방전도를 실시하고 있었다. 첫째는 곤당골이고, 둘째는 서대문 밖 모화관 앞에서였고, 셋째는 남대문 옆에 있는 창동의 책방들이 즐비하게 서 있던 곳이었다.

무어 선교사가 노방 전도를 하던 곤당골에 1893년 6월부터 집회장소가 설치되면서 곤당골교회가 설립된 것이다. 곤당골이라는 말은 곤담골이라고도 하는데 고운 담으로 연결된 집들이 있는 동네라는 말이다. 이 곤당골 근처에는 작은 개천이 흐르고 있었고, 이곳에 소수의 백정들이 모여 살고 있었다. 무어 선교사는 이 백정들이 살고 있는 동네에다 교회를 세웠던 것이다. 무어 선교사는 곤당골교회를 개척한 후 매일 아침 20~30명의 사람들을 만나 이야기를 나누며, 성경을

1893년 승동교회 (전신 곤당골교회)

가르치곤 하였다. 특히, 오후에는 매일같이 서울을 누비고 다녔는데 도로나 한강변 마을을 다니면서 복음을 전하였다.

1893년은 한국교회사에 있어서 매우 큰 의미를 갖는 해이다. 그 이유는 첫째로, 선교사들이 처음으로 선교사공의회를 조직한 해이며, 둘째로, 선교사들이 모든 문서작업, 즉 전도지와 서적을 간행할 때에 순 한글을 사용한다는 결의안을 통과시킨 해이기도 하며, 셋째로, 무어 선교사가 서울에서 두 번째로 곤당골장로교회를 설립한 해이기 때문이다.

3. 무어 선교사의 선교업적

1) 사회계급주의 타파

무어 선교사는 수세기 동안 한국 사회를 지배해 오던 사회계급주의를 타파하기 위해 당시 천민계층에 있던 인간 취급을 받지 못한 자들에게 그리스도의 복음을 전하였다. 또한 그는 그들이 현실적으로 안고 있는 구조적이고 제도적인 문제를 해결하기 위하여 조정에 탄원서를 내는 등 사회개혁에 헌신하였다.

특히 무어 선교사는 무엇보다도 교회 안에서부터, 그리스도 안에서 하나 됨의 사실을 강조하였다. 1894년 백정인 박 가가 무어 선교사의 전도로 예수를 영접하고 1895년 세례를 받게 되는 역사적인 일이 있었다. 이때 무어 선교사는 백정이 세례를 받는 것을 매우 감격적인 일로 생각하여 선교본부에 편지를 써 보낼 정도였다. 또한 무어 선교사는 그들에게 미국에서도 유색인종이나 신분이 낮은 사람들과 함께 예배드리지 않는 사례를 설명하면서 그것은 이교주의에서 나온 잘못된 사상이라고 가르쳤다. 그때 사회 계급주의에 인습되었던 양반 출신 교인들은 무어 선교사 곁을 떠나 홍문섯골에서 따로 예배를 드렸다가 그 후 무어 선교사의 성경적 교훈을 깨닫고 다시 돌아오게 되는 일이 있었다.

무어 선교사는 영적인 그리스도의 복음뿐 아니라, 그들의 현실적 문제에 관심을 갖고 문제 해결을 위해 앞장섰던 것이다.

2) 남녀 평등사상 보급

"시골 풍속에 부인들은 모두 밥 먹을 때에 방에 앉아서 편안히 먹지 못하고 부엌에 나아가 흙 상에 놓고 먹는 것과 남편은 아내에게 항상 낮춤말을 하고 아내는 남편에게 높임말로 대답하는 것을 강론하는데 이 법이 처음에 어떻게 난 것을 생각한즉, 혹이 가로되 한 사람의 말이 여편네가 남편에게 매를 아니 맞으면 여우가 되어 남편을 업신여기고 말을 듣지 않는 뜻으로 여인들을 이렇게 대접하게 되었는데 우리가 믿기 전에는 이렇게 조치하였더라도 지금은 성경 뜻을 안즉 이렇게 하는 것이 옳지 아니하니 외인들이 흉볼지라도 이후부터는 이 두 가지를 버리고 밥 먹을 때에 부인들도 방에 들어와 남편과 같이 편안히 앉아서 먹기로 작정하자 한즉 일심이 되어 그대로 하자 작정하고(이하생략)……."

이것은 유교 풍속 아래 남존여비사상으로 만연된 한국인들을 그리스도의 복음을 통하여 하나님의 자녀가 된 자들로 변화시킬 뿐 아니라 구체적인 삶의 영역까지 문화적 개혁을 단행하고자 했던 무어 선교사의 의지를 엿볼 수 있다.

무어 선교사는 부인들은 남편과 함께 식사도 못하고, 항상 여자 편에서만 존댓말을 써야 하고, 때로는 남자들이 여자에게 매를 대지 않으면 여자들이 여우가 되어버린다는 아주 몰지각한 악습들을 개혁하는 데 앞장섰다. 이러한 '새로운 내적 삶'의 변화가 급속도로 증가되어 마을 공동체 전체의 구조에 큰 영향을 미쳤다고 한다.

당시 한국 사회에 남존여비사상이 얼마나 만연했던지 선교사들은 깜짝 놀랐었다. 모든 남존여비사상은 유교의 가르침에 따른 가부장적인 가족제도, 즉 조상 숭배와 효에 근거하고 있으며, 이 모든 것이 다 아들을 얻는 데 의존하고 있다. 또한 이러한 풍토 속에서 여자의 기능은 단순히 복종뿐인 것이다. 또한 무어 선교사는 결혼식 제도에 있어서도 여러 가지 남녀 불평등을 지적하면서 특히, 혼인할 때 신부 얼굴을 너무 치장함으로써 누구인지 구분하기 어렵고, 하나님께서 만드신 자기 얼굴 그대로 보이는 것이 좋다고 가르쳤다.

이와 같이 구습에 얽매어 인간 취급도 못했던 여인들에게 '여자도 남자와 같이 하나님의 사랑을 받는 자녀, 곧 인간 상호 간의 인격적 동등성'의 사상은 당시 사회를 변화시키는 큰 원동력이 되었고, 호소력이 있는 말이었다.

3) 사회사업 활동

무어 선교사는 독립문 옆에 영국 부인과 함께 고아원을 세워 봉사했다. 여기에 있는 아이들은 의지할 곳이 없고 빌어먹는 아이들로, 데려다가 성경을 가르치고 글공부를 익히도록 하였다. 또한 농사하는 일, 짚신 삼는 일, 음식하는 법, 빨래하는 법 등을 가르쳤다. 때때로 고아원에 먹을 것도 없고 불 땔 연료가 떨어질 때에는 믿음이 굳건한 영국 부인 몇 명과 합심하여 하나님께 기도하여 어려움을 극복하였다. 또한 무어 선교사는 <그리스도 신문>에 '고아원론'이란 글을 써서 불쌍한 이들을 돕도록 홍보운동도 전개하였다.

무어 선교사는 고아원 아이들을 위하여 첫째, 기도하여 줄 것과 둘째, 입양하여 줄 것, 셋째, 헌금하여 줄 것 등의 내용을 담은 글을 통하여 호소하기도 하였다.

4) 우상배척 운동

무어 선교사는 한국인들이 불교, 유교, 샤머니즘 그늘 속에서 생명의 복음을 접하지 못하고 있는 것을 안타까워하면서 한국인들에게 복음을 전하는 일에 최선을 다했고, 글을 통하여 한국의 종교적 실정을 설명하였다.

『Korea Review』에 실린 무어 선교사의 '해주'라는 글은 한국인들의 여러 가지 종교 문화를 소개하고 있다. 그가 해주에서 10년 동안 성경강좌를 열면서 그곳에 있는 사당, 비문 그리고 묘 등의 유래, 규모, 거리에 따른 여러 가지 풍문 등을 소개하면서 한국인들의 종교적 모습을 소개하였다. 또한 무어 선교사는 『The Missionary Review of the World』에 실린 '불교 현황'이란 글에서 한국의 불교 실정, 유교 실정 그리고 불교의 죄란을 소개하고 선교사들의 사역에 반드시 이해되어야 할 사실을 피력하였다. 또한 무어 선교사는 마지막으로 강조하여 언급하기를 "아직도 하나님 나라 건설을 위하여 우리의 사역에서 고려하지 않을 수 없는 요소이다."라고 하였다.

Ⅲ. 무어 선교사의 백정전도와 인권회복 운동

1. 무어 선교사의 백정 정도와 백정 해방운동

1) 백정 전도

애비슨 박사가 당시 국립병원이라고 할 수 있는 제중원을 다시 연 뒤, 무어 선교사가 그의 한국어 선생과 함께 거기서 매일 정기적으로 설교를 하였다. 무어 선교사가 입국한 지 2년째 되던 해인 1893년에 그는 16명의 신자와 함께 곤당골에 서울에서는 두 번째로 장로교회를 창설하게 되었고, 첫해에 43명으로 증가되었다.

이 해 무어 선교사는 백정 출신 6명의 남자아이를 중심으로 주간학교를 세워 가르치기 시작하였다. 이때 1862년경에 서울 관자골에서 백정의 아들로 태어난 온갖 비인간적 차별대우로 설움을 받아 온 박 가는 자기 아들 '봉출'만은 자신처럼 무식함을 면하고자 하는 마음을 갖고 있던 차에 거리에서 이상한 책 한 권을 얻게 되었는데, 그것은 순한글로 된 복음서였다. 또한 그는 양인들이 서울에 와서 학당을 세우고 누구에게나 글을 가르쳐 준다는 소문을 듣고 아들 봉출이를 그곳으로 보내게 된다. 이것이 바로 무어 선교사가 주관하는 주간학교였다.

1894년 어느 날, 무어 선교사는 백정 박 가가 장티푸스에 걸려 사경을 헤매고 있다는 소식을 듣고, 곧장 당시 고종의 주치의인 애비슨에게 부탁하여 직접 그 집을 찾아가 고쳐 주도록 했다. 이때 박 가는 임금의 주치의인 애비슨 의사가 천민인 백정의 집까지 찾아온 사실에 놀랐고, 또한 아들 봉출의 계속적인 권유로 그를 따라 교회에 출석하게 되어 전 가족이 복음을 받아들이고 기독교로 개종하였다.

1895년 백정 박 가가 무어 선교사가 개척한 곤당골교회에서 한국 최초 백정 출신자로서 세례를 받게 되는 역사적인 일이 있었다. 그가 신자가 된 지 10년인 1904년에는 인사동 현 승동교회의 핵심적인 성도가 되었으며, 1911년에는 그 교회의 초대 장로로 피택되어 안수를 받는 한국교회사에 있어서는 영광스럽고, 놀라운 대사건이 있었다. 무어 선교사는 백정에게 복음을 전하고, 최초로 백정에게 세례를 준 선교사다.

2) 백정해방운동

무어는 1895년 4월 선교사의 주간학교에서 선생으로 일하고 있는 한학지, 최 선생과 함께 백정 박성춘을 도와서 백정들에 대한 차별대우를 개선하여 달라고 내부아문에 탄원서를 제출하였다. 그 탄원서의 내용을 무어 선교사가 1898년『The Korean Repository』에 '한국의 백정'이란 제목의 글을 통하여 소개하였다. 무어 선교사는 몇 번의 탄원서를 내었고, 긍정적인 회신을 받게 되었다.

무어 선교사는 기쁜 소식이 담긴 포고문 360여 장을 자신의 비용을 들여 인쇄하여 전국에 배부하고, 백정들 스스로가 자신들의 인권을 회복하도록 크게 계몽하였다. 또한 백정 박성춘은 너무나 기뻐서 이미 신자가 된 다른 동료와 함께 전국을 다니면서 전도하였다.

새 법령을 알리는 포고문이 많은 지방에는 나붙지 않았으며, 전통적인 관습의 편을 드는 일반 여론이 너무 강해서 많은 경우 백정들이 감히 갓을 쓸 수가 없었다. 백정조합의 지도자가 된 박 씨는 지방을 순회하면서 동료 백정들에게 갓을 쓰도록 용기를 북돋아 주었다. 박성춘과 신자가 된 그의 동료는 가는 곳마다 자신들의 큰 구원에 대해 하나님께 영광을 돌리고 기독교 서적을 나누어 주면서 자신의 경험을 간증하기도 하였다.

백정의 신분에서 자유를 얻게 된 그들은 그 후 천하고 멸시받는 백정의 일을 버리고 다른 일에 종사하게 되었고 백정의 수는 급격히 줄어들게 되었다. 백정들은 자신들의 신분을 향상시키고자 자녀 교육에 전심전력을 하게 되었으며, 1920년에는 백정 자녀 가운데 40%가 학교에 다녔다. 백정에 관한 차별대우와 박해 사례는 그 이후에도 10여 년 동안 계속 되었지만, 백정 해방운동 이전과는 크게 달랐다.

이와 같이 백정 전도자요, 해방운동가인 무어 선교사는 그들에게 죄에서부터 영원한 해방을 주시는 구속의 복음과 아울러, 500년간 인권을 유린당하며 비인간적 차별대우를 받아온 사회적 악습으로부터 그들의 인권을 찾아주고 권익보호에 앞장섰다.

또한 당시 전통적 관습에 사로잡혀 있던 양반층 교인들을 하나님의 말씀으로 잘 교화시켜 백정들과 함께 주의 몸 된 교회를 하나 되게 하는 데 힘썼다. 이러한 무어 선교사의 공헌에 대하여 Martha Huntley 선교사는 '세계를 뒤집어 놓은 좋은 사건'이라고 하면서 높이 평가하였다.

2. 백정출신 박성춘 장로

박성춘은 1895년 무어로부터 세례를 받았다. 그는 1911년 백정 출신으로는 한국교회 최초 장로로 장립을 받았으며, 그 이후 오랫동안 경충노회 재정위원으로 활약을 하였다. 박성춘 장로는 1894년 갑오경장 이후 사무엘 무어와 함께 조정에 백정 해방탄원서를 끈질기게 제출 청원하여 한국 역사상 최초의 백정 해방을 가져왔다. 그는 이 기쁨을 동료들에게 전하기 위하여 전국 지방을 다니면서 자신들의 신분이 해방되었다는 것을 만방에 알렸다. 조선민의 한 사람뿐만 아니라 남과 같이 갓도 쓰고 망건도 쓸 수 있게 되었으며, 법률적으로 동등한 대우를 받게 되었다. 1895년 7월경에는 1만여 명이 살고 있는 삼남지역과 북쪽지역을 다니면서 그들의 신분해방을 전하고 복음을 전하는 일을 열심히 하였다. 박성춘 장로는 백정조합의 지도자가 되어 동료 백정들에게 용기를 주며 복음을 전하여 수원지역에서만 132명의 결신자를 얻었다.

더욱 놀라운 것은 박성춘 장로는 일제하에 있는 조선을 독립시키기 위해 민중투쟁에 앞장섰으며, 제4기 민중투쟁에 대표위원으로 활약하였다.

이같이 인간 취급을 받지 못하고 사람 구실도 못하는 천민인 백정을 무어 선교사는 헌신적인 복음전도와 백성해방운동으로 이끌어 인권을 고양시킨 위대한 선교사다. 그의 아들 봉출이는 무어 선교사의 곤당골에 나간 이후 '상서로운 태양이 되라'는 뜻에서 '서양'이란 이름을 받게 되었다. 서양은 곤당골교회 예수학당을 나온 후 1898년 경성학당을 우등생으로 졸업하고, O. R. Avison 박사의 주선으로 제중원의 학교를 졸업하고 한국 최초의 외과의사와 화학선생으로 오성, 중앙, 휘문, 황성기독교 청년학관 등 선교교육기관에서 화학과 생물학을 가르쳤다.

이와 같이 무어 선교사는 백정 전도뿐만 아니라 그들의 가문을 구원시키며, 민족의 독립운동을 주도하도록 고무시키는 일을 적극적으로 하였다.

3. 무어 선교사의 최후

한국인의 영혼을 그렇게도 사랑하였던 무어 선교사는 한 영혼이라도 더욱 구원하고자 동분서주하다가 병이 들어 5주 동안 병과 시름하다가 사도 바울처럼 자신의 달려갈 길을 달린 후 1906년 12월 22일 46세의 일기로 하나님의 부르심을 받았다. 당시 『Annual Report』의 보고에 의하면, “무어 선교사의 죽음은 한국 복음화 사역에 엄청난 손실이었으며, 그의 전 생애의 영향력은 매우 지대한 것이었다.”라고 밝히고 있다.

무어 선교사가 죽자 은혜받은 백정들은 그들의 인권 회복을 위하여 헌신하였던 그 고마움에 못 이겨 천주교에서 성인 추대한다는 관습을 듣고, 무어 선교사를 성인으로 추대하고자 했다. 그가 안장되어 있는 외국인 묘소의 묘비에는 다음과 같이 그를 설명하고 있다.

“조선인들을 사랑하였고, 또 그들을 예수께로 인도하기를 원하였나니, 저의 수고를 그치매 그 행한 일이 또한 따르느니라.”

이처럼 하나님의 신실한 종, 무어 선교사는 하나님께서 한국 복음화 사역과 사회 개혁 운동을 위해 맡겨주신 사명을 다하고, 그가 그처럼 사랑했던 선교지 한국 땅에 조용히 묻혔다.

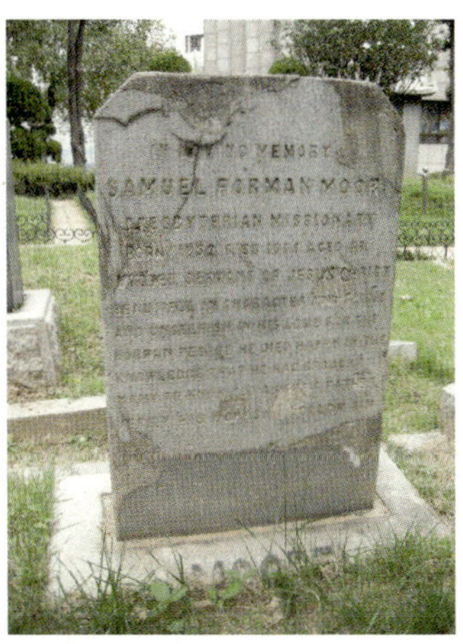

사무엘 무어 묘역

Ⅳ. 결론

사무엘 무어 선교사는 1892년 9월 24일 미국 북 장로교 선교사로 조선에 파송되어 조선의 복음화와 사회문화 개혁을 위하여 헌신하다가 1906년 12월 22일 46세의 나이로 순직한 고귀한 선교사다. 한 선교사의 가슴에 불타고 있던 조선을 향한 복음의 열정은, 백정이란 당시 천민 계급 속에 녹아들어 가 인권을 유린당하고 신음하는 그들에게 복음의 위대성을 친히 보여 주신 성자 같은 위대한 선교사다.

비록 14년이란 짧은 기간이었지만 선교사역 기간 중 자신의 온 생명을 바친 그의 선교 활동과 공적은 오늘날 선교 역사상 유례를 찾아볼 수 없는 한국교회 부흥 성장에 깊은 밑거름이 되었다. 무어 선교사는 조선 사람을 특별히 사랑하였고 그들의 아픔을 자신의 아픔처럼 느꼈으며 그들에게 생명의 복음은 물론 당면한 현실 문제까지 해결하기 위해 사회 개혁에 앞장섰던 총체적 선교 사역을 감당했던 위대한 선교사였다.

사무엘 무어는 한국교회역사상 최고의 교회와 예배처소, 신자 회심을 감당한 귀한 선교사다.

① 1899년 서울 지역 선교보고에서 황해도 백천 지역 3개 마을 16개 집회소와 350여 명의 신자가 회집되었다. 1906년에는 이 지역에 29개 집회 장소에 930여 명이 회집되었다.

② 경기도 북부, 서부지역을 도보 혹은 나룻배를 타고 다니면서 12개 집회소와 6개 교회를 개척하였다.

③ 1898년 1년 동안 853명의 신자를 회심시키고 100여 명에게 세례를 베풀고, 서울 서부지역에 동막교회와 대현교회를 설립하였다.

④ 그 외에도 그는 1906년까지 수많은 사람들에게 전도하고 교회를 설립하였다.

이렇게 무어 선교사의 선교사역은 지나치게 교회의 본질만 강조하는 보수주의를 지향하는 교회나 또는 지나치게 교회의 기능만을 강조하는 진보주의 교회 모두 자기를 반성하게 할 총체적 모델을 제시해 준다. 초기 한국교회에서 사역하였던 무어 선교사의 선교활동과 사회개혁은 선교 2세기를 향한 한국교회의 방향설정에 큰 의미를 던져준다고 보고, 한국교회들이 다시 사무엘 무어의 선교사역을 재평가할 필요가 있다.

참고문헌

김양선.『간추린 한국교회사』. 서울: 대한예수교장로회 총회교육부, 1962.
김광수.『한국기독교탐색사』. 서울: 기독교문사, 1994.
민경배.『교회와 민족』. 서울: 대한기독교출판사, 1981.
심군식.『한국교회 인물 25인 약사』. 서울: 양문, 1993.
정준모.『사무엘 F. 무어, 선교사 생애와 사상』. 서울: 은혜기획, 2000.
기독교대백과 사전.
느낌과 감동이 있는 지식 저장소. http://blog.daum.net/jwahan/10459386

구세군의 여선교사 소피아 프릭

(Sofia J. Frick, 1886~1912)

Ⅰ. 서론

영국 감리교 목사였던 윌리암 부스(William Booth)는 1865년 런던의 슬럼가에서 구세군을 창립하였다. 부스는 많은 가난한 사람들과 근로자들이 교회로부터 배척되던 시절에 모든 계층의 사람들에게 보다 가깝게 다가갈 수 있는 교회를 만들기를 원했다. 본래 '기독교선교회'(The Christian Mission)로 알려진 단체는 1878년 '구세군'(The Salvation Army)이라는 명칭을 채택하였고, 조직의 구조를 상징적인 군대식으로 정하였다.

초기에 윌리암 부스는 런던의 동쪽 끝에 살고 있던 가난으로 상처 입은 사람들을 지역 교회들에 연결시키고자 하였다. 그러나 그런 사람들은 술 취한 부랑자로 간주되어 그 시절 부유하고 존경받는 교회에서 환영받지 못하였다. 결국 부스는 복음을 받아들였으나 교회에서는 받아들여지지 못하는 그들을 위해 조직을 만들게 되었다.

부스의 빈곤한 대중들에 대한 관심은 단지 영적인 측면만이 아니었다. 영국의 산업혁명으로 인해 퇴출된 수천 명의 참상을 알게 되면 될수록 그는 일시적이 아닌 지속적인 현실의 변화를 갈망하게 되었다.

구세군은 그 영적인 사역과 함께 음식을 나눠주고, 쉴 곳을 제공하며, 매춘여성들을 위한 숙박시설 등을 포함한 다양한 사회복지 프로그램들을 운영하기 시작하였다. 1890년대 초, 부스는 영국을 사회적 불행으로부터 건져낼 야심적이고 거대한 계획을 담은 『In Darkest England-and the Way Out』이라는 책을 출판하였다. 곧 그는 수천 명의 실직자들이 직업을 가질 수 있도록 노동(인력) 교환 서비스센터를 개장하고 매년 런던에서 9천여 명 정도의 사람들이 실종되는 것을 발견하고 실종자 찾기 사업을 시작하였다.

부스는 사회의 낙오자인 사람들에게 공정한 노동과 쾌적한 환경이 주어질 수 있는 농장 거주지를 꿈꾸었다. 그는 가난한 자들을 위한 은행 건립을 원했고, 그들을 위한 법적 도움을 제공하였으며 새로운 해외 식민지를 개발할 수 있는 정부의 이민 사업안을 구상하였다. 1890년대에는 실직자들을 위한 일자리가 시급했으며 구세군은 과감히 사업에 뛰어들어 일자리를 창출하였다. 이것이 오늘날 전 세계 108개 국가에서 지속되는 구세군의 사회봉사 네트워크의 시작이다.

허가두 정령(Colonel Robert Hoggard, 1908~1916, 영국인)은 조선 초기 구세군 개척사관으로 한국 구세군 발전에 지대한 영향을 끼친 선구자였다. 그러나 이름 없이 빛도 없이 처녀의 몸으로 한국에 와서 헌신적으로 사역을 하다 순교한 소피아 프릭(Sofia J. Frick, 1886~1912)의 사역을 소개하고 더불어 사회봉사를 한국 땅에 뿌리를 내리고 사회선교에 앞장선 한국 구세군을 개략적으로 설명하고자 한다.

Ⅱ. 구세군의 교리와 성격

구세군은 특성 있는 조직과 실행체계를 갖추고 전 세계에 복음을 전하는 기독교 교회다. 구세군의 교리는 역사적인 기독교 신앙의 전통을 따르고 있고, 신앙의 신조는 하나님이 인간을 구원하시는 목적을 강조하고 있다. 구세군의 경건과 자선의 목적은 기독교의 경건과 그에 따른 교육과 가난한 자들의 구제 및 그 외 전 인류의 사회와 지역사회를 위해 유익한 자선의 목적을 증진시키는 것이다.

윌리암 부스와 캐서린 부스 부부에 의하여 1865년 영국 동부 런던에서 창립된 구세군은 현재 전 세계 115개 나라로 확장되어 175개 언어로 활발히 활동하고 있다.

구세군은 다른 기독교와 다르게 독특한 특징을 가지고 있는데 그들의 교리와 성격은 다음과 같다.

1. 교리

구세군의 기독교교리는 그들의 교리문에 잘 요약되었다. 즉 구세군의 교리는 무관한 사실의 수록이 아니라 '하나님에 관한 일들(신학적)'과 '인간 구원에 관한 일들(복음적)'을 하나로 통합하여 연관시켜 놓은 것이다.

1조. 기독교 교리와 실생활의 기본은 성서에 있다(성서적 권위 강조).

2~3조. 유일하신 하나님, 성부, 성자, 성령. 우주 만물들의 창조자, 보존자, 통치자 되시는 하나님.

4조. 성육신론.

5조. 인간의 죄와 회복의 필요성.

6조. 속죄의 본질과 효력.

7~10조. 구원받은 자의 생활 속에 역사하시는 은혜.

11조. 영생.

구세군 교리를 신학적으로 요약하면 다음과 같다.

(1) 성경

우리는 신구약성서가 하나님의 영감으로 이루어졌으며 성서만이 그리스도인의 신앙과 실천의 표준임을 믿는다.

(2) 하나님

우리는 유일하시고 완전하신 하나님만이 만물의 창조자, 보존자, 통치자이시며 예배의 참 대상이심을 믿는다.

(3) 삼위일체

우리는 하나님 안에 성부, 성자, 성령의 세 위가 있으며 이는 본질상 동일하시고 권능과 영광으로도 동등하심을 믿는다.

(4) 예수 그리스도

우리는 예수 그리스도의 인격 안에 신성과 인성이 합하여 있으며 그는 참 하나님이시고 참 인간이심을 믿는다.

(5) 원죄

우리는 인류의 시조가 본래 죄 없이 창조되었으나 그들의 불순종으로 모든 사람이 죄인이 되고 전적으로 타락하여 정결과 행복을 잃고 하나님의 진노의 대상이 된 것을 믿는다.

(6) 속죄

우리는 주 예수 그리스도께서 고난 받으시고 죽으심으로 인간의 죄를 대속하셨으니, 누구든지 그를 믿으면 구원받을 수 있음을 믿는다.

(7) 회개

우리는 하나님께 회개하고 주 예수 그리스도를 믿고 성령으로 새로 나는 것은 구원에 필요한 것임을 믿는다.

(8) 믿음으로 의롭다하심

우리는 주 예수 그리스도를 믿음으로 은혜로 의롭다 하심을 얻으며 믿는 자마다 그 안에 증거를 갖게 됨을 믿는다.

(9) 지속하는 신앙

우리는 구원의 상태의 지속은 그리스도 안에서 순종하는 믿음을 계속 가져야 함을 믿는다.

(10) 거룩함

우리는 "온전히 거룩하게 되는 것"은 모든 신자의 특전이며 "저들의 심령과 영혼과 육체를 우리 주 예수 그리스도께서 다시 오시는 날까지 완전하고 흠 없게 지켜주실 것"을 믿는다(살전 5:23).

(11) 영생과 영벌

우리는 영원한 생명, 육체의 부활, 세상 끝의 총 심판, 의인의 영원한 행복과 악인의 영원한 형벌을 믿는다.

따라서 구세군의 교리를 다음과 같이 정리할 수 있다.

① 인간은 죄로 인하여 하나님에게서 분리하게 되었고, 자신의 힘으로는 그 관계를 회복할 수 없게 되었다.
② 하나님은 바로 이런 상황의 개선을 위해서 역사하신다.
③ 인간은 회개하고 믿음으로 응답하면 구원을 얻을 수 있다.

2. 성격

① 구령의 열정으로 전도와 선교를 강조한다.
② 절대금주로 순결을 강조한다.
③ 세계 선교 자금으로 세계적인 극기주간을 정한다.
④ 상사인 장례식을 승천자의 기념회로 승화시킨다.
⑤ 성례와 성만찬으로 유아세례를 헌아식으로, 세례를 성령의 불세례로, 성만찬은 일상생활과 모든 식사로 전환하려 한다.

3. 구세군의 정신

(1) 거룩한 기쁨의 생활.

(2) 성결한 생활의 가능성을 믿는 신앙.

(3) 남의 구원에 대한 끊임없는 책임.

(4) 남녀평등.

(5) 만국적 정신.

(6) 구세군주의에 대한 충성.

(7) 생활과 봉사.

① 건전한 믿음.

② 기쁨이 충만한 생활.

③ 따뜻한 동정.

④ 사람들에게 나아가 죄인 인간을 구원함.

⑤ 남을 도와주는 손.

⑥ 모든 일에 오직 하나님의 영광을 위해서 봉사.

Ⅲ. 소피아 프릭, 스웨덴 최초 여성 사관

19세기 말 조선의 사회와 역사는 한마디로 고난과 격동의 시기였다. 서구 및 한반도 주변의 강대국들의 지배싸움의 대상이 되었고, 임진왜란(1592년), 병자호란(1636년)의 두 난을 겪으면서 사실상 국가의 위기로 기울어져 있었고, 경제력은 바닥이 났고 백성은 도탄에 빠져 허덕였다. 구세군이 처음 조선에 소개될 당시 1900년대 조선의 정치 상황은 민족의 시련기였다. 일본제국주의 침략에 대한 민족저항운동이 널려 있었고, 러일전쟁으로 일본은 조선총독부를 설치하여 무단정치를 실시한 시기다.

조선의 기독교는 1885년 4월 5일 감리교 아펜젤러와 장로교 언더우드가 조선에 들어와서 선교를 시작하였다. 조선기독교는 일본의 강점기에도 복음전도를 강하게 시도하였는데, 1903년 원산에서 감리교 선교사 R. A. Hardie의 회개로 시작된 초기부흥운동이 크게 일어났다.

조선에 구세군이 시작할 때는 국외적으로 영·일 동맹으로 영국과 일본의 왕래가 순조로웠고, 일제강점기의 수난 속에서도 선교사들의 회개운동과 조선교회의 부흥운동이 일어난 시기다. 이러한 때에 허가두 정령(Colonel Robert Hoggard, 1908~1916)이 1908년 10월 1일 조선에 와서 선교를 시작했다.

그런 후 3년 후에 스웨덴에서 한국에 파송된 최초의 구세군 선교사 제1진은 프릭(Frick, Sofia), 코흘러(Kohler, Magda), 우을선(Olsson, Verna) 등 3인으로 1911년 12월 24일 한국에 왔다. 이 중 소피아 프릭 사관은 한국에 파송된 구세군 선교사 중 최초(1912)로 양화진에 묻혔으며 코흘러는 다음 해(1913) 안장된 독신 여성 선교사이다. 소피아 프릭의 생애를 보면 다음과 같다.

소피아 프릭은 1886년 8월 16일 스웨덴 텔레북에서 출생하였다. 스톡홀름 구세군 성경대학교에 입학하여 1911년 11월 20일 참위 직분을 받았으며, 곧바로 한국 구세군 선교사로 선임되어 1911년 12월 24일 한국에 도착하였다.
스웨덴의 연대장 뷔버는 프릭을 한국에 파송하면서, 프릭이 한국으로 갈 수 있음이 무한히 기쁘다고 말했다. 그 이유로 "본래 프릭은 성령이 충만한 젊은 여성으로 오직 하나님만을 두려워하고, 어디를 가든지 주님을 위하여 좋은 사업을 크게 이룩할 수 있는 선교사로 여기기 때문이다."라고 했다.

프릭은 복음을 전하려는 열정으로 한국에 도착하였다. 서울 평동에 머물면서 한국말을 익혀 빠른 기간에 간단한 대화를 할 수 있었다. 함께 내한한 구세군 선교사들에게 말하기를 "그는 도저히 스웨덴으로 다시 돌아갈 것 같지 아니하며, 오직 한국에서 살다가 한국인을 위하여 죽을 줄로 믿는다."

서울을 거점으로 지방 전도에 나서는 한국 개척사관 호가두 정령의 모습

고 했다.

그는 쪽 복음과 '구세신문'을 나누어주며 문서전도와 노방전도에 힘썼다. 매일 아침 6시에 일어나 한 시간 정도 기도와 성경 공부를 한 뒤, 7시에는 뒷산에 올라가 한국인의 구원을 위하여 기도하였다. 그때마다 비록 여자의 몸이지만 한국을 위하여 목숨을 바치겠다고 다짐했다. 그는 선교사로서 규칙적인 생활을 하면서 한국과 한국인을 위해 헌신하였다.

그러던 프릭이 1912년 4월 18일 급성뇌염으로 앓아눕게 되었다. 의사의 극진한 진료와 호가드 사령관 부인 등 여러 사관들의 정성 어린 간호를 받았으나 1912년 4월 29일 오전 4시 45분 당년 26세 순교하였다. 그와 함께 생활하던 본영 총무 서기관 크리스핀(Crispin, Jhon, 한국명: 길수빈)은 프릭 선교사의 삶과 죽음에 대하여 다음과 같은 기록을 남겼다.

"나는 프릭 사관과 한 대문 안에서 살았으므로 자연스럽게 그를 살펴볼 수 있었다. 그는 항상 오전 일곱 시쯤이면 성경을 들고 집 뜰 주변을 거닐었다. 궁금하여 그에게 하루의 생활을 물었더니 그는 매일 6시에 일어나 한 시간 동안 기도와 성경공부를 하기로 결심하였으므로 이를 실천한다고 했다. 또한 이른 아침에 자주 높은 산에 올라가 서울 시내를 내려다보면서 한국을 위하여 기도한다고도 했다. 한국인을 구원하여 주님의 빛을 발하도록 하려는 생각만 간절하다고 했다. 한국말은 잘하지 못하지만, 구세신문과 마가복음을 자기 돈으로 사서 여러 사람들에게 무료로 제공하므로 칭송이 그치지 아니한다."

크리스핀은 "프릭 사관은 비록 별세하였으나 그가 한국에서 활동하며 모든 선교사들에게 끼친 영향은 매우 크다. 그의 아름다운 삶과 열성은 본보기가 되어야 하며, 우리는 주님의 사업을 잘 행하기를 소망한다."라고 했다.
장례식은 구세군 본영에서 호가드(R. Hoggard, 許嘉斗) 사령관에 의하여 집례되었고 유해는 양화진에 운구되어 호가드 부부와 여러 조문객들이 모여 5월 2일 양화진 제1묘역(나-11)에 안장되었다.

그때 사관학생 김병도는 추도사를 통하여 "그는 4만 리 먼 곳에서 한국인이 죄악 가운데 빠져 있음을 전해 듣고 성신의 인도하심으로 대장의 명을 받아 일가친척과 고국을 이별하고 바다를 건너고 육지를 기차로 횡단하면서 여러 나라를 지나 언어와 풍속이 다른 한국 땅에 왔다. 그는 육신을 한국에 바치기로 결심하고 한국어와 성경을 열심히 익히면서 열정적으로 복음을 전했다. 그의 죽음을 육신적으로 생각하면 통곡할 일이나 영혼적으로 생각하면 오히려 찬송할 것이다."라고 했다.

프릭 선교사는 한국 체류활동 기간이 4개월에 불과하지만 참으로 훌륭한 삶을 살다가 간 선교사였다. 그의 장례식 때 그를 아는 모든 이들은 진심으로 슬퍼하였으며 생전의 업적을 추모하였다고 한다. 한국에서 최초로 순직한 구세군 선교사였다. 묘비에는 "1886년 8월 10일 출생하여 1912년 4월 29일 승천"이라 기록되었다.

그의 선교사역은 무엇보다도 선교적인 열정이고 순결한 마음으로 한국을 사랑하고 한국을 위해 바친 위대한 선교사다. 그의 선교사역은 복음적이고 실천적인 사도 바울 같은 구령사역을 몸소 실천한 귀한 선교사다. 그는 한국을 누구보다도 순수하고 가식 없이 사랑한 선교 중의 선교사다.

Ⅳ. 한국 땅에 묻힌 8명의 구세군 선교사 가족들

한국 땅에 안장된 구세군 선교사는 8명이다. 즉, 어학교사로 활동한 프렌치(French)를 비롯하여 실베스터(Sylvester) 형제, 스미스(Smith), 힐(Hill), 폭스(Fox), 본위크(Bonwick) 등 7명이 양화진에 묻혀 있고, 번스타인(Bernstein)은 대구에 묻혀 있다.

링컨 프렌치: 링컨(French, Lincoln)은 1916년 10월 2일 구세군 사령관으로 내한한 프렌치(French, George. 夫來智)의 아들로 1898년 3월 1일 영국에서 출생, 미국으로 이주하여 교육을 받은 뒤 아버지가 내한할 때 18세 나이로 동행하였다. 서울에서 영어교사로 활동하였으며, 농촌 계몽에도 힘썼다. 1919년 11월 아버지가 인도

사령관으로 전임한 뒤에도 한국에 머물면서 교사로 한국인들을 일깨워 주었다. 한국의 기후 풍토에 적응하지 못하고 폐렴으로 1923년 4월 18일 내한 7년 만에 25세의 나이로 사망하였다. 장례식은 스티븐슨 사령관 집례로 진행되어 양화진(제2묘역 가-5)에 안장되었다. 묘비에는 "Rest in Peace"라고 쓰여 있다.

아버지 프렌치 사령관은 미국 서부 서기 장관으로 활동하다가 제2대 한국사령관으로 내한하여 특히 성결을 주장하며 구령사업과 사회사업에 힘썼고 육아원 개설에 공적이 있다. 한국을 떠날 때 1919년의 교회 수는 3,279개였고 교인 수는 35만 5,114명이었다.

더글러스와 고든 실베스터 형제: 더글러스(Douglas)와 고든(Gordon) 실베스터 형제는 1910년 2월 5일 내한한 찰스 실베스터(Sylvester, Charles. 薛寶德)의 두 아들이다. 1920년 구세군 육아원에 천연두가 감염되어 장남 더글러스(1915. 10. 19. 출생)가 1920년 1월 28일 다섯 살의 나이로 사망하고 3남 고든(1918. 4. 18. 출생)은 10일 앞서 두 살의 나이로 1920년 1월 19일 사망하여 양화진(제2묘역 나-23, 24)에 나란히 안장되었다.

더글러스-고든 형제의 어머니는 영국에서 1909년 1월 10일 독신 선교사로 내한하여 1910년 2월 5일 내한한 실베스터와 1914년 결혼하였다. 아버지는 영동과 개성지방관을 역임하고 사관학교 교관(1919), 서기관(1922), 한국 서기장관으로 활동하다가 1939년 4월 4일 로디지아 서기장관으로 전임 되었다.

돌린 스미스: 돌린(Dolleen)은 1925년 12월 구세군 선교사로 내한한 윌리암 스미스(William Smith, 서미두)의 딸로 1924년 출생하여 부모를 따라 왔다가 1928년 6월 4일 네 살의 나이로 사망하여 충북 영동지방 본영 뒷산에 묻혔었다. 2000년 9월 27일 양화진(제2묘역 나-22)으로 이장되었으며, 묘비에는 "예수님의 품안에 평안히 거하다"(Safe in the arms of Jesus)라고 쓰여 있다. 돌린의 아버지는 영국 출신으로 한국에서 구세군 사관학교와 영동지방관, 전장서기관으로 활동하였으며 구세군 분규사건 수습에도 힘썼다. 어머니는 뉴질랜드 출신이며, 이들 부부는 1939

년 8월 6일 이한하였다.

윌프레드 힐: 윌프레드(Wilfred)는 1910년 9월 16일 구세군 선교사로 내한한 알프레드 힐(Alfred W. Hill, 許日)의 아들로 출생하여 양화진(제2묘역 나-27)에 묻혀 있다. 내용은 묘비가 파손되고 수집 자료의 부족으로 자세히 알 수 없다. 어머니 플로렌스는 1908년 10월 1일 영국에서 독신으로 내한하여 한국에서 결혼하였으며, 1922년 1월 5일 서울에서 순직하여 아들과 나란히 묻혀 있다. 아버지 A. W. 힐은 한국에서 충청지방관(1911년)으로 개척 사업을 지휘하고 구세군사관학교장(1917년)으로 사관 양성에 주력하였으며, 육아원 원장(1923년)으로 초창기 육아사업 발전에 공헌하였다. 첫 부인 플로렌스와 사별한 뒤 1923년 엣웨이(Etway)와 재혼하였으며 1927년 9월 서인도제도로 전임되어 이한하였다.

노먼 폭스: 노먼(Fox, Norman)은 1929년 11월 호주에서 내한하여 재무서기관으로 활동한 아서 폭스(Arthur Fox, 夫詩秀)의 아들로 1928년 10월 출생하여 두 살의 나이로 1930년 7월 사망하여 양화진(제2묘역 다-24)에 묻혔다. 아버지 아서 폭스는 호주에서 출생(1891. 4. 7)하여 한국 구세군선교사로 본영 재무관, 사관학교 음악교수로 한국인을 계몽하는 일에 힘썼다. 1936년 11월 17일 귀국하였다가 1947년 로드 사령관의 요청으로 다시 내한하여 국제 만국본영과 재정관계 복구에 주력하였다.

캐디 본위크: 캐디(Cathie)는 1908년 10월 1일 구세군 선교사로 내한하여 기독교서회 총무로 이적한 제럴드 본위크(Bonwick, Gerald. 班禹巨)의 딸로 1914년 한국에서 출생하여 1927년 사망하여 양화진(제2묘역 다-12)에 묻혔다. 제럴드 본위크는 멜버른에서 출생한 영국인으로 1892년 구세군 사관이 되어 한국선교사 제1진으로 내한하여 본영에서 호가드를 보좌하고 사관학교장으로 활동하다가 1910년 10월 27일 구세군을 떠나 기독교서회 총무로 부임하여 28년간 문서선교에 큰 공헌을 하였다. 1938년 은퇴하여 토론토에서 별세하였다.

룻 번스타인 등: 룻(Ruth)은 1915년 7월 스웨덴에서 내한하여 대구지방관으로 활동한 아놀드 번스타인(Bernstein, Arnold. 변세돈)의 아들로 1918년 출생하고 1919년 대구에서 사망하여 대구 동산병원 구내에 묻혀 있다. 대구에는 코흘러 선교사도 묻혔으나 양화진으로 이장되었다. 이 밖에 1928년 9월 6일 영국에서 내한한 조지프(Barr Joseph, 박준섭) 사령관 부인도 중국 시찰 도중 1934년 10월 3일 북경에서 별세하여 현지에서 매장된 것으로 전해진다.

V. 구세군의 세계와 한국선교

1. 구세군의 역사

1) 구세군 태동전 시대적 상황

William Booth(1829~1912)가 탄생한 시대적 배경은 곧 구세군 역사의 배경이 되기도 하다. 당시 19세기 중반의 사회는 산업혁명과 토지분할, 종교적으로는 웨슬리안 메도디스트 운동으로 1750~1850년의 백년간 영국인들은 혁명적인 변화 속에서 구세군의 태동을 염원하기에 이르렀다.

2) 구세군의 태동과 초기 활동

William Booth는 감리교 목사직을 사직하고 1865년부터 동부 런던 기독교부흥회에서 기독교선교회(1870년)를 거치면서 1878년부터는 구세군(The Salvation Army)으로 명칭으로 변경하여 영혼을 구원하는 하나님의 군대로서 태세를 갖추게 되었다. 구세군으로 그 명칭을 바꾼 후 그 조직이나 활동은 급속도로 활성화되어 갔다. 구세군이 발전해감에 따라 구세군에 여러 가지 이유로 반대하는 분류들이 생겨났다. 그들은 기성 기독교인들과 구세군으로 인하여 손해 본 사람들 특별히 술장사, 유흥업소자들, 구세군이 들어가면 술꾼이 없어지고 장사가 안 되어 부정업자들이 망하는 경우가 빈번하면서 이들의 반대와 폭행과 핍박이 심하게 행해졌다. 그리고 완고한 당국자들, 경찰관, 재판관들의 부정부패로 구세군으로 인해 일어난 사건 처리를 불리하고 부당한 판결을 내려 곤란케 했다. 하지만 하나님은 구세군을 통해서 세상을 구원하시고자 하는 하나님의 거룩한 계획을 중단시키지 않으시고 힘 있고 전진하도록 도우셨다.

3) 세계를 향한 구세군

창립자는 "가라! 영혼에게로, 극악한 자에게로(막 15:15)" 주님의 명령을 실천하는 것이 최대 소원이요, 포부였다. 1883년 구세군에 대하여 질문받았을 때 "구세군은 영원까지 전 세계에 전파되어야 할 단체"라고 하였다. 전 세계로 진출 현황은 아래와 같다.

1879년 스코틀랜드
1880년 아일랜드
1880년 미국, 프랑스
1882년 캐나다, 스위스
1882년 호주, 스웨덴, 인도
1883년 뉴질랜드, 스리랑카, 남아프리카
1886년 독일
1887년 덴마크
1888년 노르웨이
1889년 핀란드(벨지움)
1890년 아르헨티나, 우루과이
1891년 로데시아
1908년 한국
1931년 우간다
1933년 남서아프리카, 유고슬라비아, 탄자니아
1934년 알제리

1937년 콩고, 필리핀, 멕시코

1987년 말레이시아

1940년 말라카

1956년 파푸아뉴기니(근자에 개전한 곳)

1961년 파브라도

1962년 푸에르토리코

1965년 대만

1966년 쿠알라룸푸르

1967년 스페인, 말라위

1971년 포르투갈

1972년 베네수엘라

1973년 피지

1976년 과테말라

1980년 기아나

1985년 콜롬비아, 마셜, 앙골라, 에콰도르

1986년 통가

1988년 리비아

1989년 엘살바도르

1990년 동독, 체코슬로바키아, 헝가리, 라트비아, 영국군국

1991년 러시아

1994년 파푸아뉴기니, 괌, 미크로네시아

1995년 도미니카공화국, 에스토니아

1996년 동말레이시아 사바, 르완다

1997년 보츠와나

4) 역대 구세군대장

창립자 대장 윌리암 부스(1865～1912)

제2대 대장 브람웰 부스(1912～1929)

제3대 대장 에드워드 존 히긴스(1929～1934)

제4대 대장 에반젤린 코리 부스(1934～1939)

제5대 대장 조지 힌든 카펜터(1939～1946)

제6대 대장 앨버트 오스본(1946～1954)

제7대 대장 윌프레드 킷칭(1954～1963)

제8대 대장 프레드릭 쿠츠(1963～1969)

제9대 대장 에릭 위크버그(1969～1974)

제10대 대장 크레어런스 와이즈맨(1974～1977)

제11대 대장 아놀드 브라운(1977～1981)

제12대 대장 앨 왈스트롬(1981～1986)

제13대 대장 이바 에블린 버로스(1986～1993)

제14대 대장 브람웰 헤롤드 틸즐리(1993～1994)

제15대 대장 폴 A. 레이더(1994～1999)

제16대 대장 존 가완스(1999～2002)

제17대 대장 존 라슨(2002～현재)

2. 한국 구세군의 역사

구세군의 해외선교는 1880년부터 시작되어 유럽 여러 나라와 캐나다, 미국 등에 전파되었고, 동양에는 1895년 처음으로 일본에 전파되었다. 한국에 구세군이 전파된 것은 1907년 구세군 창립자인 윌리암 부스 대장의 일본 순회 집회 때 참석했던 조선 유학생의 요청에 따라, 1908년 10월에 정령 허가두 사관(Colonel Hoggard, 영국인)에 의해 한국선교가 시작하게 되었다. 당시의 시대적 상황으로 나라를 잃은 민중들에게 제복과 군사적 용어를 사용하는 구세군은 상당한 관심을 불러일으키며 급속한 발전을 하게 되어, 1908년 11월 22일에 한국 구세군의 첫 번째 교회(영문, Corps)인 서울 제일영(현 서대문 영문)이 당주동에 개영하게 되었다. 그 후

비약적인 발전을 거듭하여 초대 한국사령관인 허가두 정령의 8년 재임기간 동안 사관 87명, 교인 2753명, 영문(교회) 78개소를 개척하는 놀라운 모습을 보여 주었다.

1909년부터 문서선교로 구세공보가 발행되었으며, 절제호라는 특집호를 발행하여 금주, 금연의 절제운동을 시작하였다. 한편 이로써 무르익은 절제운동이 1921년부터 본격적으로 가두캠페인과 문서선교로 활발하게 진행되었다.

사회사업은 1918년 한 독지가의 기부금으로 서울 서대문구 충정로에 아동구제시설인 혜천원을 설립한 것을 시작으로 1926년에는 윤락여성을 위한 여자관과 교육사업인 학교를 설립하였고 1924년부터 천재지변에 구호를 실시하는 긴급구호를 시작하는 등 선교에 못지않게 사회사업에도 활발한 활동을 펴서 구세군에 대한 관심과 좋은 호응을 갖게 되었다. 한편 1928년부터는 사회적으로 혼란하고 어려운 시기에 자선냄비운동이 시작되어 전 국민적으로 사랑심기 운동을 펼쳐 좋은 이웃들을 많이 만들며 오늘에 이르게 되었다.

일제하에서의 선교는 일본의 제2차 세계대전 참전으로 탄압이 시작되었고, 1941년 일본에 의해 '구세단'으로 명칭이 변경되고, 해외 사관들을 모두 귀국조치시키는 등 일본 구세군에 의해 운영되었다.

1943년 전쟁에 협조하지 않는다는 이유로 한국 구세군은 강제폐쇄 조치되어 지하교회로 그 명맥을 이어오던 중, 해방 이후 1947년 새로운 사령관의 부임과 더불어 사업이 재개되었다. 이때 시작한 의료사업(영동 구세병원)은 미국인 리처드 박사의 적극적인 참여로 사회사업에 새로운 장을 여는 듯했으나, 1950년 발발한 한국전쟁으로 당시 구세군 사령관이던 로드 부장은 피랍되었고, 진주영문 담임사관이던 노영수 참령이 순교당하는 등 전국 각처에서 많은 피해를 당하는 수난이 계속되었다.

한국 구세군은 역사의 흐름 속에서 대중과 함께 호흡하는 교단으로 인식되어 오늘날까지 이어져 오고 있으며, 그동안 20명의 사령관이 바뀌어 오는 동안 현재 220여 개의 영문(교회)과 10만여 명의 교인, 지역사회복지시설 220여 개, 전문사회사업시설 47개 등의 사회복지시설을 운영하는 등 선교와 사회사업에 활발한 활동을 보이고 있다.

Ⅵ. 결론

한국 구세군은 1907년 부스 대장의 일본 집회에 참석했던 조선 유학생의 요청에 따라 1908년 10월 영국 구세군의 허가드(Hoggard) 정령에 의해 시작되었다. 그해 11월 22일에 서대문에 최초의 구세군 영문이 세워졌고 그의 재임 중 사관 87명, 교인 2,753명, 영문 78개소가 되는 놀라운 발전을 보여 주었다. 한국 구세군은 1909년부터 구세공보를 발간하고 절제운동에 앞장섰다. 1918년에는 아동구제시설 혜천원을 세웠고, 1926년에는 윤락여성을 위한 시설과 학교를 세웠다. 1928년부터는 자선냄비운동을 시작하여 구제기금을 마련하여 가난한 이들을 돕는 일에 대표적인 모습을 보여 주고 있다. 1943년 일제에 의해 폐쇄되었던 구세군은 1947년에 새로운 사령관의 부임으로 재건되었다. 한국전쟁기간에 사령관 로드 부장이 납북되었고 진주 영문의 담임사관인 노영수 참령이 순교를 당하기도 했다.

소피아 프릭의 묘비

소피아 프릭이 비록 한국에서 오래 선교사역은 하지는 못했을지라도, 젊은 독신 여성으로 젊음을 미지의 땅 한국에 바친 고귀한 선교사역은 우리 한국선교학도는 물론 한국인들에게 크게 귀감이 된다. 그의 순교의 피가 오늘의 한국구세군을 성장하게 한 계기가 된 것이다. 그의 정열적인 선교사역을 우리는 깊이 되새겨 선교에 박차를 가해야 한다. 한 알의 밀알이 떨어져 많은 열매가 맺힌 귀한 사례일 것이다.

〈구세군 교리문〉

1. 우리는 신구약성서가 하나님의 영감으로 이루어졌으며 성서만이 그리스도인의 신앙과 실천의 표준임을 믿는다.
2. 우리는 유일하시고 완전하신 하나님만이 만물의 창조자, 보존자, 통치자이시며 예배의 참대상이심을 믿는다.
3. 우리는 하나님 안에 성부, 성자, 성령의 세 위(三位)가 있으며, 이는 본질상 동일하시고 권능과 영광으로도 동등하심을 믿는다.
4. 우리는 예수 그리스도의 인격 안에 신성과 인성이 합하여 있으며 그는 참 하나님이시고 참 인간이심을 믿는다.
5. 우리는 인류의 시조가 본래 죄 없이 창조되었으나 그들의 불순종으로 모든 사람이 죄인이 되고 전적으로 타락하여 정결과 행복을 잃고 하나님의 진노의 대상이 된 것을 믿는다.
6. 우리는 예수 그리스도께서 고난받으시고 죽으심으로 인간의 죄를 대속하셨으니, 누구든지 그를 믿으면 구원받을 수 있음을 믿는다.
7. 우리는 하나님께 회개하고 주 예수 그리스도를 믿고 성령으로 새로 나는 것은 구원에 필요한 것임을 믿는다.
8. 우리는 주 예수 그리스도를 믿음으로 은혜로 의롭다 하심을 얻으며 믿는 자마다 그 안에 증거를 갖게 됨을 믿는다.
9. 우리는 구원의 상태의 지속은 그리스도 안에서 순종하는 믿음을 계속 가져야 함을 믿는다.
10. 우리는 '온전히 거룩하게 되는 것'은 모든 신자의 특전이며 '저들의 심령과 영혼과 육체를 우리 주 예수 그리스도께서 다시 오시는 날까지 완전하고 흠 없게 지켜주실 것'을 믿는다.
11. 우리는 영원한 생명, 육체의 부활, 세상 끝의 총 심판, 의인의 영원한 행복과 악인의 영원한 형벌을 믿는다.

참고문헌

구세군 본영. 『구세군교리』. 서울: 구세군본영, 1974.
구세군 본영. 『구세군역사』. 서울: 구세군본영, 1992.
구세군 본영. 『구세군의 기원과 발전』. 서울: 구세군본영, 1955.
김준철. 『한국구세군 100년사』. 서울: 구세군출판부, 2008.
김태열. 『현대사회문제와 구세군사회사업』. 서울: 구세군본영, 1996
카펜터, M. C. 『구세군 창립자 윌리암 부스』. 권성호 역. 서울: 구세군본영, 2006.
한국컴퓨터선교회. http://blog.daum.net/parkland/15649279.

한국 장로교회의 초석인 호레이스 언더우드

(Horace G. Underwood, 1885~1916)

Ⅰ. 서론

한국에 최초로 복음의 빛을 전한 선교사를 뽑으라면 바로 언더우드와 아펜젤러라고 모두가 말할 수 있을 것이다. 이처럼 우리나라의 개신교 역사에 있어서 언더우드만큼 영향력을 미친 선교사도 없을 것이다. 그럼에도 불구하고 그들에 대한 1차 자료가 많지 않다는 사실은 매우 유감스러운 일이다. 그의 한국에 대한 헌신적인 열정은 오늘날 한국이 부흥하는 데 큰 불길을 일으켰고, 하나님의 예비된 백성들에게 복음의 불을 붙여준 장본이기에 우리는 언더우드에 대한 연구를 통하여 우리 민족에 대한 하나님의 섭리하심에 대하여 다시 한번 상고해 볼 필요가 있다고 하겠다.

그 당시 서양에서 한국을 바라볼 때 아무런 이름도 없고 아무런 희망도 보이지 않았던 한국을 선교의 대상지로 선택하게 하심은 바로 하나님의 섭리임에 틀림이 없다. 어떤 연고로 언더우드가 한국을 그의 가슴에 품을 수 있었으며 한국에 대한 사랑이 어떻게 일어날 수 있었으며, 그가 한국에 어떠한 방법으로 복음을 전했는지에 대해 살펴보는 것도 중요한 일이라고 말할 수 있을 것이다.

그리하여 필자는 언더우드의 배경에 대하여 살펴보고, 그의 생애를 통한 하나님의 섭리를 고찰할 뿐만 아니라 그에 의하여 한국선교에 미친 영향을 알아보아 현대에 사는 한국교회에 큰 귀감을 삼으려 함에 있다.

Ⅱ. 한국 장로교의 역사적 배경

1. 장로교의 입국

대원군 이후의 우리나라는 쇄국정책으로 말미암아 서양의 입국은 쉬운 일이 아니었다. 그러나 1800년 이후 신교의 입국은 여러 면에서 접해 왔었다. 즉, 바실 홀은 영국인으로서 1816년 우리나라 서해안에 성서를 전했다. 칼 귀츨라프는 독일인으로서 1832년 7월 17일 한국에 들어와 40여 일간 체류하면서 충청도 홍천 교금도와 금강 입구에서 성서와 전도지 등을 전해 주었다. 토마스는 영국인으로서 1866년 8월 말 미국 상선을 타고 대동강 상류로 오다가 순교를 당하면서 성서를 전해 주었다. 윌리암슨은 스코틀랜드인으로서 1867년 9월 9일 만주 전도 중에 한국인을 만나고 복음을 전하며 성서를 팔았다. 콜베트는 미국 장로회 선교사로서 1867년 1월 23일에 황해도 장연 목동포에 와서 주민들에게 성서를 전해 주었다. 매킨타이어는 스코틀랜드인으로서 1873년 중국 봉천 성우장에서 선교하던 중 한국 청년 학자인 이웅찬, 김진기, 백홍준, 이성항 등을 만나 한국어를 배우며 한국어 성서를 번역하고 목판으로 인쇄, 국내로 잠입케 하였고, 1876년 네 명의 청년에게 세례를 주었다. 로스는 스코틀랜드인으로서 매부인 매킨타이어 목사와 같이 선교하던 중 서상륜을 만나 1881년에 세례를 주었고, 누가복음과 요한복음을 번역하였으며 성서 배포에 지대한 공을 세웠다. 이수정은 우리나라의 관리로서 일본에 유학 중인 1883년 4월 29일 장로교 선교사 등을 알게 되어 세례를 받았으며 복음서를 번역, 일본을 통해 들어오는 선교사들에게 성서를 제공하였다.

이러한 과정이 지난 다음부터 보다 공식적으로 기독교가 한국에 들어올 수 있는 때가 왔다. 1884년 9월 20일 미국인 의사 앨런이 미국 장로교 선교부의 파송으로 중국에 가 있다가 그쪽에 적성을 못 느껴서 우리나라로 오게 되었다. 아직도 본격적인 선교활동을 알 수 없는 시국을 판단한 미국 북 장로교회는 의사인 앨런이 들어가는 것이 가장 적절한 것으로 보았다. 앨런은 미국 및 외교기관의 관의로서 갑신정변에서 중상을 입은 민영익을 치료함으로써 임금의 총애를 받게 되었으며 드디어 그는 시의가 되었다. 그는 1885년 한국 국립병원의 설립자가 되었고 책임자가 되었으며 1887년에는 선교부와 관계를 끊고 워싱턴 주재 한국 공사관 소속 서기관이 되었다. 1897년 주한 미국 공사 겸 총영사로 승진되었으며 1901년에는 특명 전권공사로 임명되어 1905년까지 한국에 있으면서 교종황제로부터 세 번이나 훈장을 받았다. 그는 선교사보다 외교관이었다.

1885년 4월 5일에 드디어 장로교의 목사로서 '언더우드'가 공식적으로 선교사라는 이름으로 한국 제물포로 입국하였다. 이날은 부활주일이었다. 물론 언더우드는 미국 선교본부에서도 한국으로 최초 임명받은 목사였다. 이때 같이 온 사람들은 감리교 목사 아펜젤러 부부와 현지 실정을 파악하고자 미국 회중교회 선교본부의 테일러 박사와 스코더 박사가 체료마루호를 탔던 것이다. 언더우드 목사는 혼자였으므로 서울로 바로 들어올 수 있었으나 아펜젤러 부부는 부인의 위험성으로 일본으로 되돌아갔다. 그만큼 정국은 갑신정변 이후라 불안하였으며 열강들과 종교적인 문제들을 자유로이 해결치 않은 때였다.

그러므로 앨런이 미국 장로회 본부에서는 선교사 파송을 받고 한국에 처음 입국한 사람이요, 비공식적인 대사로 의술을 가지고 온 사람이었다면, 언더우드는 장로교를 선교하기 위하여 왔던 최초의 한국 장로교회의 선교사였다는 점이 다르다.

2. 미국 북 장로교 선교부의 한국 선교 배경

언더우드를 파송한 미국 북 장로회 선교부가 한국 선교에 관심을 갖게 된 것은 1882년 이후였다. 토마스 목사가 순교한 제너럴셔먼호 사건(1866년)과 뒤이어 이 사건의 책임을 물어 미국 정부가 함대를 강화도에 상륙, 양국 간의 군사적 충돌을 일으켰던 신미양요(1871년)로 점차 미국 사회에 한국이 알려지기 시작했을 때, 한국정부는 이때까지도 미국에 대해서 적대적인 감정을 갖고 있었다. 그러나 쇄국정책을 주장하던 대원군이 물러나고 고종의 친정이 시작되어 대외적 정책의 변화에 따라 1876년 강화도 조약을 체결하여 일본에 문호를 개방하게 되었고 이에 서방 여러 나라와도 국교를 맺게 되었는데 그중 제일 먼저 미국과 1882년 한미수호

통상조약을 체결하였다.

한미수호조약의 결과 1883년에 초대 주한 미국 공사로 푸트가 내한하였고 한국 측에서는 같은 해 7월에 민영익을 전권대사로 한 보병사사절단을 미국에 파견하였다. 이들 보병사 일행은 9월 샌프란시스코에 도착, 기차 편으로 뉴욕을 거쳐 워싱턴으로 갔는데 이 기차 여행 중에 미국 북 감리교 목사이자 교육자인 가우처를 만나게 되었다. 이에 가우처는 1883년 11월 우선 2천 달러를 뉴욕에 있는 미국 북 감리교 해외 선교부에 보내 한국 선교를 위해 사용해 줄 것을 요청하였다. 또한 그는 일본에서 활동하고 있던 매클레이 선교사에게도 연락을 취하여 한국 선교의 가능성을 직접 타진해보도록 하였다. 그 결과 매클레이는 1884년 6월 24일에 내한하여 7월 8일까지 머물면서 당시 외무아문에서 일하던 승지 김옥균의 알선으로 학교와 병원사업은 해도 좋다는 국왕의 윤허를 받아냈던 것이다. 매클레이는 일본으로 돌아가 이 사실을 본국에 알렸고 이에 따라 미국 북 감리교 선교부는 한국에서의 학교와 병원사업을 할 선교사 물색에 나섰다. 그러나 정작 선교사를 한국에 먼저 파송한 선교부는 미국 북 장로회 측이었다. 이 같은 한국 정부의 선교 윤허 서식은 곧 언론매체를 통해 미국 교계에 알려졌고 미국 북 장로교회 측은 서둘러 한국 선교를 준비하였다. 그리하여 미국 북 장로회 선교부는 당시 중국 상해에 머물고 있던 의료선교사 앨런을 첫 한국 주재 선교사로 파송하게 되었던 것이다. 그러나 아직은 정식 선교사의 이름으로 들어올 수 없어서 미국 공사관 공의 자격으로 1884년 9월에 내한하였다. 이로써 미국 북 장로회의 한국 선교가 시작되었던 것이다.

앨런은 공사관 공의로 활약하면서 조심스럽게 선교의 가능성을 탐색해 나갔다. 그러던 중 김옥균을 비롯한 급진 개화파 인사들이 중심이 되어 1884년 12월 4일(양력) 갑신정변이 일어났으나 3일 만에 실패한 일이 있었다. 그 결과 정변을 일으켰던 김옥균, 서재필, 윤치호, 박영효 등 평소 기독교에 호의적인 자세를 취하였던 개화파 세력은 일단 붕괴되고 말았다. 그러나 공교롭게도 기독교를 달갑게 생각지 않고 있던 당시 수구파의 대표적 인물이었던 민영익이 정변에서 부상을 입었는데 이를 앨런이 치료해줌으로써 왕실의 신임을 얻게 되었다. 이뿐만 아니라 이듬해 고종 황제로부터 부지와 건물을 하사받아 '광혜원'이라는 근대식 병원까지 개설할 수 있었다. 이 광혜원이야말로 한국 정부가 인정한 최초의 선교활동 보장 구역이었다. 바로 이와 같은 상황에서 첫 복음 선교사인 호레이스 언더우드가 내한하게 되었던 것이다.

3. 한국 장로교회의 초기 조직

언더우드는 한국말을 익히려고 길거리로 나가서 전도를 하였는데, 서울 근처 촌락까지 가서 전도를 하였다. 그 당시 한국의 문호는 개방이 되어 있었으나 아직도 기독교에 대한 태도는 법적으로 확정되어 있지 않았다. 그러나 외국인들끼리 모이는 종교집회는 허락되었다. 1885년 6월 28일 저녁 8시에 앨런 의사 집에서 처음으로 주일 예배를 드렸고 그해 7월 13일에는 미국 북 장로회 한국 선교회가 첫 회합을 가졌고 1886년 7월 11일에는 언더우드 목사가 한국에 온 후 처음으로 노도사에게 비밀히 세례를 베풀었다. 그 후 1887년 가을에 언더우드 목사는 소래에 가서 7인에게 세례를 베풀고 성찬예식을 거행했으나 보다 조직된 교회를 세우려 힘썼다. 1885년 9월 27일 언더우드 목사 사랑채에서 14명의 교인과 처음으로 한국 장로교회가 조직되었는데 이 교회가 곧 새문안 장로교회였다.

미국은 1882년과 1883년 겨울 회의에 선교 지망생들을 모아 놓고 최근 서양 각국과 조약을 맺고 있는 한국에 관하여 준비한 글을 읽으면서 1천 2~3백만이 사는 이 나라에 선교개척을 위하여 온 교회가 기도해야 할 것과 또 슈베르트 제독이 한미 조약체결로 문호가 개방되었는데도 1년여를 그저 보냈다는 흥분한 어조로 연설하였다. 언더우드는 이 연설을 듣고 자기는 이미 인도로 가기로 결정되었으나 한국에도 꼭 선교사로 가야 하겠다고 결심하고, 그는 선교사를 찾아도 보고 선교 기관에 탐문하여 보았으나 어느 누구 하나 움직이지 아니하여 그의 의학 공부 1년이 끝나도록 한국 선교는 지망자가 없었던 것이다.

결국 언더우드는 1884년 12월 16일 샌프란시스코에서 일본행 기선을 타고 다음 해 1885년 1월에 일본에 도착하였다. 그 이유는 일본에 장로교 선배 선교사 헵

번 박사를 만나 선교 사업에 관한 지도를 받는 한편 일본정박 미국 선원들에게 전도 집회도 가끔 열었다. 그리고 한국 그리스도인으로 명성 있는 한국인 이수정을 어학 선생으로 맞이하여 한국어를 공부했다. 그러던 중 한국 국립병원에 앨런이 원장으로 취임했다는 소식을 듣고 한국에 가면 우선 국립병원에서 교수할 전망이 보이므로 일본을 떠나 배를 타고 1885년 4월 5일 부활주일날 아침 인천 항구에 기항하여 체로마루호가 닻을 내렸다. 이 배는 언더우드, 아펜젤러, 한국 실정을 살피러 온 미국 회중교회 선교부의 테일러 박사와 스쿠더 박사 등이 타고 온 배였다. 그들은 서로 손을 맞잡고 함께 내려 이 땅을 밟아 미지의 한국에 새로운 구원의 문이 열리게 된 것이다.

Ⅲ. 언더우드의 생애와 사상

1. 언더우드의 생애

호레이스 언더우드의 아버지 존 언더우드는 뉴저지 주 뉴더럼에 살았는데, 그는 영국 런던의 토마스의 아들로 1829년 런던에서 태어나 1855년 엘리자베스 그랜트 마리와 결혼하였다. 이 부부는 여섯 명의 자녀를 두었는데 호레이스 언더우드는 그중 넷째로 1859년 7월 19일 런던에서 태어났다. 호레이스(언더우드)의 부인 토마스 언더우드는 그의 동생 조지와 함께 런던의 플리트 가에 사무실을 두고 의학 관계서적을 출판하였다. 두 형제는 모두 영국 출신의 신실한 그리스도인이었다. 토마스의 아내는 스코틀랜드 출신인 알렉산더 와우 박사의 딸인데 박사의 이름은 지금까지도 잉글랜드와 스코틀랜드의 장로교들 사이에 잘 알려져 있다. 그는 저명인사이며 큰 영향력을 가졌고 능력 있는 설교자요, 해외선교에도 깊은 관심을 지닌 분이었다.

와우 박사는 스코틀랜드 출신으로 에든버러 대학을 졸업한 후 런던의 웰스 스트리트 회중교회 목사로 시무한 그는 1790년대 성공회 장로회, 침례회, 감리회 및 회중교회 등의 연합운동에 참여하였으며, 1795년 유명한 런던 선교회가 창설될 때도 멤버로 참여하였다. 그는 12인으로 구성된 실행위원의 한 사람으로 선임되어 런던 선교회의 선교사 파송과 선교정책에 깊이 관여하였고 28년간 이 선교회의 심사위원회 위원장으로 활약하였다. 와우 박사의 초교파적인 선교활동은 언더우드 가문에 신앙적으로 깊은 영향을 끼쳤다.

호레이스 언더우드는 외조부를 많이 닮았었고 특히 관대한 마음, 박애심, 사랑과 자비, 지도력과 조직의 자질, 지적인 은사 등에 있어서 직접적인 영향을 끼쳤을 것이다. 호레이스의 아비지인 존 언더우드는 제조 화학자로서 과학자인 동시에 뛰어난 지적 재능을 지닌 발명가였다. 또 아름다운 일상생활에서뿐만 아니라 많은 복음사역을 통해서도 입증되는 그분의 열렬하고도 신실한 신앙, 항상 주님의 재림을 기다리는 태도, 왕립예술원을 대신하여 여왕의 부군께서 몸소 칭송과 훈장을 수여하신 발명의 재능 등을 호레이스가 자랑스럽게 회상하곤 했다는 것이다. 후에 호레이스는 주의 재림에 대한 아버지의 갈망과 기다림을 완전히 물려받고 있었다. 1865년에 존 언더우드의 아내가 아기를 분만하다가 죽고 노모마저 한꺼번에 잃었는데 몇 년 후 재혼하였다. 그리고 호레이스는 열 살 때 형 프레드와 함께 프랑스의 물로뉴 슈 메르지방에 있는 기숙사의 남학교에 보내어졌다. 이 학교는 가톨릭계 학교였지만 그러한 중에서 개신교 신앙을 지켜나갔다.

그러다가 아버지의 경제적 곤란 때문에 1872년 미국으로 가서 새로이 출발하였는데 호레이스가 12살 때였다. 이때에 소년들은 많은 복음 사업에 관여했고 1877년 뉴욕 대학에서 공부하기 시작했고 그로부터 2년 후 아버지의 건강이 나빠지고 결국 1881년 6월 7일에 존 언더우드는 소천 하였다.

그 후 1881년 호레이스는 뉴욕 대학을 우수한 성적으로 졸업했고, 그해 가을 뉴브런즈윅에 있는 화란 개혁 신학교에 입학하였다. 이 기간 동안에 그는 잠을 5시간 자고 19시간은 공부했으며 주일날에는 7~8회의 각종 예배와 행사에 참가해서 인도하기 했다. 구세군에서도 열심히 일했고 그는 구세군이 세상일에 너무도 많은 관심을 쏟는 것을 정신없이 좋아했으므로 가족들은 혹시나 구세군에 가담하지나 않을까 걱정할 정도였다. 그 후에도 길모퉁이에서 몇 안 되는 구세군들이 전도하는 것을 보면 같이 노래도 하고 열정적으로 기도하기도 했다. 언더우드는 4살의 어린 나이에 인도에서 온 사람의 연설을 듣고 감명을 받아 선교사가 되기로 결심했다. 인도에 선교사로 가고자 하는 확고한 결심이 서 있었기 때문에 목회자가 되기 위한 공부도 했고 의학 분야에서도 이미 1년간 공부하여 준비를 해 두었다. 당연히 그는 학생 선교 자원 운동에 참여했으며 선교사가 되겠다는 꿈을 키워나갔다. 신학교 2학년 재학 중에 한미 조약이 체결되었고 어느 날 한 급우가 은둔왕국(한국)에 관한 신문을 보여 주었다. 당시 상황을 언더우드는 이렇게 기록하고 있다. "한미조약이 체결된 이후에도 미국 교회 측에서는 아무런 반응을 보이지 않은 채 한 해, 두 해, 그냥 지나쳤다. 나는 이러한 무반응에 깜짝 놀라 어느 누군가가 이 일을 맡아서 주관하고 누군가가 한국에 가야 한다는 생각에서 후보자를 물색했으나 지원자는 아무도 없었고 교회 측도 아직 준비가 되지 않은 상태였다. 이런 때에 내 마음속에 '왜 네 자신이 직접 가려고 하지는 않느냐?' 하는 메시지가 들려왔다. 실망적인 요소도 많았다. 화란 개혁교회에 두 번이나 한국 선교사를 자원했으나 자금 부족의 이유로 기각되었다. 두 번이나 장로교 해외 선교 위원회에 신청했으나 필요 없는 만용이라는 이유로 퇴짜를 맞을 뿐이었다. 이러한 절망적인 상황에서 호레이스는 마음에 내키지는 않았지만 뉴욕에 있는 한 교회의 담임 목사로 초청을 받고 수락 답장을 우체통에 집어넣으려는 순간, "한국에 갈 사람은 아무도 없구나. 한국은 장차 어쩌란 말이냐?" 하는 음성을 들었다.

"……편지를 손에 움켜쥐고 한국행 노력을 다시 한 번 시도해 보기로 결심했다. 그래서 23번가 옛 장로교 선교 본부로 발길을 옮겼더니 이번에는 옛날에 보았던 총무의 얼굴이 보이지 않고 새로운 얼굴이 보였다. 새 총무는 엘린우드인데 나에게 깊은 관심을 보여 주었다. 며칠이 지나 내가 한국 선교사로 지명될 것이라는 통보를 받았다."

선교 본부는 앨런에게 중국에서 한국으로 이전하라는 전보를 친 후 꼭 6일 만인 1884년 7월 28일에 언더우드를 한국 선교사로 지명했다. 그의 결심은 결코 값싼 것이 아니었다. 재정 후원자가 한국에 가는 것을 딱 잘라 거절해서 계약이 깨어지고 말았지만 언더우드는 낙망하지 않고 타자기와 대형 카메라 등의 짐을 짊어지고 집을 나섰다.

총무 엘린우드 앞에는 브루클린의 평신도 맥윌리암스가 한국선교에 써 달라고 보낸 1,250달러가 헌금되어 있었다. 이로써 언더우드가 신비한 음성을 들었다는 한국 선교는 현실로 구현되어 갔다. 그때가 1884년 7월 28일, 선교부가 상해에 있는 앨런에게 한국 파송을 허락한다는 전보를 친 지 6일째 되는 날이었다.

호레이스 언더우드가 1884년 봄에 신학교를 졸업한 그는 그해 여름에 한국 선교사로 정식 임명을 받은 것이다. 한국 선교사가 된 언더우드는 그해 여름을 영국에서 보냈다. 그의 친척들 가운데(삼촌) 에드워드 존스 목사가 있었는데 그는 런던 선교회 임원이었다. 그를 통해 한국이 어떠한 곳인지 자세한 설명을 들을 수 있었고 특히 1866년의 토마스 목사의 순교사건에 대해서도 설명을 들었다. 멀리 시카고까지 동행한 큰형 존 언더우드는 언더우드 타자기 회사 설립자이기도 하며 장로교 한국 선교를 물심양면으로 크게 도운 분이다. 언더우드 형제들은 복음에 파트너로서 참여하고 있었다.

1884년 11월에 호레이스 언더우드는 네덜란드 개혁교회 계통 뉴브런즈윅노회에서 목사안수를 받았고 시카고를 거쳐 샌프란시스코에 도착했고 그곳에서 12월 16일 일본을 향해 출발했다. 일본 요코하마에 도착한 언더우드는 약 3개월간 일본에 머물면서 여러 사람을 만났다. 그는 주로 일본의 주재 선교사로 오래 있었던 헵번 선교사 사택에 머물면서 미국 성서공회의 루미스에게서 최근 한국 상황에 대한 설명을 들을 수 있었다. 그러한 중에도 그는 한국으로 가는 기선을 3월 말까지 찾지 못하였기 때문에 부두 선원들을 상대로 복음 전파 운동을 전개했고, 성경을 우리말로 번역한 리쥬테(이수정)와 그 외 일본에 피난 온 한국인에게서 한국어를 배우는 한편, 언더우드는 대신 이들에게 영어를 가르쳐 주었다.

이처럼 언더우드가 신학을 하게 되기까지는 크게 세 가지 환경이 작용했으니 첫째, 외증조부 와우 박사에게서 비롯된 회중 교회적인 신앙분위기, 특히 초교파적인 선교신학에 뿌리를 둔 경건주의 신앙 환경이고, 둘째, 아버지의 근면과 성실성, 즉, 새로운 것을 발명하고 개척하는 모험심과 창의적인 가정 분위기이고, 셋째, 미국에 이주한 후 신앙지도였다고 말할 수 있다. 이러한 남다른 가정환경과 신앙적 배경이 그로 하여금 한국의 첫 선교사의 영예를 차지할 수 있는 토양이 되었다고 할 수 있겠다.

언더우드는 일본에서 귀국길에 있는 푸트 장군 내외를 만났는데 푸트는 언더우드에게 지금 한국에 가면 신변상 안전하며 선교의 문도 활짝 열렸음을 확신시켜 주었다. 미국 성서공회 일본 주재 선교사인 루미스는 1월에 선교본부에 보고하면서 "이곳에서 언더우드 씨를 만나보니 직분에 적당한 인물인 듯 보여서 마음에 들었으나 부인이 있었으면 더 좋았을 걸 하는 생각이 듭니다."라고 했다. 앨런도 이 생각에 동조하면서 언더우드에게 편지하기를 "일본에 머물면서 결혼을 한 후에 한국에 들어오는 것이 가장 좋겠습니다."라고 했다. 그 후 2년 동안 수많은 사람들이 호레이스에게 결혼을 종용했는데 그 이유는 부인이 있으면 이 젊은 목사가 정열적으로 일하는 데 큰 영향과 도움을 주리라는 생각에서였으며 또한 다른 한편으로는 한국 사람들은 일찍 결혼하는데 독신으로 가면 혹시나 의심을 받지나 않을까 해서였다.

2. 언더우드의 사상

1884년에 개화파들이 쿠데타의 실패로 위급한 민영익을 구해준 대가로 앨런 의사는 조선왕과 왕가의 비호 아래 자신의 위치를 구축했다. 이에 그는 정부의 허락 없이 어떠한 선교도 해서는 안 된다고 생각했지만, 언더우드는 문명의 고상한 영향력을 높이 보지 않았다. 그는 선교사의 주된 목적이 복음 선포, "복음의 전파"에 있으나 한편으로 무엇인가를 한다는 입장에서 가난한 자나 무식한 자나 병든 자들을 처참한 곤경에서 구해 주어야 한다고 주장했다. 항상 낙관적인 태도를 가진 언더우드는 한국 정부가 기독교에 대해서 반대하는 것은 아직까지 없었고 있다고 해도 미약할 뿐이며 일시적인 것으로 보았다. 그래서 선교사들이 하는 선한 행동을 보면 관리들도 곧 이해하게 되리라고 생각하였고, 한국 사회의 각종 계층과 다 접촉했다. 그때까지 한국인들과 자유자재로 한국어로 의사소통을 할 수 있었던 언더우드였으며 그렇기 때문에 한국 평민들의 관심사가 무엇인지 제대로 파악하고 있었다고 본다. 언더우드는 어떤 한국인이 그에게 영어로 가르치는 정부 학교를 운영해 보는 것이 어떻겠냐고 제안했을 때 그는 앨런에게 말하면서 만일 이렇다고 하면 단순히 영어만 가르치지 말고 모든 분야에서 영어를 가르칠 수 있도록 하면 어떻겠느냐고 제안했다. 이러한 생각은 병원과 연결해서 의과대학을 설립한다는 쪽으로 진전되었다. 이윽고 해론과 언더우드는 앨런과의 좋지 않은 관계 속에서 더 이상 머무를 필요를 느끼지 못한다고 기록하였는데 이처럼 그들의 관계는 껄끄러웠다. 해론과 언더우드의 전격적인 사임과 앨런의 질질 끈 사임과 앨러스의 조건적인 사임은 드디어 선교 본부에서 논의되기에 이르렀다. 선교 본부는 앨런을 잃을 수 없다고 했다.

이 부분에서 앨런과 언더우드의 관계 속에서 그들의 선교사상을 엿볼 수 있는데 앨런은 입국 때 벌써 왕실과 그 총애에 연결되어서 필경 한국 내의 보수적인 세력과 제휴되고 있었다. 그리고 그의 엄격한 칼빈주의적인 경세와 신앙 때문에 교회와 국가와의 유기적 관련을 전개했고 왕실과의 친근한 관계를 유지하였다. 더구나 그가 1885년 봄 미국 공사관의 외교관으로 일하게 되면서부터는 미국의 극동 정책의 문제도 있고 해서 이 점을 특별히 조심하지 않을 수 없었다.

그러나 언더우드는 한국말을 좀 익히게 되자 전도에 주력하였다. 여기에 대해 앨런은 마음이 하나도 내키지 않았다. 조약문에 교회의 인준이 없는 것, 그런데 무모하게 여기저기 다니면서 복음을 외쳐 전파하는 이런 것 때문에 무서운 박해가 터질 것을 알고 앨런은 언더우드를 지극히 못마땅하게 여기고 있었다. 사실 앨런은 언더우드가 우리나라에 처음 와서 자기를 만났을 때부터 벌써 그의 경솔에 신경을 쓰기 시작했다. 앨런의 1885년 5월 7일 자의 글에 다음과 같은 말이 들어 있었다. "언더우드 씨가 여기 왔습니다. 우리는 그 형제를 좋아합니다. 그러나 그의 경솔이 불안감을 줍니다." 언더우드는 체질상 감리교적인 기질이 많았다. 한국에 들어온 대다수의 선교사들은 교파를 초월하여 대개가 복음주의적이었다. 그것은 역사적으로 감리교적 부흥회의 경건에 상통하고 있었다. 그러나 언더우드는 유난히 이런 면이 현저했기 때문에 '외치고 다니는 감리교인'이라는 별명까지 듣고 있었다. 앨런은 언더우드가 칼빈주의자답지 않다고 단정했다. 그리고 그를 가리켜서 '장로교 선교부의 감리교 전도인'이라는 핀잔까지 주고 있었다. 이런 혼란과 노골적인 적의 때문에 선교사들, 특히 언더우드는 앨런을 '그리스도 사업의 원수'라고 비난했고, 따라서 앨런은 '일생 중 가장 불행한 처지'에 빠져 부산에 물러가 살려 했더니 이번에는 해론 부인이 '앨런이 돈 벌러 간다.'고 욕을 했다. 1887년 새문안교회가 조직 될 무렵, 가톨릭교회가 시내의 유난히 높은 곳에 큼직한 성당을 세우는 것이 왕실의 존엄을 훼손 한다 하여 박해령이 내린 일이 있는데 이때 스크랜턴이 가톨릭의 무모와 무 사려를 공박하자, 앨런은 가톨릭은 다만 감리교나 장로교의 내지 순례와 가은 비법의 방법을 모방한 데 불과하다고 하면서 오히려 언더우드의 내지여행을 통절히 비판했다. 선교사들 내부의 불화는 이만큼 심각했다.

언더우드 부인이 된 릴리아스 호턴은 이런 말을 남긴 일이 있었다. "본국을 떠나 선교지에 가면 그래도 그 인간성들이 좀 나아지려니 했으나 아니었다." 이런 정황에서 앨런이 새문안교회의 창설예배에 함께 자리를 했던 것이다. 별의별 감회와 착잡한 심리가 언더우드와 앨런 그리고 거기 눈을 반짝이며 앉아 있는 서상륜 이하 13명이 '언더우드의 길을 따라 나라나 임금의 영역에 무관한 경건주의의 영적 신앙의 길에 매진할 것인가, 아니면 앨런의 길을 가서 왕실과 나라에 충성하되 신앙의 모험을 감수할 것인가. 더구나 이 두 선교사의 전형적인 산학과 선교의 방책은 일관해서 변함이 없을 것인가.' 하는 갈등에 휩싸인 것이다.

Ⅳ. 언더우드의 선교 특징과 공적

1. 선교사역의 특징과 업적

호레이스 언더우드는 다양한 분야에서 책임자로 활동하며 한국교회사에 큰 공적을 남겼다. 그러나 그의 선교사역의 공적과 특징을 다 열거하기에는 불가능하므로 몇 가지만 살펴보고자 한다.

첫째, 열정적인 전도와 선교의 열정은 말년에도 전혀 늦춰짐이 없었다는 점이다. 둘째, 1900년대 전도활동이 자유로워지자 본격적인 지방 전도활동을 시작하였는데 그 방법은 한국인 동역자들과 함께 가서 코르넷 취자(나팔수)와 환등기 기사를 꼭 대동하였다. 일단 전도 집회 장소에 도착하면 우선 천막을 치고 그 앞에 대형 크기로 그려진 예수 초상화를 걸어 놓은 후 나팔수를 앞세우고 동네를 다니면서 전도지를 돌리며 사람을 모아 전도한다. 당시 전도의 성공은 다양한 프로그램과 외국인을 볼 수 있다는 호기심 때문이었다. 셋째, 남다른 전도 방법과 관련하여 개인적으로 매우 조직적인 두뇌와 사업가적인 기질을 타고난 수완가였다는 점이다. 그의 남다른 수완 때문에 타자기 회사를 경영하는 형님으로부터 부사장 자리를 맡길 터이니 미국으로 돌아와 달라는 요청을 받기까지 하였다. 이런 기회는 초기 선교 비 염출의 한 방법으로 석유, 석탄, 농기구 등을 수입, 판매하기도 했으며, 안식년이면 본국에 돌아가 미국 전 지역 교회를 돌며 한국 선교를 위한 선교비 지원금을 적지 않게 받아오는 수완을 보이기도 하였다. 넷째, 남다른 친화력과 뛰어난 조직력의 소유자였으며 일에 대한 추진력이 대단하였다. 성경보급과 판매를 위해 조직을 갖추고 있었고, 복잡한 과정을 거치며 어려움에 봉착했으나 한글 성경 번역사역을 기필코 해냈고, 이 밖에 수십 개 선교 단체의 책임을 맡아 소임을 다했다. 마지막으로 정신적 유산을 회의 연합정신과 일치운동을 들 수 있는데 1890년대 접어들면서 한국 선교활동이 자유스러워지자 각국 교단과 교파사이에 선교전쟁이 벌어지게 되었는데 이 시기 개신교의 경우 교파 간의 선교경쟁이 갈등과 대립으로 비화되지 않고 오히려 상호 협조적인 호계적 관계를 유지할 수 있었던 것은 언더우드의 공헌이 지대했기 때문이다.

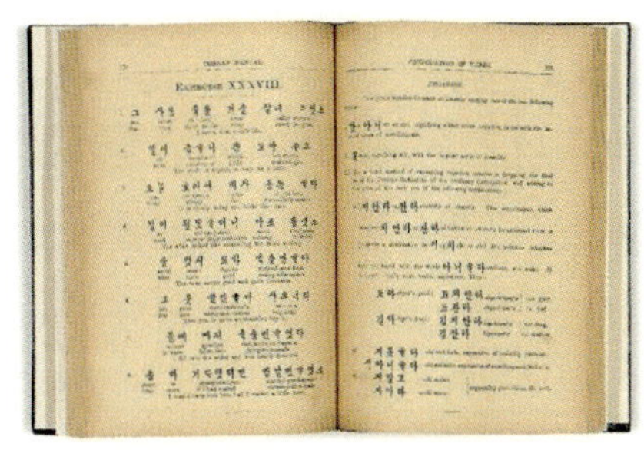
언더우드의 한영사전

새문안교회 창설을 위시하여 전도여행과 개척교회 원조, 여러 가지 초교파적 연합사업, 성서 번역과 찬송가 출판사업, 조선 전도문서회 조선기독교 교육협회, 회장 등을 역임한 일과 연희전문학교를 창설하고 교장직을 시무한 일, 선교사로 성서 번역자로 저술가로 편집인으로 교육자로 목회자로서 한국교회 창설의 각양 분야에서 위대한 공적을 남기고 정년 은퇴로 본국에 귀국하여 뉴저지 주 애틀랜틱에서 여생을 한국교회 발전을 위하여 기도하다가 1916년 10월 12일 세상을 떠났다.

2. 언더우드 선교사의 전도지역 여행

전도여행 중인 언더우드 가족. 맨 우측이 언더우드, 가마 안에 호턴 부인, 가마 옆의 어린이가 아들 원한경이다.

1886년 가을 서상륜이 로스 목사의 편지를 가지고 서울에 와서 언더우드 선교사를 만나 한국 상황을 설명하였다. 한국에는 1883년 이래 벌써 수만 권의 복음서를 반포하였고, 의주·소래·서울 등지의 세례 지망자가 100여 명에 달하도록 교회가 음성적으로 기반이 되어 있음을 전하였다. 1887년 의주 전도사 백홍준이 언더우드 선교사를 찾아와 그곳 세례 지망자들이 선교사들의 내방을 기다리고 있다고 보고하였다. 이 보고를 받은 언더우드는 아직 교회 전도 행각이 금지되어 있음에도 불구하고 정부로부터 여권을 얻어 1887년 가을 제1차 전도여행을 떠나 송도, 소래, 평양 등을 거쳐 의주에 이르러 그곳들에 이미 교회 활동이 있는 것을 보고 크게 기뻐하였다. 그가 설립한 교회는 다음과 같다.

1) 새문안교회

장동교회 혹은 서대문교회, 혹은 새문안교회라 불리어진 교회는 새문안에 위치하고 있었는데 언더우드 선교사는 임국호 정동 자택에서 예배를 보기 시작하였고, 1886년 7월 11일 해론 의사의 한국어 교사 노춘경에게 세례를 주었다. 그는 한국 내에서 최초의 신자로 한국교회 초석이 된 것이다. 이 교회는 날로 발전되어

1887년 9월 27일 불과 1년을 선정하여 창립함으로써 한국 최초의 조직교회가 된 것이다. 그 후 이 교회는 신문내로 옮겨와 오늘의 새문안교회로 지속되는 동안 한국교회 발전에 큰 공헌을 하였다. 이들은 대개 로스의 번역 성서를 읽고 개종한 분들로 장로 장립과 창립예배에 로스 목사가 참석하여 더욱더 의의가 깊었던 것이다.

새문안교회

2) 소래교회

의주 청년 서상륜은 만주로 건너가 로스 선교사와 사귀게 되어 그의 성서 번역 사업에 협조하는 중 세례를 받고 고향에 돌아와 전도하였으나 친족 문중이 심하게 반대하므로 새로운 전도자를 찾아 황해도 송천군 소래로 가서 전도를 하니 개종자가 급속히 늘어나 그 동네 56호 중 45호가 감화되는 놀라운 발전을 보게 되었다. 1887년 봄에 소래 청년 4명이 서울에 언더우드 목사를 찾아와 소래에는 100여 명의 교인이 있고 세례 지원자가 있어 선교사의 방문을 기다리고 있음을 보고하였는데, 그 네 청년 중 서경조, 최명오, 정공빈 등 3명은 세례문답에 합격하여 세례를 받고 돌아갔다. 이때에 언더우드 목사는 기독교의 전도가 금지되어 있음에도 불구하고 소래에서 기다리는 교인들을 위하여 소래로 내려가서 비밀리에 7명에게 세례를 주었다. 이로써 전기 세례 준 3인을 합한 10명으로 교회를 조직하게 되었다. 그 교회는 1895년 7월 3일 자력으로 교회당을 건축한 자립교회의 최초의 본이 된 것이다.

소래교회

3) 의주교회

언더우드 선교사의 제2차 전도여행길은 평양에서 회로하였고, 1889년 4월 27일 신혼여행을 겸한 제3차 전도여행길에 의주에 들려 김이련 · 김관근 부자 등 33명에게 세례를 주려고 압록강 건너편에 가서 수세한 것은 그 당시 교회활동이 용납되지 않았기 때문이었다. 이를 일명 요단강 세례라고 하며 이로써 의주교회가 설립된 것이다.

4) 평양 널다리골교회

평양은 언더우드가 2, 3차 동반 사무엘 마펫 선교사 등도 순방한 후 마펫 선교사를 평양에 주재케 하여 그가 선교 활동을 벌였다. 그 결과 1894년 1월 4일 7인에게 세례를 베풀어 널다리골 장로교회가 평양 최초로 세워졌다. 그 후에 언더우드는 교회 발전에 뒷받침이 되는 숭실 · 숭의 여학교와 숭실대학과 평양신학교 등의 교육사업 영향으로 38선이 생기기 전 평양 교회는 한국에서 한때 예루살렘교회라고 부르게 되었던 것이다.

V. 결론

19세기 말 한국에서 기억될 선교사들이 많이 있지만 그중에 공식적으로 한국에 와서 한국선교의 큰 맥을 그은 분으로 언더우드 목사의 생애와 사상 그리고 그의 배경과 업적 등을 고찰하면서 여러 가지 교훈을 얻게 되었다. 언더우드가 한국 선교사로 지원하게 된 경위를 살펴볼 때에 그에게 들린 음성은 "누구도 안 가는데 어떻게 할까?"라는 하나님의 안타까운 심정을 들은 것이다. 이때 그는 "누군가가 한국이란 나라에 가주었으면!" 하는 생각에 "내가 가야만 되는구나."라는 위기의식 또는 사명감을 느껴 한국에 온 것이다. 또 한 가지 느낀 것은 앨런과의 갈등적인 모습이다. 오늘날에도 선교의 실태가 보이지 않는 갈등이 없지 않겠지만 초기의 한국 선교사들의 갈등은 이루 말할 수 없었던 것 같다.

앨런이 가진 선교관은 정치를 통한 국가 중심의 선교방법이요, 의학이나 교육 등을 통한 간접적인 선교형태라면, 언더우드는 나가서 노방 전도하는 형태의 직접적인 성격을 가지고 있다. 재미있는 것은 언더우드가 장로교인이면서도 마치 감리교인처럼 열정적이면서도 전도방식에 있어서 적극적이었다는 사실이다. 물론 복음에 들떠서 너무 설쳐 대는 느낌도 받지만 그 나름대로 선교의 열정이 강한 것은 부정할 수 없는 사실이었고 그로 인하여 적지 않은 교회들이 설립되어 한국의 지도자들을 많이 배출하였던 것이다.

그러나 한국에 입국하는 언더우드와 아펜젤러의 협력적인 선교사역은 매우 감동적인 것이다. 그들의 첫출발부터가 함께였고, 그들은 교파 간의 알력이나 경쟁의식보다 하나님에 대하여 열정 그리고 한국인에 대한 열정이 앞섰던 것을 볼 수 있다. 선교는 절대로 혼자서 이루는 일이 아니고 협력을 통해서 더 효과적인 선교가 이루어지는 것이다. 이러한 면에서 한국의 선교의 방향성이 독단적인 선교형태만을 고집하지 말고 팀 선교를 가지고 더 하나님께 헌신해야 할 것이다.

실로 언더우드 선교사는 마치 선교하기 위하여 태어난 사람처럼 열정적이고 헌신적인 준비된 선교사임에 틀림없다. 그는 한국을 사랑하는 진정한 열정적인 참다운 선교사이다.

〈호레이스 언더우드 연보〉

1859년: 7월 19일 영국 런던에서 아버지 존과 어머니 엘리자베스 사이의 6남매 중 넷째로 출생.

1865년: 생모 별세.

1868~1869년: 프랑스 유학.

1872년: 아버지를 따라 미국으로 이주.

뉴저지 시 해스브르크 학원에서 개인교수로부터 서양 고전을 배움.

1877년 9월: 뉴욕 대학에 입학.

1879년: 아버지 별세.

1881년 6월: 뉴욕대학 졸업. 9월 뉴저지 주 뉴브런즈윅 시에 있는 화란계 개혁 신학교에 입학.

7월 28일: 미국 장로교 선교 본부에서 한국선교사로 임명받음.

12월 16일: 샌프란시스코를 출발, 일본을 거쳐 1885년 4월 5일 한국에 도착

1885년 4월 10일: 이날부터 제중원에서 근무 뒤에 제중원 의학교에서 물리화학을 강의.

1886년 2월: 고아원 설립. 이 고아원은 뒤에 야소교학당 경신학교로 발전함.

7월 16일: 노도사에게 세례를 줌.

1887년 9월: 정동교회 설립 뒤에 새문안교회로 발전.

11월: 솔내, 평양, 의주 등지 순회전도 성경번역위원회 조직.

1888년: 조선선교서회 조직.

1889년 4월: 『한국어문법』, 『한영사전』 간행.

1890년: 여름 네비우스 방법 채택 9월 아들 원한경 낳음.

1891년: 1년간 안식년으로 미국 감. 6월 뉴욕 대학에서 명예신학박사 학위 받음.

1894년: 찬송가 간행.

1894년 4월 1일: 『그리스도 신문』 창간.

1901년 5월: 2차 안식년을 유럽과 미국 방문.

1903년 10월: 횡성 기독교 청년회 조직.

1904년: 조선교육협회 회장.

1905년 9월: 재한 복음주의 선교부 통합 공의회 의장. 선교구역 확정.

1906년 7월: 요양 차 유럽과 미국 여행.

1908년: 『한국개신교 수용사』 간행.

1909년: 조선 장로교 노회 회장.

1911년 6월: 교육조사국 창설.

1912년 6월: 뉴욕 대학에서 명예법학박사학위 받음.

9월: 조선장로교 예수회 회장. 가을 피어슨 성경학원 설립.

1915년 4월 15일: 서울중앙기독교청년 회관에서 경신학교 대학부를 세움. 교장 취임. 이 대학부는 1917년 4월 7일에 연희전문대학교로 인가가 나오다.

1916년 4월: 요양차 미국에 가다 10월 12일 뉴저지 주 애틀랜틱 시에서 별세.

참고문헌

이광린. 『초대 언더우드 선교사의 생애』. 서울: 연세대학교출판부, 1991.

백낙준. 『한국개신교사 1832~1910』. 서울: 연세대학교출판부, 1973.

Lillias. *H Underwood of Korea.* New York: Fleming H. Revell Company. 1918.

Clark, Charles Allem. *The Korea Church and the Nevius Methods.* New York: Fleming H. Revell Company. 1982.

『조선예수교자로회사기 상권』

『만휴선생실기』

『새문안교회 문헌사료집』

『구한국외교문서: 미안』

『경신 80년 약사 - 창립 80주년 기념출판물』. 서울: 경신중 · 고등학교. 1996.

http://100.naver.com/100.nhn?docid=110222.

동양선교회의 창립기수 찰스 카우만

(Charles E. Cowman, 1868~1924)

Ⅰ. 서론

우리나라의 개신교는 1884년에 미국의 감리교회와 장로교회의 선교사가 들어와서 선교를 시작하였다. 한국 성결교회의 모체는 동양선교회이다. 이 명칭은 창립자 C. E. Cowman과 E. A. Kilbourne이 극동지방에 선교할 목적으로 설립한 선교단체이므로 동양선교회라 하고, 1901년 일본 도쿄에 선교부를 두어 선교를 시작하였다. 1907년에는 한국선교에 착수하였으며 그 후 계속해서 중국, 인도, 근자에는 남미 제국과 유럽까지 확대되었지만 본래 목적이 동양선교에만 국한하여 선교회가 조직되었으므로 현재에도 그 명칭을 그대로 고수하여 "동양선교회"라고 부르고 있다.

이와 같이 한국 성결교회의 출발과 동양선교회의 사역은 불가분의 관계성을 지닌다. 한국에서의 성결교회의 효시는 1907년 재일본 동양선교회 성서학원을 졸업하고 귀국한 정빈, 김상준에 의해 개척된 동양선교회 복음전도관이다. 그들은 동양선교회의 선교정신을 계승하여 북과 장구를 치고 전도하고 밤에는 구령 집회를 통한 영혼 구원에 최선을 다하였다. 따라서 한국 성결교회의 탄생에 지대한 영향을 미쳤던 동양선교회의 창립자들에 대한 연구는 매우 의미 있는 일이다. 먼저 동양선교회를 창설하고 초대 총재를 역임한 찰스 카우만에 대해서 살펴보고자 한다.

Ⅱ. 찰스 카우만의 생애와 사역

1. 출생과 유년시절

찰스 카우만은 부친 다윗 카우만과 모친 케리 카우만 사이에서 1868년 3월 13일 미국 일리노이 주 톨론에서 출생하였다. "어니"는 그의 출생에 관해 다음과 같이 기록하고 있다. "찰스 부모인 다윗과 메리 카우만은 미국 개척가의 후손이었다. 그들은 1870년 일리노이주를 떠나 아이오와주로 이사했고 농장을 구입하여 생활터전을 삼았다. 카우만 일가는 방랑하는 유랑인들에게 휴식처를 제공했고 부친 카우만은 그들을 신앙으로 잘 보살폈다. 그는 자랑스러운 신앙인이었으며 마을 사람 누구에게든지 존경을 받았다."

카우만 일가는 감리교도들이였고, 아버지 다윗은 구역장으로 교회 일을 도왔다. 아버지의 신앙을 유산으로 물려받은 찰스는 13세가 되던 해인 1881년 부모들이 출석하던 감리교 감독교회에서 주님을 개인의 구세주로 영접한다. 그런 후 15세가 되던 1883년 고향을 떠나 전신 기사가 되어 철도국에 취직하게 된다. 1885년 그는 미국 최대의 철도국으로 성장한 볼링톤 철도국에서 기차의 출발과 도착을 관할하는 기사로 일한다. 18세 때에 그는 콜로라도 글렌우드 스프링스의 서부연합전신국의 간부로 승진하여 21세까지 그곳에서 일한다. 그러던 중 1889년 6월 8일 그는 아이오와주 애프턴에서 감리교교인 "레티버그"와 결혼하였으며 그들의 신혼여행 생활은 웅장하고 이름다운 로키 산맥을 배경으로 펼쳐진다. 그러나 승진을 의식한 찰스의 신앙은 결혼 후 방탕으로 접어들고 바쁜 직장 생활로 주일예배를 거르게 된다. 두 부부의 신앙이 함께 식어지던 중 고지대에 제대로 적응하지 못한 레티가 중병을 앓게 되고 이는 신앙회복의 좋은 기회가 된다. 사랑하는 아내가 위독한 병으로 병세로 악화돼 숨을 거두려 했던 위기적 상황에서 찰스는 이렇게 기도한다.

"오! 하나님, 나의 아내의 생명을 건져 주옵소서, 그리하면 소년 시절의 신앙을 회복하여 평생 헌신하겠습니다."

하나님은 찰스의 기도를 응답하셨고 아내의 병은 회복된다. 의사의 권유로 그들은 도시생활을 선택하였고 시카고로 이사하여 그곳에서 근무하면서 300명의 부하직원을 거느리는 간부로서 경제적으로 여유 있는 생활을 즐기게 되었다.

2. 회심의 체험

시카고의 소재한 은혜감리교회에서 부흥회가 열렸고, 회심한 오페라 가수의 찬양과 간증을 하는 곳에 참석한 레티가 주님을 자신의 구세주로 영접하는 체험을 한다. 그녀는 찰스를 권면하여 함께 부흥회를 참석하였고 성령의 강권적인 역사를 통해 실질적으로 회심하는 체험에 이르게 된다. 회심한 후 한 달이 지났을 때, 당시를 카우만은 이렇게 회상했다.

"하나님, 당신의 약속을 지키지 못한 탕자가 이제 돌아왔습니다."

이때 찰스 카우만은 아내의 병을 고쳐주면 전적으로 하나님의 거룩한 사업을 위해 헌신하겠다던 하나님과의 서원을 지킬 것을 다짐한다. 아내와 함께 기쁨과 감시로 하루하루를 지내면서 그들은 주일성수, 성경공부, 개인전도의 생활에 전력을 기울이게 된다.

이런 회심의 체험을 한 다음에도 그는 여전히 죄악의 "옛사람"이 인간의 마음속에 남아 있었다. 그러나 이것은 그리스도의 보혈로만 완전히 씻어질 수 있다고 말한 시미스터의 말에 자극을 받는다. 찰스 카우만은 회개 이후에 오는 제2의 축복인 성결의 은혜를 추구하였다. 그 결과 그는 두 번째 은혜를 체험하게 된다. 카우만은 "나는 나 자신과 나의 모든 것을 하나님께 맡겼다. 그리고 하나님은 그것을 받아주셨다. 그러므로 이후부터 삶은 이전과는 결코 같을 수 없다."라고 고백한다.

찰스 카우만이 온전한 성화, 즉 성결을 체험한 후에 그는 열심히 여러 신앙집회에 참석하게 되었다. 마침 그때 전국 "엡윗연맹대회"가 테네시 "차타누가"에서 열리게 되었는데, 여기에 카우만은 은혜감리교회의 대표로서 참석하게 되었다.

엡웟연맹의 중요한 강조점의 하나가 선교였다. 이 대회의 강사였던 조이스 감독은 열렬한 성결운동의 지도자로서 세계선교에 대해서 강조하였다. 이 조이스 감독의 설교는 카우만에게 선교의 열정을 일으켰다. 이는 카우만의 첫 번째 선교각성이었다.

카우만의 선교에 대한 관심은 그 후 계속되었다. 시카고의 무디교회에서는 심프슨을 강사로 대 선교집회가 열리게 되었는데, 찰스 카우만도 여기에 참석하게 된다. 카우만은 심프슨이 아내와 어린 자녀를 데리고 오직 믿음만으로 모든 필요를 하나님께 맡기고 아프리카의 오지에 들어가서 선교한 젊은 사업가에 대해서 말하는 것을 듣고 큰 감명을 받았다. 훗날 카우만은 그의 일기에서 그때의 상황을 "나는 하나님 앞으로 한 걸음 나아갔다."고 기록하였다.

카우만은 여러 신앙집회에 참석하면서 동시에 선교잡지를 읽기 시작했다. 카우만은 선교잡지를 통하여 인도에 대해 관심을 갖기 시작했다. 그러나 그는 아내의 건강 때문에 인도에 갈 수 없었다. 카우만이 낙심하고 있을 때 당시에 복음주의 선교운동의 지도자인 피어슨을 만나게 되었다. 피어슨은 찰스 카우만에게 조급하게 서둘지 말라고 권고하면서 "기다려요, 젊은이. 하나님의 시간을 기다려요."라고 말했다. 카우만 부인은 남편에 대한 전기에서 "그(카우만)는 친구인 아서 피어선 박사를 매우 사랑했고, 그의 책을 열심히 읽었을 뿐만 아니라, 특별히 외국 선교에 관하여 피어슨을 글에 자주 인용하였다."고 기록하고 있다.

여기에서 카우만의 선교관을 살펴보면 다음과 같다. 찰스 카우만은 심프슨과 피어슨의 영향을 받았다. 이 두 사람은 다 같이 소위 "Faith Mission" 운동의 주창자들이다. 신앙선교란 선교에 필요한 인적 자원과 물적 자원을 인간적인 기구나 단체에 의존하지 않고, 단순히 하나님께 기도함으로써 해결하는 선교방식을 말한다. 이런 원칙에 대해서 심프슨과 피어슨은 동의한다. 그러나 구체적인 문제에선 서로 의견이 달랐다. 심프슨은 철저하게 인간적인 방법을 배제하였는데 결과적으로 오지 선교에서 많은 인명 피해를 가져오게 되었다. 여기에 대해서 피어슨은 심프슨의 극단적인 태도의 위험을 지적하면서 어느 정도의 제도적인 뒷받침은 필요하다고 보았다. 아마 찰스 카우만은 심프슨의 극단적인 방법보다는 피어슨의 온

건한 방법을 따른 것 같다.

회심 직후부터 카우만은 시카고 복음화에 나섰다. 카우만은 작은 지옥이라고 불리는 시카고 슬럼지역의 전도관에서 자원 봉사자로서 참여하여 전도활동을 하였다. 이 슬럼 지역에는 친구들도 없고, 집도 없고, 돈도 한 푼 없는 버림받은 인생들이 살고 있었다. 카우만은 이들에게 들어가서 성결의 복음화를 외쳤다. 그리하여 노름판과 술판에 매인 사람들을 그리스도의 제단 앞으로 인도하여 새로운 인생을 살게 하였다. 카우만에게 있어서 이 "작은 지옥"은 전도훈련학교였다. 후에 카우만이 일본에서 선교할 때 이슬람 지역의 "비천하고, 버림받은 사람들"을 정성을 다해 도와주었다고 술회한다.

시카고의 "작은 지옥"의 전도관 사역이 시카고에 근거를 두고 도시선교에 힘쓴 성결단체인 "메트로폴리탄 교회연합"과 관련된 단체라고 생각한다. 이 단체는 1894년 메트로폴리탄 감리교회에서 일어난 대부흥의 결과로 생겼는데 주로 "불타는 숲"이라는 이름으로 불리었다. 또한 이 단체는 다른 한편으로 "냅"과 "리스"가 세운 "만국사도 연맹"과 밀접한 관계를 맺고 있다. "만국사도족성결연맹"의 지도자들은 이 단체 외에도 많은 도시 선교단체에 큰 영향을 미치고 있었다. 여기에서 지도자들이 이 단체 외에도 많은 도시단체에 큰 영향을 미치고 있다. 여기에서 우리는 성결운동이 도시의 슬럼선교운동과 깊은 관계를 맺고 있음을 알 수 있다.

카우만는 한편으로는 도시선교에 힘쓰면서 다른 한편으로는 직장선교에 힘을 썼다. 카우만은 시카고에서 전신회사에 다녔고, 여기에서 부서의 책임자로서 일했다. 이곳에서 카우만은 열심히 전도했다. 그의 전도의 첫 열매는 그의 평생의 친구이자 동역자인 "길보른"이였다. 카우만은 길보른과 함께 이 회사에서 전신선교단을 조직했다. 이들은 한 달에 한 번씩 주일 오후에 모여 기도하며 선교를 위해 헌금도 하였다. 이 단체는 카우만과 길보른의 선교에 많은 도움을 주었다. 후에 카우만과 길보른은 일본에서 이와 유사한 전신선교단을 설립하기도 하였다.

카우만이 하나님의 일을 계속함에 따라 그는 성서지식이 부족함을 느꼈다. 그래서 그는 "에번스턴"에 있는 개렛복음주의신학교의 특별과정에서 공부하였다. 카우만은 감리교인이었으므로 감리교계통인 이 학교에 들어가는 것은 당연한 일이였다. 그러나 직장을 다니면서 이 과정을 공부하기에는 힘이 들었다. 직장시간과 공부시간이 서로 맞지 않았기 때문이다.

당시에 카우만의 직장시간이 오후 5시부터 밤 12시까지이기 때문에 그는 "무디성서학원"의 오전반에 등록할 수 있었다. 이 학교는 카우만의 집에서 세 블록 떨어진 곳에 자리 잡고 있었다. 카우만은 이 학교에서 1900년까지 6년 동안 열심히 공부했다. 무디성서학원은 19세기 후반에 기존의 신학교육이 당시의 교회의 교구에 부응하지 못하고 있다는 판단 아래 시작된 성서학원운동의 하나였다. 즉, 이론적인 신학교육보다는 실천적인 훈련을 강조하며, 자유주의적인 고등비평보다는 성서를 하나님의 말씀으로 믿고 숙달하게 하고, 평신도들을 훈련시켜 각각 맡은 자리에서 최선의 봉사를 하게 하였다. 이런 성서학원의 정신은 카우만에게 큰 영향을 미쳤다. 이곳에서 카우만은 성서학원의 원장인 "토레이" 박사와 성서교수였던 "그레이"의 영향을 크게 받았다. 특별히 그레이의 "성경의 종합적인 연구" 방법은 그의 성서연구에 큰 영향을 미쳤다. 이런 무디성서학원의 여러 특징들은 후에 동양선교회가 아시아의 여러 나라에서 성서학원을 세울 때 본받은 하나의 기준을 제시했다.

3. 선교사의 소명

1894년 9월 3일 찰스와 레티는 시카고 무디성경교회에서 열린 선교집회에 참석한다. 당시 주 강사였던 심프슨 박사의 선교초청의 응답한 두 부부는 하나님이 보내시는 곳은 어디든지 가겠다고 선교사로서 새로운 헌신을 하게 된다. 같은 해 12월 카우만은 사무실에서 업무 관계로 부하직원과 이성을 잃고 흥분하여 다툰 후 자신에게 영적인 훈련과 생활이 부족함을 절실히 깨닫게 된다. 그 후 은혜감리감독 교회의 신실한 평신도인 "시미스터"의 권면으로 자신이 화를 내었던 친구를 찾아가 용서를 구한 후 그는 성령이 충만한 성결의 체험을 할 수 있었다.

1895년 1월 찰스와 레티는 은혜감리감독교회의 대표로 테네시 주 차타누가에서 개최되던 에드워드 전국연맹 대회에 참석한다. 이 대회를 통해 두 부부는 그리스도를 위해 평생 자신을 봉사하며 살기로 결심했을 뿐만 아니라 세계선교회에 헌신하기로 서원한다. 이때부터 그는 십일조 생활을 하게 되었고 전신국에 근무하는 동료들을 권면하여 신우회를 조직한다. 이때 평생 동지로 함께 선교하게 되는 길보른을 만나게 된다. 그들은 함께 전신기사를 대상으로 선교하기 시작했으며 찰스가 초대회장으로 선출되었다. 카우만의 부인이 기록한 카우만의 자서전에 의하면 그 당시 카우만은 전신기사 동료 75명을 그리스도에게로 인도했다. 그는 전신과 편지 그리고 직접전도 등으로 열심히 전도하였고 여러 교회와 선교단체에서 초청을 받아 초청을 담아 설교하곤 했다. 그는 보다 충실한 선교사역을 위해 일리노이 주 에번스턴에 위치한 "개렛신학교"에서 수학하면서 동시에 무디성서학원에서 6년간 수학을 졸업하였다.

카우만의 성경책 표지에는 "복음전파의 소명을 받았다. 1897년 9월 1일"이라고 기록되어 있다. 그 후 그는 나카다의 지옥이라 불리는 빈민지역의 지하창고를 세를 낸 뒤 술주정꾼, 거지부랑아, 도박꾼들을 모아 음식을 제공하며 함께 복음을 증거하였다. 이렇게 해서 얻은 영혼들이 수백 명에 이른다. 그는 계속해서 시카고 전역을 순회하며 전도했다. 이때 일본 성결교회의 초대감독이 되는 나카다 주지를 만나게 된다. 이들은 은혜감리교회에서 만나 함께 일본선교를 다짐하며 전신기사 선교단을 통해 나카다의 장학금과 체재비를 돕기로 한다.

동양선교의 꿈을 이루기 위해 카우만 부부는 인도를 선교지로 선택하여 인도 선교사를 지원했고 감리교 선교부에 원서를 제출했으나, 레티의 건강 진단이 연약성으로 판단되었기 때문에 거절을 당하게 된다. 1900년 8월 11일 그들은 기도하는 중에 선교지를 일본으로 확정한다. 감리교 선교부는 기쁨으로 그들을 허락하였고 찰스를 영어교사로, 레티를 음악교사로 발령했다. 그가 전신국에 사표를 제출했을 때 전신국은 그에게 직위 승진 및 대폭적인 월급 인상으로 사표의 반려를 회유했으나 그는 용기 있게 가산을 정리하며 사직했다.

당시의 상황을 '성결교회 약사'는 이렇게 증언한다.

"그는 특별히 동양에 복음을 전해야겠다는 계시를 받고 결심한 후에 기사장의 직분을 사임하니 회사에서 낭패하여 보수가 부족하여 그런 것이 아닌가 하고 연봉 3만 환을 받던 것을 5만 환으로 주겠다는 조건하에 유임운동에 진력하였으나 금전 문제가 아니라 사명문제인 이상, 어찌 그 금전의 문제가 사명의 길을 막으리오. 초개와 같이 여기고 단연히 사직하고 나섰느니라."

그리고 출국 전에 마친 웰스 냅 목사를 만나기 위해 오하이오 주 신시내티로 향한다. 1900년 9월 22일 평소 존경하던 부흥강사로 유명한 냅 목사를 만났을 때 그는 마침 "하나님의 신학교"와 "선교사 훈련원"을 운영하고 있었다. 이때 카우만 부부는 그의 성결운동에 감동을 받는다. 카우만 부부는 냅 목사와 리스 목사가 1897년에 결성한 "국제성결연맹"에 가입하여 평생회원이 된다. 그들이 새롭게 태어나는 마음으로 "믿음의 원리"에 따라 독립선교사로 출국하기로 결심한다. 독립선교사란 마태복음 24장 5절 말씀처럼 "너희는 포도원에 들어가라, 내가 너희에게 상당히 주리라."에 기초하여 정해진 월급에 의존하지 않고 전적으로 믿음의 기도를 통하고 후원자들의 헌금에 기초하여 사역을 이루는 선교사를 의미한다.

1901년 1월 사도성결연맹의 지도자들인 리스, 냅, 스토커 목사 등에 의해 안수를 받고 카우만 부부는 선교사로 임명받는다. 사도성결연맹은 후에 순례자 성결교회의 전신이 되기 때문에 카우만은 성결교회 최초로 안수를 받은 선교사가 된 것이다. 선교사로 파송하는 안수식에 카우만 부인도 함께 안수를 받는다.

"그들은 카우만과 그의 머리 위에 안수하였고, 선교의 특별한 사역을 위해 따로 세웠다."

그들은 계속해서 국제성결운동 및 기도운동에 주도적인 역할을 감당하다가 선교사역의 강화를 위해서 삼위일체 선교교회에 참여하여 동양선교에 공동보조를 맞추게 된다.

4. 동양선교의 시작

동양선교의 시작은 일본에서 출발되었는데, 그 과정은 실로 기적과 같다. 그들은 동양선교를 시작하면서 전적으로 하나님만을 의지하였다. 그들은 오직 믿음만을 의지하고 일본으로 배를 타고 태평양을 건넜다.

본국을 떠날 때에 그 부인의 풍금 한 개 있던 것을 팔아 가지고 떠났다. 태평양을 건너 일본 도쿄 신전구 표신보정이라는 곳에 조그마한 일본 집 한 채를 세내어 "동양선교회 복음 전도관"이라는 간판을 붙이고, 1902년에 길보른을 청하여 협력하여 활동하게 되었다. 그리하여 그들은 매일 밤마다 전도 집회를 하고 또 한편으로는 일본 청년들을 모아 성경을 가르치는 일을 하였다. 이것이 우리 성결 단체인 동양선교회의 시작이다. 그때 카우만이 일을 시작하기에는 어려움이 많았다. 예를 들면 곧 명일에는 집세를 지불할 날인데 돈이 없어 곤란한 처지에 있었다. 오직 하나님만을 쳐다보고 두 사람은 밤이 새도록 기도하였더니 어떠한 사람인지 아침에 와서 문을 두드렸는데 그는 한 번도 안면이 없는 일본사람이 와서 당신의 사업을 내가 매우 찬성한다고 하며 봉투 한 장을 주고 돌아간 후에 열어보니 몇십 환이 들어 있었다. 하나님께서 감사하고 믿음이 더욱 견고하여져서 무슨 곤란이 있더라도 기도나 문제해결의 열쇠가 됨을 의심치 아니하고 용맹스럽게 나아가는 것을 배웠다.

그 후에도 그는 일본성서학원을 짓는 때나 신학생들의 장학금을 모금하는 등의 어려운 문제에 직면할 때마다 기도함으로 해결함을 얻었고 그때마다 하나님께 감사와 영광을 돌렸다. 그는 하나님께 영광을 돌리는 일이라면 자신의 희생도 아끼지 아니하였고, 일단 기도하고 결정한 사항은 반드시 결말을 보기 위하여 불굴의 의지로 추진하였다.

그는 1924년 9월 24일 57세를 일기로 하고 미국 로스앤젤레스에서 하나님의 부르심을 받았다.

5. 한국 선교로의 확장

"전 일본국토 순례전도운동"을 통한 영혼구령운동과 도쿄성서학원을 통한 현지 지도자 양성, 그리고 복음 전도관을 통한 교회개척운동을 전개하며 동양선교의 전략을 수립한 카우만과 길보른은 1차 선교대상지로 일본을, 그리고 2차 선교대상지로 중국을 선정하였다. 그러나 하나님의 계획과 섭리 속에서 이들은 일본의 선교를 시작하였다.

한국의 정빈과 김상준은 원대한 꿈을 안고 도쿄성서학원의 문을 두드렸고 그들은 성령의 인도하심을 따라 일본에서 선교하는 카우만과 길보른에게서 한국선교의 확장의 비전을 심어주었다.

길보른은 "1904년 일본이 러시아와 전쟁을 하던 중에 나카다와 일본 감리감독교회 감독이 정부로부터 종군 군종 활동을 할 수 있도록 허락을 받는다. 1905년 뉴햄프셔에서 조인된 조약에 의해 종전된다. 그러나 전쟁 중에 두 사람은 한국의 여러 곳을 순회하면서 불타는 구령 열로 집회를 인도한다. 이때 정빈과 김상준은 나카다의 '성결의 영화로운 체험'과 도쿄성서학원에 관해 듣고 크게 감명받아 결단하고 도쿄으로 향했다."

1904년 두 한국인 정빈과 김상준은 하얀 모시 적삼을 입고 상투를 틀고 망건을 쓴 채로 도쿄에 나타났다. "그들을 바라보던 선교사들과 일본인들이 언어불통으로 의아해하고 있을 때 갑자기 한국인들은 '할렐루야'를 외쳤고 선교사 일동은 '아멘'으로 화답하는 시온의 언어로 그리스도 안에서 한 형제임을 확인하고 안으로 모셔 들어갔다. 그들의 뒤를 이어 이장하가 일본에 도착하였고 함께 공부했다. 그때 이장하는 많은 찬송가를 한글로 번역했고 정빈은 다수의 경건서적을 번역했다. 따라서 1907년 정빈과 김상준이 한국으로 귀국할 때 그들은 한글로 번역된 찬송가를 지니고 귀국할 수 있었다.

우드(Wood)는 그 당시의 한국 상황을 아래와 같이 묘사했다. "김상준과 정빈은 찰스 카우만과 어네스트 길보른과 함께 도착했다. 이들은 함께 서울 전역을 두루 살핀 끝에 그들의 사역을 시작할 장소를 선정하지만 곧 장소가 협소함을 깨닫는다. 6개월 후 구도자의 수는 275명으로 증가한다. 또한 얼마 되지 않아서 한국인 남자 7명과 여자 3명이 도쿄성서학원에 문을 두드린다. 카우만 부인은 1909년에 발행한 자신의 저서에서 "한국으로부터 핵심적인 10명의 성결의 설교자들이 잘 훈련받고 있고 그들은 자신들을 헌신할 준비가 되어 있다."고 기록하고 있다.

한국에 도착한 카우만과 길보른은 서울 도심 한복판에 150명을 수용할 수 있는 건물을 얻어 집회를 시작한다. 집회는 2주일 동안 계속되었고, 내용은 주로 성결한 삶으로 카우만이 영어로 설교하면 한국어로 통역되었다. 그러나 6개월 후에는 이 시설도 협소하여 한 차례 더 이사를 하게 되었고 더욱 많은 사람들이 모여 성결의 복음을 듣고 회심하는 역사가 일어난다.

매일 저녁에 신자들이 성서적 성결과 확신 있는 설교를 듣고 기뻐했다. 수십 년 동안 기독교인의 수가 전체인구의 1%에 불과한 일본과는 전혀 다른 놀라운 역사가 한국에서 일어났다. 한국인들은 예수 그리스도의 기쁜 소식을 듣고 비약적인 반응을 보였다. 정빈과 김상준이 카우만과 길보른과 함께 도착했던 바로 그 해, 즉 1907년에 한국에서는 대부흥운동이 일어났고 이는 한국선교의 성공을 초기에 확실하게 예언해 주는 것이었다.

1908년 찰스 카우만은 신학교 설립에 관한 강력한 도전을 부인으로부터 받게 되며 그 뒤로 자주 한국을 방문하게 된다. 신학교 모금운동을 위해 카우만과 길보른 일가는 미국과 영국 그리고 유럽 등지의 복음주의 교파 및 선교단체를 방문하여 한국교회를 소개한다. 또한 한국 주재 감독을 물색하던 중 영국에서 존 토마스 목사가 소개를 받는다.

1908년 11월 선교사들이 본국으로 보낸 보고서에는 이렇게 기록되어 있다.

"지금 한국교회의 성장은 우리를 앞질러 가고 있습니다. 특별히 뜨거운 열정에 불타고 있는 세 명의 한국인 지도자 정빈, 김상준, 이장하는 1908년 말까지 토마스 감독이 한국에 도착하는 시기가 언제인지를 간절히 알기를 원하고 있습니다. 토마스 일가는 한국에 올 것이지만 한 사람이 천명, 혹은 이천 명을 구원하기 위해 뜨겁게 기도로 준비하고 있습니다."

결국 토마스 일가는 대서양을 거쳐 미국에 도착하여 훈련을 받은 후, 다시 태평양을 항해하여 1910년 하나님의 도우심과 한국교회의 교인들의 간절한 기도로 11월 12일 서울에 도착한다.

카우만의 위대한 선교 비전, 길보른의 뛰어난 행정력, 그리고 토마스의 헌신적인 사역으로 동양선교회 복음전도관이 한국에 세워진 지 4년 만인 1911년 3월에 성서학원이 무교동 전도관에서 시작되면서, 동시에 신학교 건립을 위해 대지 물색이 시작되어 2개월 후인 5월 충정로 애오개 마루턱에 신축하게 된다. 장로교 선교사들이 들어온 지 16년 만에 평양신학교가 시작되었고, 감리교 선교사들이 들어온 지 20년 만에 신학교가 시작되었는데, 성결교회는 4년 만에 신학교를 시작하였으니 초기 선교사들과 한국교회 지도자들의 비전을 읽을 수 있을 것이다.

하나님의 은혜에 감사하며 부귀영화를 포기한 사람, 성결의 체험에 감격하여 평생을 선교사역에 헌신한 사람, 혈육 없이 홀로 왔다가 홀로 갔으니 언제나 기쁨으로 인생을 살아온 사람, 뜨거운 가슴 하나로 한국과 일본과 중국을 모두 품었던 진실한 하나님의 사람 찰스 엘마 카우만은 1924년 9월 24일 57세의 일기로 로스앤젤레스에서 하나님의 부르심을 받는다. 그다음 날이 9월 25일, 카우만 부인은 자신의 저서 『매일의 빛』의 여백에 이렇게 기록하고 있다.

"제가 사랑하는 분이 잠들었습니다. 오늘 밤 자정 조금 전에 말입니다. 찰스는 영원히 하나님의 집에 있습니다."

Ⅲ. 일본 선교 시작

카우만은 1900년 8월 11일 일본을 선교지로 결정하였다. 카우만은 애용하던 성경 뚜껑 안쪽에 "일본에서의 부름. 1900년 8월 11일 오전 10시 반"이라고 적고 감사의 눈물을 흐렸다. 부인 레티는 6주일 전에 하나님의 음성을 듣고 기다렸다.

1901년 2월 22일 아침, 무디신학교 동창생인 나카다 슈우지 목사의 마중을 받으며, 화창한 봄날 요코하마 부두에 상륙하였다. 카우만 부부는 거대한 하나님의 사업에 첫발을 내딛는 날이다. 6년 전에 주님께 종으로서 몸 바치기로 맹서한 것이 이룩되는 날이었다. 카우만 부인이 아끼던 피아노 한 대를 팔아 배표를 사서 차이나호를 타고 샌프란시스코 항을 떠나 21일 동안 지루한 항해 끝에 일본에 상륙한 것이다. 4년 만에 나카다 목사와 만남이 희망을 예고하였다. 카우만 목사는 나카다 목사와 4년 만의 만남이 오랜 항해의 피곤함을 말끔히 씻어주었다.

1. 도쿄성서학원

도쿄성서학원은 카우만 목사 부부가 나카다 주지 목사의 힘에 협력을 얻어 일본인 전도자 양성을 목적으로 설립한 목회자 양성학교이다. 1901년 4월 1일 일본 도쿄에서 성결교회(당시의 복음 전도관)의 상설과 함께 성서학원을 한 건물 안에 세운 것이 어려움의 주된 요인이었으나, 복음전도를 통한 영혼 구원과 전도자 양성이라는 이중목표를 실현하기 위한 이유도 있었다.

개교 당시의 동양성서학원은 도쿄 간다구에 있는 10칸 정도의 낡은 2층 건물로서, 각층에 방이 둘 있었다. 2층의 한 방은 카우만 선교사 부부가 사용하였고, 나머지 한 방은 학생들이 기숙하는 방이었다. 그리고 1층의 한 방은 나카다 목사가 생활하는 방이었고 , 나머지 한 방이 '도쿄 성서학원'의 교실이었다. 이 1층의 교실도 밤에는 "복음전도관"의 전도 집회의 장소로 쓰였고, 주일 낮에는 예배당으로 쓰였다.

처음에는 도쿄성서학원 간판은 붙이지 않았고 다만 좁은 입구에 큰 글자로 "예수교 전도관 매일 밤 예배. 누구나 환영"(Jesus Doctrine Mission Hall Service Every Night Every Welcome)이란 간판을 내걸었다.

1901년 4월 1일 개교할 무렵에는 학생이 불과 10여 명 안팎이었으나 카우만 목사는 얼마 뒤에 교수진을 보강하고 학생 수를 늘리었다. "마쯔시" 시의 팍스턴 선교사 집에서 성경을 연구하고 있던 사사오 목사를 신학 과목 교수로, '팍스턴 전도대'의 음악 지휘자이며 복음 찬가(1905. 5. 17)를 엮어낸 바 있는 미다니를 음악

교수로 초빙하여 협력을 받게 되었다.

그리고 1902년 8월에는 미국에서 길보른 목사를 초빙하여 '성서학원'의 교수진을 더 보강하였다. 길보른 선교사는 카우만 선교사와 전신회사에 같이 근무하던 동료이므로 좋은 협력자가 되었다. 또한 1903년 9월 신학기 강의가 시작되었을 때에는 미국 예일 대학교 신학부 출신 다케다 교수로 부임하여 '조직신학'을 강의하게 되었다. 이렇게 교수진을 2~3명을 보강한 성서학원은 매주 주일과 월요일을 제외하고 화요일부터 토요일까지는 아침 8시부터 12시 30분까지 강의를 하였다. 주요 과목으로 구약은 『여호수아기』, 신약은 『디모데 전·후서』, 『성서신학』, 『웨슬레의 기독자의 완전론』과 그리고 매일 1시간씩의 영어와 창가(음악)였다. 오후에는 시장과 길거리와 공원에 나가서 노방전도와 개인 전도하는 것이 일과로 되어 있었다.

특별히 도쿄성서학원에서는 성결운동에서 공통적으로 나타나는 일련의 유형들 가운데서 4가지 교리적 테마로 나타나는 사중유형인 구원과 성결, 신유, 재림을 강조하였다. 이것은 온전한 복음(오히려 한국에서는 '순복음'으로 잘못 번역되어 알려짐) 또는 사중복음으로 불려 왔다. 19세기 기독교 연합선교회(C&MA) 창시자 심프슨의 『Four-fold Gospel』이란 책에서도 강조되는 사중유형은 대체적으로 성결(오순절)운동의 복잡한 발전과정의 마지막 단계이며, 정점으로 이해되었다.

나카다 목사는 『사중복음』을 자신이 도쿄성서학원 초기부터 전파하고 가르친 내용의 핵심적 부분으로 생각하였다. 도쿄성서학원은 1905년을 전후로 하여 기존의 일본 전도자 지망생뿐만 아니라, 동양의 여러 나라, 즉, 조선, 중국학생들도 받아들여 함께 수양을 시켰다. 조선사람으로는 정빈과 김상준이 1905년 한국인 최초로 입학하게 되었다.

1905년 11월 도쿄에서 카우만은 동양선교회라는 선교단체를 조직했다. 1901년 4월 도쿄 '중앙복음전도관' 개관으로서 창립된 '일본 복음전도관'(성결교회)은 불과 4년 만에 퍼져 지방 10개 도시에도 '복음전도관'이 설립되었다. 도쿄성서학원도 1904년 10월 '가와사키'의 신축으로 크게 발전되었다. 카우만 선교사 내외와 길보른 선교사는 1905년 나카다 목사 등 현지목사들과 합의하여 동양선교회를 조직하였다.

동양선교회는 일본에서 전개했던 '성결운동'을 앞으로 한국, 중국, 인도 등 동양 여러 나라에서도 전개할 목적으로 삼았다. 동양선교회조직 후 성결운동의 중추기관으로 동양선교회의 후원 아래에 있는 기관은 모두 '동양선교회'라는 이름을 가지게 되었다.

그리고 카우만 선교사 내외와 길보른 선교사가 관계하는 성결운동 기관은 다 '동양선교회'의 관할 아래에 두었다. '동양선교회'의 성격은 동양 여러 나라에 순복음을 전하기 위하여 나라 안팎의 성도들로부터 조직된 단체이다. 종래의 성서학원과 그리고 각지의 복음전도관은 본회의 부속하여 있는 것이다. 일본 또는 외국에 있는 어떠한 단체나 교회를 대표하는 것이 아니고 완전히 독립한 것이다,

2. 동양선교회와 신조

동양선교회는 중생과 성결의 복음을 각 나라에 전하게 하려고 하기 위하여 조직되었다. 동양선교회가 내세웠던 신조는 다음과 같다:

① 성경의 영감설(靈感說)을 믿는다.
② 삼위일체(三位一體)의 하나님을 믿는다.
③ 인간의 타락에서 하나님의 은총으로 거듭남을 믿는다.
④ 그리스도의 보혈로 속죄함을 믿는다.
⑤ 믿음으로 의롭다 함을 믿는다.
⑥ 중생한 뒤에 믿음으로 순간적 성결과 원죄가 씻어짐을 믿는다.
⑦ 기독자의 신유의 특원을 믿는다.
⑧ 몸의 부활을 믿는다.
⑨ 천 년 전 재림을 믿는다.
⑩ 구원받은 자의 영생과 구원받지 못한 자의 영멸을 믿는다.

동양선교회의 선교를 받은 한국 성결교회는 1925년 드디어 '교리'(敎理)와 '조례'(條例)를 제정함으로써 신학적 정체성을 확립하여 나가기 시작하였다. 이 책은 서문에서 "동양선교회가 주장하는 교리는 새로 만든 교리가 아니라 요한 웨슬레와 감리교회의 초시대 성도들이 주장하던 성경 중의 단순한 진리일 뿐이다."라고 천명한다. 이 책은 동양선교회의 신조를 토대로 하여 제정된 것인데, 후자는 1922년 미국 만국성결교회의 헌장을 그대로 옮긴 것이다. '교리와 조례'의 첫 부분인 교리편 중 특히 "신앙개조(信仰個條)"는 성결교회 신학의 골자를 형성하고 있다.

제1절. 하나님. 오직 한 분이시고, 진실하시고 영생하시며, 권능과 자비가 무한하시고, 만물을 창조하셨고, 삼위일체의 제1위이시다.

제2절. 예수 그리스도. 성자(聖子)는 성부(聖父)의 말씀이시고 성부로 더불어 일체(一體)이시다. 복된 동정녀의 몸에서 잉태하시고 고난을 받아 죽으신 후 장사되었다가 부활하시고 승천하셨다. 그 안에는 신성(神性)과 인성(人性)을 모두 가지셨고 그 둘은 분리할 수 없다. 그의 죽음은 인류의 범죄를 사할 뿐 아니라 원죄까지 구속하신다.

제3절. 성신(聖神). 성신은 성부와 성자께로부터 나오신 일위(一位)로서, 그 본체(本體)와 능력과 위엄과 영광이 성부와 성자와 더불어 하나이시다. 칭의(稱義)는 성신으로 나고 성결은 성신으로 충만함이다. 성신은 은사와 열매를 주신다. 사람의 마음을 의롭게도 하시고 성결케도 하신다. 우리의 거듭남과 성결함을 증거하신다.

제4절. 성경. 성경은 구원함에 필요한 모든 조건을 기록한 책이다. 성경은 구약과 신약인데, 이는 교회에서 작성한 책이며 영구히 의심할 것이 없는 책이다.

제5절. 원죄(原罪). 원죄는 아담이 범죄함으로 말미암아 모든 사람에게 유전된 육(肉)의 성질로서 죄악의 경향성이다.

제6절. 자유의지(自由意志). 아담의 범죄 이래 하나님께서 예수 그리스도를 값없이 주셨으니 그를 믿고 아니 믿는 것은 사람의 자유로 결정한다.

제7절. 칭의(稱義). 사람이 하나님 앞에서 옳다 함을 얻는 것은 자신의 선행(善行)이나 공로(功勞)로가 아니라 예수 그리스도의 공로와 우리의 신앙으로 말미암는다.

제8절. 성결(聖潔). 그리스도로 말미암는 성신의 세례로서 순간적인 경험이다. 그것은 원죄를 정결하게 씻는 것이고, 사람을 성별하여 하나님의 성지(聖旨)를 이룰 능력을 받는 것이다.

제9절. 칭의 후 범죄. 사람이 의롭다 함을 받은 후 죄를 범하면 성신을 거역하는 죄는 아니요, 따라서 회개로써 다시 사함을 얻을 수 있다.

제10절. 교회. 교회는 하나님께로 부르심을 받아 세상과 분리하고 예수 그리스도를 자기의 구주로 받아 믿는 산 믿음 받은 자들이 모여 조직된 단체이다. 교회의 사명은 순복음(純福音)을 본국과 외국에 전하는 것이다.

제11절. 성례. 그리스도께서 세우신 거룩한 예식은 하나님의 은혜와 우리 신자에 대한 거룩하신 뜻으로 은연중에 역사하시는 표로서, 이로써 우리의 신앙이 더욱 새롭게 되며 굳세게 되며 견고케 된다.

제12절. 세례. 세례는 신자가 성신의 역사로 그 심령이 거듭난 것을 표시하는 예식으로서 이 예식은 성경에 의하여 침례(浸禮)로 행해야 한다. 부득이한 경우엔 약식(略式)으로 할 수 있다.

제13절. 성찬(聖餐). 성찬은 그리스도의 살과 피를 그의 재림하실 때까지 기념하기 위해 세운 예식이다. 이 성례는 그리스도께서 피로 우리를 구속하심과 그의 살로 우리의 영혼에 자양이 되는 것을 표시함이다.

제14절. 신유. 하나님의 자녀들이 믿음으로 기도하여 병 고침을 받는 특권이다. 그러나 의약을 의지하는 자를 비판해서는 안 된다.

제15절. 재림. 주께서 육체를 가지고 친히 천 년 시대 전에 재림하실 것이다. 그는 공중에 오셔서 성도들을 영접하시고 그 성도들과 함께 지상에 임하실 것이다. 그가 지상에 임하시기 전에 이스라엘인들이 한 곳에 모이고, 거짓 그리스도가 나타난 후에 오셔서 천 년 왕국을 건설하실 것이다.

제16절. 운명(運命). 그리스도의 구원을 참으로 아는 모든 자는 그리스도와 함께

그 영원한 나라에서 영원한 영광에 참예할 것이다. 성도들은 심판을 면하고 영원한 쾌락을 누리며, 회개치 아니한 죄인들은 심판을 받아 정죄함과 형벌과 고통을 받을 것이다.

한국 성결교회는 1925년의 '교리와 조례' 이후 이 같은 신앙을 유지해왔다. 이는 성결교회 헌법에도 그대로 나타나 있다. 그리고 그 중심 구조는 사중복음(四重福音)이다.

3. 레티 카우만 부인

레티는 1870년 3월 3일 아이오아 주에서 아이자크 마가레트 마드의 막내딸로 태어났다. 아버지는 은행가로 성공한 분이어서 동네 사람들은 레티의 집안을 존경하고 있었다.

동양 선교회의 총리였던 카우만이 돌아간 후에, 후임 총리로 부임한 선교사는 길보른이며 3대 총리로 임명된 것은 예순이 다 된 카우만 부인인 레티였다. 레티의 나이 예순셋일 때인 1933년부터 총리로서 동양 천하를 여행하게 되었다. 레티 카우만(Lettie B. Cowman)은 우리나라 선교에도 기여한 동양선교회(Oriental Missionary Society)를 그 남편과 함께 공동으로 설립했다. 카우만 부부는 자신들의 전 재산을 팔아 1900년부터 성결교 일본 선교사로 사역을 시작했고, 카우만 부인은 글 쓰는 일과 인쇄하는 일을 책임졌다. 카우만 부부가 일본에서 설립한 OMS 선교회의 사역은 점점 커져 해외로 지부를 개척하게 되었는데 캐나다, 오스트레일리아, 영국, 남아프리카로 나가 선교부를 책임지고 개척한 리더십들은 모두 여성이었다. 이와 같이 초기 OMS 선교회의 모든 영역에서 여성들이 선구자적인 리더십을 행사했고 선교회는 국제적으로 그 범위를 넓혀갔다. 1908년 카우

레티 카우만

만 부인은 그간의 소식지들을 묶어 '전자 메시지(Electric Messages)'라는 책을 만들어 하나님께서 동아시아 여인들 가운데 어떻게 역사하고 계신지를 세상에 널리 알렸다. 1908년 카우만 부인은 한국에 OMS 성경학교를 세우라는 하나님의 부르심에 순종하여 개척을 시작했고 한국은 전체 사역 중 가장 성공한 선교현장이 되었다. 카우만 부인은 1908년 영국에서 한 그룹의 여성들과 만나게 되어 Networker로서의 리더십을 발휘하게 되고 영국여인들의 도움으로 OMS 선교회가 대대적인 전도사역인 'The Great Village Campaign'을 일본에서 열게 된다.

1918년, 남편인 찰스 카우만 선교사가 그간의 과로로 병을 얻게 되어 소천하게 되는데 남편을 간호했던 경험을 쓴 카우만 부인의 『사막에 솟는 샘물들』(Streams in the Desert)이라는 책이 큰 성공을 거두어 그 인세가 OMS 선교회의 지속적인 수입원이 되었다. 1928년에 카우만 부인은 국제적 선교단체로 성장한 OMS의 제3대 회장에 취임하여 그 후 22년 동안 활발한 리더십을 발휘하며 새로운 선교지에 일군을 파송하는 등 OMS 사역의 손길을 넓히게 된다. 이와 같이 카우만 부인은 49년간의 국제적이며 전문적인 사역을 통해 세계 전도 선교학을 부상시켜 놓았다는 점에서 선교역사학자들의 높은 평가를 받고 있는 뛰어난 부인 선교사 여성 리더십이다.

Ⅲ. 결론

카우만 부부는 한국 성결교회에 지대한 영향을 끼친 분으로 한국성결교회를 설립하게 된 선교사다. 그 선교사 부부를 통해서 한국성결교회가 선교의 장을 열게 되었다.

도쿄성서학원은 일본에서 설립되었지만 도쿄성서학원을 통해 성결교회가 뿌리내릴 수 있었고 발전, 성장할 수 있었다. 카우만은 어려운 일들을 전적으로 하나님만 의지하였고, 길보른 부부를 초청하여 협력하여 선교하는 모습을 발견할 수 있었다.

이와 같이 선교라는 것은 하나님께서 직접 관여하셔야 하며, 내가 응답받아 가고 싶다고 갈 수 있는 것이 아니라, 하나님의 온전한 뜻과 목적에 맞게 활동되어지고 하나님만 전적으로 의지할 때 더욱 큰 은혜를 부어 주신다는 것이다.

실로 카우만 선교사와 길보른 선교사는 한국성결교회를 든든하게 세운 귀한 선교사로 귀감을 삼아야 한다. 특히 카우만 선교사는 황무지인 일본과 한국에 복음의 씨를 뿌린 귀한 선교사로 우리 성결의 후예들은 그의 깊은 노고에 감사를 드려야 할 것이다.

참고문헌

김태수. 『한국성결교회의 사중복음과 만국성결교회』. 서울: 활천사, 1992.
박명수. 『동양선교회의 창립자들에 관한 연구』. 서울: 활천사, 1992.
정상운. 『한국성결교회사(Ⅰ)』. 서울: 도서출판 은성, 1997.
______. 『성결교회와 역사연구(Ⅰ)』. 서울: 이레서원, 1997.
______. 『동양선교회 초기역사연구』. 1999.
성결교회역사와문학연구회. 『성결교회인물전』. 서울: 도서출판 두루, 1990.
이응호. 『한국 성결교회사 1, 2』. 서울: 성결문화사, 1992.
성결신학연구소 홈페이지. Http://kehchrc.kehc.org.
『活泉』 통권 463. 1992.
날마다 솟는 하늘샘. http://blog.daum.net/chosamo/5410

동양선교회의 창설자 어네스트 길보른

(Ernest A. Kilbourne, 1865~1928)

Ⅰ. 서론

어네스트 알버트 길보른은 전신 기사였다가 선교사로 바뀌어 동양선교회를 설립한 오늘의 성결교회란 열매를 남긴 선교사다. 그는 1865년 3월 13일 캐나다 온타리오 돌리도란 지역에서 태어났다. 온타리오 돌리도에서 태어나 살다가 두 살 때 케네스티가 트윈 마을로 이주하게 된 것이다. 그의 온 가정이 건실한 감리교도였으며, 그는 어릴 때 붉은벽돌 감리교회(Red Brick Methodist Church)에 출석했고 아버지의 영향으로 전신기술을 열심히 익히게 되었다. 열네 살 때는 전신기사로 회사에 취직하여 식구들과 따로 떨어져 생활할 수 있을 정도로 전신 기술에 뛰어났다. 집을 떠나 생활하던 그는 신앙생활을 저버리게 되었고 21세 때에는 작가가 되어 보려고 여러 곳을 두루 여행하게 된다. 어네스트는 다시 미국으로 돌아와 네바다의 버지니아 전신회사에 취직하게 되었으나 얼마 후 시카고로 직장을 옮기게 된다. 직장 일은 순조로웠고 또한 동료 회사원이었던 찰스 카우만의 인도로 은혜 감리교회에 출석하면서 잃어버렸던 유년기의 신앙을 회복하게 되었다. 불붙은 신앙의 열심은 그를 찰스와 함께 직장, 거리, 공원 등지에서 전도할 수 있도록 이끈다. 1894년 시카고에서 있었던 무디교회에서 그는 많은 은혜를 받았다. 그때 강사였던 "기독교와 선교연합"의 창립자 심프슨 박사는 그에게 큰 감동을 주었고 선교사로서의 헌신을 다짐케 했다. 그래서 어네스트는 장래 선교사가 될 포부를 가지고 주간에는 전신회사에서 근무하고 밤에는 성서학원에서 열심히 공부하게 된다. 1899년에는 무디성서학원을 졸업하고 하나님의 신학교에서 신학을 공부한 후 1902년에 목사 안수를 받았다.

1901년 2월 21일에 일본에 도착하여 동양선교회의 선교사역을 시작한 카우만 부부는 그 다음 날 일본인 나카다와 함께 '예수교 선교관' 또는 전도관이란 간판을 내걸고 성서학원과 함께 전도관 운동을 시작한다. 당시 미국에서 1894년에 시작한 전신기사 선교회를 인도하다가 1902년에 목사 안수를 받은 길보른은 카우만의 초청을 받아 8월에 요코하마에 도착해 동양선교회 부총재로 카우만을 도와 일본선교를 하게 된다. 두 사람의 선교활동으로 아시아권에 성결교회의 출범이 이루어졌다고 볼 수 있다. 그는 일본에서 1917년 10월 31일 최초로 성결교단을 탄생시키는 사역과 사중복음의 선교에 있어서 카우만과 나카다의 중재 역할을 감당한 화해의 일꾼이었다. 그들은 전국전도 운동을 통해 전 일본을 순례하며 전도했다. 그때 카우만의 병세가 악화되어 1917년 11월 3일 그 가정이 일본을 떠나게 되었고 길보른의 사역에 의존하게 되었다. 그러나 호사다마라고 그렇게 절친한 그들의 관계가 1911년 5월 카우만과 길보른이 한국을 방문 시 결정했던 신학교 건축 자금을 당분간 일본에 더욱 유치하고 싶은 나카다의 심정과 동양 선교회의 구조와 조직에 대한 알력과 성장하는 현지 교회의 교단 형성 문제 등으로 소원하게 되었다. 그런 분위기에 어네스트 길보른은 뛰어난 행정력으로 그 문제를 일단락 지었으며 치오자키와 야마자키는 앞에서 말한 이유로 인해 상호갈등이 있었던 것은 사실이나 길보른 선교사의 일본 독립교단 형성의 지원과 또한 일본인만의 토착인 교단을 인정하는 문제를 타결함으로 그 갈등의 와중에서 벗어나게 되었다고 밝혀주고 있다. 특히 전국전도 운동으로 일본 전국에 6년 동안 당시의 화폐 단위로 30만 환을 들여 가가호호 축호 전도를 하였다.

Ⅱ. 길보른의 생애

1. 성장과 결혼

어네스트 길보른(Ernest A. Killbourne)은 1865년 3월 13일 캐나다 온타리오 주 나이아가라 폭포 마을에서 태어났다. 2년 후 그의 가정은 온타리오 주의 코네스트

가와 윈터번 연접 마을로 이사했다. 그곳에서 그 아버지는 전신국과 우체국을 경영하게 된다. 어네스트가 열네 살이 될 때까지 그의 부친은 계속 전신기사로 일하게 된다. 그의 부모는 마을에서 존경받는 유지였으며 매우 경건한 감리교 신자였기 때문에 어네스트는 여동생 메리와 함께 어려서부터 신앙 훈련을 받고 부모를 따라 감리교회에 출석하게 된다.

어네스트가 아직 10대였을 때에 그는 고향 온타리오를 떠나 미국으로 건너가 문필가 혹은 소설가가 되기 위한 꿈을 키우면서 전신회사인 서부 연맹사에 취직한다. 그러나 훌륭한 문학가가 되기 위한 꿈을 포기하지 못한 채, 그는 세계적인 문호가 되기 위한 초기 수업으로 세계일주 여행을 결심하다. 그는 스물한 살의 젊은 나이로 미련 없이 직장에 사표를 제출하고 배를 타고 세계일주 여행의 길을 떠난다.

북미주에서 출발한 그의 대서양을 종단하여 남아프리카의 케이프타운을 거쳐 유럽을 일주한 후, 오스트레일리아와 뉴질랜드의 문화와 풍습을 연구한 후 태평양을 횡단하여 하와이 군도를 거쳐 미국 샌프란시스코에 도착한다. 그 후 네바다주의 개척도시인 버지니아 시에서 그는 전신기사로 일하게 된다. 그곳에서 그는 젊은 가톨릭 처녀를 만나 결혼을 하게 된다.

결혼 후 그들은 시카고의 전신국으로 이동하고 그곳 서부연맹 전신국 국장으로 일하게 된다. 그는 1,000명이 넘는 부하 직원을 감독하며 전신국의 일을 책임지게 되는데, 그들은 감독하고 통솔하는 두 책임자가 바로 길보른과 카우만이었다. 그러나 그 당시 그들은 소년시절의 순수하고 아름다운 신앙을 잊은 채 도시생활을 탐닉하며 바쁜 승진의 길을 걸으면서 세상 가운데서 방황하고 있었다.

2. 회심과 증인의 삶

길보른의 회심에는 찰스 카우만과 그의 부인 레티 여사가 결정적인 역할을 한다. 찰스와 레티 가우만이 시카고의 부흥집회에서 유명한 오페라 가수의 생생한 간증을 들으며 그리스도를 개인의 구세주로 영접한 후 기쁨이 충만한 생활을 하면서 같이 근무하는 전신국 직원들을 전도하게 되었다.

그 당시의 상황을 길보른은 이렇게 서술하고 있다. "시카고로 이사 온 지 얼마 안 되어서 이들 부부(카우만 부부)는 주님을 기쁨으로 영접한 후 열심히 이웃에게 복음을 증거하기 시작했다. 그와 나는 함께 서부연맹 전신국에 근무했고, 그의 첫 번째 전도의 열매가 바로 필자 자신이었다."

이렇듯이 카우만의 열심 있는 전도로 길보른이 회심하게 된다. 결국 카우만은 회사 내 많은 사람들을 그리스도에게 인도했고 그 열매 가운데 하나가 바로 길보른인 셈이다. 그 후 두 사람은 함께 기도하며 회사 내 직원들을 구원하기 위해 '전신기사선교단'을 조직하고 미국 전역의 전신 기사들을 선교하기 시작했으며 찰스 카우만이 초대 회장을 맡는다.

길보른 역시 전신과 편지 그리고 직접 전도 등으로 열심히 증거자의 삶을 살게 된다. 길보른은 카우만을 따라서 그가 출석하는 시카고 은혜감리감독교회에 출석한다. 바로 이때를 전후해서 막연한 가톨릭 신앙을 소유했던 길보른의 부인이 회심의 경험을 하게 된다. 이때의 정확한 시기는 알 수 없으나 대략 1895년 말이나 1896년 초로 추정된다. 길보른은 카우만을 따라 무디성서학원(Moody Bible Institute)에서 수학하게 된다.

3. 선교사역으로서의 부르심과 헌신

그 두 사람은 함께 하나님께 기도하면서 동양에 그리스도의 복음을 전파하는 하나님의 강력한 부르심을 받는다. 특별히 그들이 장학금과 체재비를 주면서 후원했던 나카다 주지(Nakada Juji)와 함께 시카고 은혜감리감독교회에 출석하면서 이들의 선교에 대한 열정은 동양으로 구체화되기 시작한다. 결국 그들은 일본에 선교본부를 세우고 신학교를 통한 현지 교역자 양성과 온전한 성경의 경험을 통한 성령 충만 운동을 확산시키기로 결정한다. 특별히 길보른은 구체적인 환상을 통하여 처음부터 선교부나 교파의 배경 없이 믿음으로 단독 선교사로 나가기로 결심한다.

이는 당시 '국제성결연맹'(the International Holiness Union)을 통해 성결의 운동을 일으켰던 부흥강사들인 웰 스냅, 리스 목사 등이 길보른에게 많은 영향을 미쳤으며, 마태복음 24장 5절의 말씀에 기초하여 전적인 '믿음의 원리'(Faith Principle)에 따라 하나님만을 의지하는 '독립선교사'(Independent Missionary) 사역의 결단을 내리게 된다.

"그 당시 길보른은 구체적이고도 의미심장한 계시를 받았다. 그는 환상 중에 대규모 고속도로가 미국에서 태평양을 가로질러 일본까지 무지개처럼 연결된 것을 보았다. 일본에서부터 그 다리는 한국으로 연결되고 또한 한국에서 그 다리는 다시 중국으로 연결되어 있었다. 중국에서 그 다리는 다시 하늘나라로 연결되어 있었다."

이렇게 확실한 환상을 본 길보른은 드디어 평생 하나님의 복음을 전파하다 죽기로 결심한다. 1901년 1월 그는 시카고에서 카우만과 함께 평생 선교에 헌신하기로 결단하면서 안수를 받는다. '사도성결연맹'(the Apostolic Holiness Union)의 지도자들이 리스, 냅, 스토커 목사 등의 안수를 받고 선교사로 임명받는다. '사도성결연맹'은 후에 '순례자성결교회'(the Pilgrim Holiness Church)의 전신이 되기 때문에 길보른은 카우만과 함께 성결교회 최초로 안수 받은 선교사라고 할 수 있을 것이다.

그는 카우만과 함께 일본으로 출발하기 전에 하나님과 먼저 해결해야 할 일이 생각났다. 즉 그가 철도국에서 근무할 당시 무임승차권을 유용한 것이 생각나서 죄를 회개하는 심정으로 완전한 경제적인 보상을 하기로 결심하고 출국을 잠시 보류한다. 결국 1901년 1월 카우만을 일본으로 보낸 후 자신의 보상 문제를 완전히 경제적으로 해결하고 그 이듬해에 온전히 성결해진 심령으로 하나님만을 의지하면서 두 부부는 일본으로 떠났다.

이렇게 시작된 선교의 일생을 '성결교회 약사'는 다음과 같이 기록하고 있다.

"1891년부터 1897년까지 길보른은 지방전신국 감독직을 역임했고, 1897년부터

1899년까지 무디신학교에서 신학을 마치고, 1900년부터 1902년까지 카우만이 사직한 뒤를 이어 전신회사 기사장이 되었다가 1902년에 다시 하나님의 신학교에서 신학을 연구하여 안수를 받고, 1902년 8월에 카우만의 희망에 의하여 본직을 사면하고, 일본으로 와서 카우만과 한가지로 동양선교회의 기초를 세우고 부총리가 되었다가 1924년에 카우만 총리가 서거하매 이어 총리가 된 지 5년 만에 1928년 4월 25일에 미국 캘리포니아 주 로스앤젤레스에서 서거하니 향년이 64세더라."

그의 선교의 열정은 일본뿐만 아니라 한국과 중국에도 크게 미쳤으니 그에 대해서도 '성결교회약사'는 이렇게 증언한다.

"길보른 총리가 서거할 때는 동양선교회가 창립된 지 28년이요, 우리 조선에 선교하기는 제21년이라. 오직 믿음으로 선교 사업을 계속하던 중 하나님의 축복으로 말미암아 사업은 크게 확장되었나니 일본, 한국, 중국에 성서학원이 설립되었고 일본에 200교회와 조선에 60여 교회와 중국에는 착수 중이나 벌써 수삼천의 교회가 설립되었고 동양선교회의 길발 아래 수만 명의 신자가 있고 그뿐 아니라 일본 전국에는 6년 동안에 30만 환의 큰 재정을 들여 가가호호에 복음을 듣지 못한 사람이 없도록 북은 홋카이도로부터 남은 류큐까지 전도하였고 그 후에 우리 조선에도 1922년부터 전도대를 조직하여 경상남도로부터 북으로 나오는 중이더라."

특별히 한국의 젊은 교역자들이 도덕성과 경건성을 강조하여 실수가 있는 자는 크게 책망하면서도 사랑과 위로를 하였고 자신은 신학, 의학, 전기학 등의 권위자였으나 오직 복음 전파에만 전력하였다. 그의 성격은 치밀하고 실천적이며 범사에 충성하였고 한 점 부끄럼 없이 순수하게 영혼을 사랑하다 하나님의 부르심을 받은 성결한 종이었다.

나카다의 자서전을 기록한 요네다(Isamu Yonda)의 글에 의하면 한국에 신학교를 세울 부지를 구입하기 위해서 1911년 5월 카우만과 길보른이 한국을 방문했을 때, 카우만과 나카다 사이에 신학교 건축을 두고 이견이 있었다. 첫째는 신학교 건축자금을 당분간 일본에 더욱 유치하고 싶은 나카다의 심정과 또한 동양선교회의 구조와 조직에 대한 일부 알력과, 성장하는 현지교회의 교단 형성문제 때문이었다. 그러나 길보른의 뛰어난 행정적인 해결로 일단락을 맺게 되었다.

카우만 부부가 원대한 비전을 가지고 동양선교를 실현하기 위해 대부분의 시간을 여행에 할애하면서 선교사 충원, 선교자금 확보, 교회 및 신학교 건축계획 등 외부활동에 주력하였다면, 길보른은 뛰어난 행정력과 계획 추진으로 내적인 결실을 얻는 데 결정적인 역할을 하였다.

1917년 10월 31일, 일본에서 최초로 '성결교단'(OMS Holiness Church)을 탄생시키는 사역과 '사중복음의 선포'(Four Fold Gospel)에 있어서 카우만과 나카다의 중재역할을 길보른이 성공적으로 감당했다. 특별히 전 일본 국토를 순례하며 전도했던 전국전도운동(The Great Compaign)은 거의 구체적인 계획과 진행이 길보른의 사역에 의존했다고 해도 과언이 아니다. 왜냐하면 카우만의 병세가 극도로 악화되어 1917년 11월 3일 카우만 일가는 일본을 떠나게 되고, 하와이에 잠시 요양한 후 일본 선교에 합세하려는 카우만의 계획은 또 다른 심장병으로 인해 6년 동안 캘리포니아 로스앤젤레스에서 투병 생활을 하다 하나님의 부르심을 받게 되기 때문이었다.

따라서 길보른은 사중복음을 구체화하는 작업을 실시하여 일본 감독 나카다로 하여금 정식 '교단 교리'(Denominational Doctrine)를 선포하게 도왔으며(1917. 10. 31), 십자가 보혈의 공로를 의지하여 받는 중생(Regeneration), 성령의 역사를 통해 얻는 온전한 성화인 성결(Sanctification), 신유(Divine Healing), 그리스도의 전 천 년의 재림(The Premillennial Second Coming of Jesus Christ) 등을 전도 표제로 1917년 대전도 운동을 출발시켰으며 한국교회 성장의 원동력이 된 신학교 건축을 지원하는 데 결정적인 역할을 성공적으로 담당했다.

치오자키(Chiozaki)와 야마자키(Yamazaki)의 주장을 보더라도 길보른의 공헌은 뛰어나다. 길보른의 행정력이 뛰어나 전 일본 국토를 순례하는 전도여행이 성공적으로 마쳐졌다. 특별히 그는 한국선교에 지대한 관심을 갖고 존 토마스(John Thomas) 감독과 함께 한국의 서울에 신학교를 건립하기 위해 자주 여행을 했다.

1911년 5월 카우만과 토마스를 독려하여 대지를 구입했고 1912년에는 구루마다(Akiji Kurumada)를 대동하여 신학교 개원 예배를 참석했다. 그는 언제나 현지 교역자를 도와 교단을 형성해줄 생각까지 하였다. 특별히 현지인들의 교단 형성이 성공되기까지 OMS의 공식 대변인(The Official Voice of the OMS)은 틀림없이 길보른이라고 할 수 있다. 한국인, 일본인, 중국의 성결교인 모두에게 그리스도의 사랑을 정열적으로 나눠 준 길보른은 OMS의 총책임을 맡은 총리가 된 지 5년 만인 1928년 4월 25일 하나님의 부르심을 받았다. 그의 비보를 접한 일본 성결교인 2,000여 명이 추모예배에 참석했으며 즉석에서 염출된 사랑의 헌금이 유족에게 전해졌다. 그가 죽으며 남긴 유산은 겨우 80달러였으나 그가 구원한 영혼은 이루 헤아릴 수 없으며, 물질의 유산을 전혀 물려받지 못하고, 선교를 유산으로 물려받은 그 후손은 4대에 걸쳐 선교사역을 하고 있으니 진실로 하나님의 신실한 종으로 인생을 살아온 신앙의 거인이라 할 수 있겠다.

Ⅲ. 길보른의 성결론

길보른의 대표적인 저작이랄 수 있는 『성결지침』은 모두 11장으로 구성되었다. 그 각각의 제목과 그 내용을 보면 다음과 같다.

제1장 보혈의 능력에서는 그리스도를 말미암는 구원의 정도/불신앙을 경계함/마귀의 싫어하는 물건/사람의 성품과 육의 성질의 구별/순전한 복음.

제2장 육에 속한 성징과 탈각하는 법으로 죄에 두 가지 있음/신생은 죄의 성질을 밀어버리지 못함/완전한 성질에 상관되는 성경말씀/성결이라 함은 이성의 완전을 말함이 아님/구원과 성결의 구별/성결을 받을 길/헌신/믿음/기다리고 바람.

제3장 성결의 필요로 우리가 왜 성결을 주장하는가/성결은 영원하신 때부터 하나님의 계획하신 것/성결은 하나님의 명령/성결은 하나님의 뜻/성결은

하나님의 약속.

제4장 순결한 마음으로 육의 마음/구원과 성결/성결과 온전한 헌신.

제5장 승리의 기도.

제6장 주를 영접할 준비.

제7장 성신의 세례.

제8장 사서 세우신 것.

제9장 그리스도의 증인.

제10장 마귀의 수건.

제11장 그리스도의 행하신 신유의 이적.

길보른의 성결론은 19세기 미국교회에서 있었던 보수적 입장의 성결론을 답습하고 있었다. 19세기 웨슬리 성결운동이 지향하는 성결은 체험주의적 성격을 갖는다. 길보른도 먼저 영혼구원사업과 연관된 실제적인 현장의 선포와 연관이 있으며, 체험을 통한 이해를 소중히 여긴다. 다시 말하면, 성결이란 단순하게 인간의 삶을 객관적으로 묘사하는 방식에 대한 논의가 아니라 교회의 현장에서 구체적으로 일어나야 하는 사역으로 본다. 성결은 하나님의 은혜의 보좌 앞으로 나아가 그의 은총을 체험하는 것이다. 중생이나 성결 모두가 인간의 힘으로 할 수 있는 것이라 하나님이 주신 은총으로 중생자의 특성이요, 모든 성결한 자의 호흡과 같다고 본다. 그러기에 길보른은 다른 교역자들에게 지속적으로 이를 요구하였다.

그에 의하면, 성결은 설교의 주제이며, 불세례를 받은 교역자들의 표식이다. 하나님과 대면한 적이 있어야만 하는 교역자들이 먼저 이 은혜를 받아야 하는 것이다. 그러므로 성결론은 철저하게 부흥과 연관되어 있다. 이를 통하여 심령의 부흥은 곧 다른 영혼을 뜨겁게 사랑하게 만들고 이는 결국 하나님의 복음이 가지는 목적을 성취하는 것이 된다. 성결을 성취하라는 요구 속에는 성결의 영혼구원을 위한 실천적 지평에 대한 간절한 소망과 기다림이 함께 담겨 있는 것이다. 그러므로 성결은 교역자들이 반드시 체험적으로 성취해야 할 것으로서 이를 통하여 교역자들이 다른 영혼들을 온전하고 효과적으로 인도할 수 있게 되는 것이다.

Ⅳ. 길보른의 후예들

그의 후손들은 그의 신앙 유산을 잘 이어받아 성결교, 나아가서는 한국교회 성장에 지대한 공헌을 했으며, 이들은 양화진 제1묘역에 묻혀 있다. 길보른의 외아들 로슨(Earnest Lawson)은 버드(Bud)라고도 불린다. 1922년에 내한하여 동양선교회 선교사로 활동하면서, 서울성서학원 교수, 동양선교회 성결교회 고문과 이사 및 부총재로 활동했다. 신사참배 강요에 반대하고 중국 선교 사업에도 기여하였다. 하젤과 결혼하여 장남 에드윈 길보른과 쌍둥이로 엘머와 어네스트 등 3형제의 아들을 두었다. 이들은 서울과 중국의 미국인 학교와 미국 켄터키 애즈버리 대학에서 교육을 받고 모두 OMS 선교사가 되었다.

길보른 3세에는 에드윈, 엘머, 어네스트 등 3형제가 모두 동양선교회 선교사로 활동했다. 에드윈 W. 길보른은 한국전쟁 바로 1년 전인, 1949년에 내한하여 한국에서 서울신학대학 교수와 제2대 학장, OMS 부총재 등으로 1973년까지 활동했다. 부인은 에드나(Edna)이며 나노(Nanoo)라 불렀다. 에드나의 언니(마가렛 마틴)의 남편은 제임스 H. 무어로 감리교 지도자와 양화진의 서울 유니온교회 목사로 활동하다가 양화진 제1묘역에 안장되었다.

에드나의 아버지 스탠리 하비랜드 마틴(S. H. Martin)은 만주 성 앤드루 병원의사로 있으면서 일본의 압박으로 만주에 이주한 한국인들을 잘 돌봐준 고마운 인물이다. 세브란스의대 내과 교수(1927~1940)로 결핵 환자의 조기 진단과 치료를 장려하다가 은퇴했다.

앨머 길보른 역시 1949년 내한하여 서울에서 동양선교회 성결교회 선교사로 활동하였다. 1980년대 중반까지 한국에서 활동하다가 인도로 떠났다. 그의 묘지는 양화진 제1묘역(가-1)로 정해져 있다. 엘라 룻(Ella Ruth)과 결혼하여 두 딸을 두었다.

여기서 우리가 주목하는 것은 에드윈 길보른의 딸이다. 1950년 5월 6일 출생하여, 단 이틀을 살다가 1950년 5월 8일 사망하였다. 묘비에는 'In his arms'라 쓰여 있다. 어린이날 다음에 출생하여, 어머니날 그 딸을 떠나보내야 했던 산모의 마음을 생각하니 가슴이 저려 온다.

Ⅴ. 결론

1921년 길보른 목사는 한국에 재입국하여 5년 동안 한국성결교회의 발전을 위해 온 힘을 다해 충성했다. 성결교회는 1907년 정빈, 김상준이 카우만과 길보른 그리고 나카다 주지 목사가 주축이 되어 세워진 도쿄성서학원을 졸업하고, 5월 2일에 한국에 귀국하여 5월 30일 서울 종로 염곡동에 있는 헌 집 몇 칸을 세내어 동양선교회 복음전도관이란 간판을 걸고 전도표제로 중생, 성결, 신유, 재림의 4중 복음 혹은 순복음을 강조하면서 한국 땅에 출발한 교단이다. 초기에 성결교회는 잠시 카우만과 길보른이 3주 정도 선교를 위한 사전답사 차 방문한 경우를 제하고는 1910년까지는 한국 땅에 정착하여 외부로부터의 선교활동이 이루어진 적이 없는 한국인들만의 신앙적 열정으로 무교정 복음 전도관, 김혁준(성서학원을 졸업한 동문들이었다)에 의해 화물의 출입이 많고 사람의 왕래가 잦은 진남포 개항장에 새로운 전도관이 1908년 5월에 설립되었으며, 강태온이 1909년 6월 9일에 경기도 개성에 개성 전도관을 세운 것을 볼 때 자립성이 강한 자생적 교회이라고 해도 손색이 없는 출범이다. 그러나 신생교회의 모자람은 이루 말할 수가 없었고 자활을 위해서는 외부로부터의 도움이 절실한 형편이었다. 바로 이때 어네스트는 일본에서의 경험을 살려 더욱 내실 있게 한국 선교에 거보를 내디뎠다. 그는 1919년 3월의 기미년 독립운동의 피해 조사차 강경교회에 시찰 갔다가 첩자로 오인을 받아 일본 경찰로부터 구타당해 득병한 존 토마스 목사가 귀국하자 그 이듬해 영국인 윌리암 헤슬롭이 한국 감독을 맡았는데 그해도 1년 뒤 귀국하게 되었으며 그 이후 길보른 목사가 1921년에 조선 감독의 임무를 겸직하고 내한하게 된다. 그리고 한국에서 5년 동안 봉직하는 중 다음과 같은 활약으로 한국 성결교회 발전에 충성하게 된다. 1924년에는 초대 OMS 총재로 부임, 본국에 돌아가 OMS 발전을 위해 크게 활동했다. 그의 자손 E. L. 길보른은 한국, 일본, 중국 등지에서 여러 해 동안 선교하다가 OMS는 알미니안 계통인 웨슬리안 체험주의에 입각한 복음주의 노선을 따르는 단체였고 카우만과 길보른 둘은 제레이드 브래너가 쓴 『기독교인과 선교연합』이란 책에서 심프슨이 주장한 4중 복음, 곧 중생하게 하는 그리스도, 성결케 하는 그리스도, 치료케 하는 그리스도, 재림하는 그리스도의 가르침에 감화되어 동양에 이 4중 복음을 전하게 된다. 성결교회 약사를 살펴보면, "길보른 총리가 서거할 때는 동양 선교회가 창립된 지 28년이요, 우리 조선에 선교하기는 제21년이라. 오직 믿음으로 선교 사업을 계속하던 중 하나님의 축복으로 말미암아 사업은 크게 확장되었나니 일본, 한국, 중국에 성서 학원이 설립되었고 일본에 200교회 중국에는 착수 중이나 벌써 수 삼천의 교회가 설립되었고 동양 선교회의 깃발 아래 수만 명의 신자가 있고 그뿐 아니라 일본 전국에는 6년 동안에 30만 환의 큰 재정을 드려 가가호호에 복음을 듣지 못한 사람이 없도록 북은 홋카이도로부터 남은 류큐까지 전도하였고 그 후에 조선에도 1922년부터 전도대를 조직하여 경상남도로부터 북으로 나오는 중이더라."라고 그 당시의 상황을 짐작케 해준다.

특히 한국 성결교회에서 잊을 수 없는 길보른의 발자취는 활천지 창간에 있었다. 1921년 4월부터 교회 발전의 유익을 위한 대화를 나누는 간담회 성격의 성결교회 체제 정비가 이뤄진 제1회 간담회에서는 교단 기관지 문제가 거론되어 장로교의 『신학지남』, 감리교 『신학세계』 같은 교단지를 위한 내규를 정하고 명칭은 『활천』으로 정했으며 1922년 11월 25일 창간호를 발간하게 된다. 1942년 12월 제241호를 기점으로 일본의 탄압으로 폐간된 활천의 창간 취지를 초대 사장 길보른 목사는 다음과 같이 적고 있다. "활천의 발행은 광야와 같은 조선에 영의 양식을 공급하기 위한 것, 그의 이 같은 문서 선교의 관심과 실천은 자신의 젊은 시절 작가가 되기 위해 애썼던 자질의 발로였으며 사실 선교사역을 감당하는 즈음에도 문서 선교의 업적이 탁월했음을 당시 유명했던 복음 전도자며 교육가였던 H.C. Morrison이 성경 다음으로 내 영혼을 감동시켰던 책은 길보른 선교사의 작품 외에는 없다."라고 한 데에서 볼 수 있다.

그의 글은 직설적이면서 동시에 때론 논리의 급변이 있지만 지속적으로 사람들의 폐부를 파고드는 문학적인 특징을 지니고 있었다. 어네스트 카우만 선교사는 1925년 10월 25일에는 OMS의 총재로 중국에까지 건너가 선교활동을 펼쳤다. 그와 여행했던 친구는 이렇게 술회하고 있다. 그는 매일 살아가는 에너지를 주께로부터 끌어당기고 있다. 여행 중 우리는 아침 경건회를 갖곤 했는데 그는 주께 그날의 경건을 위해 기도하곤 했다. 그는 몸을 위하시는 주를 믿었고 몸은 주를 위함이라는 사실도 믿었다. 그의 생명이 그리스도의 생명과 연대되어 있다는 확신에서 그는 그리스도의 생명으로부터 자신의 생명으로 넘치는 질서를 믿으면서 그것이 매일 자신에게 활력을 준다는 사실을 신뢰하고 있었다. 결국 그는 그리스도를 위대한 의사로 생각하고 있었음이 틀림없었으며, 때문에 그는 기독교인의 삶을 살아가는 동안 단 한 번도 의사의 도움을 받아본 적이 없다고 알려지고 있다. 길보른은 약하고 부족한 심령이 하나님의 영에 소유됨으로 어떤 일이 일어날 수 있는 것에 대해 알고 있었다. 성령 충만한 자들에게 영혼 구원을 위한 사역은 어려운 일이 아니다. 하나님은 약자를 들어 강하게 하시며 불안정한 자를 들어 지구력 있게 하신다. 우리가 단지 성령과 불의 세례를 받음으로 우리 안에 있는 하나님의 목적과 계획을 위해 우리의 모든 냉담을 그치고 하나님의 명령을 순종하도록 강권하시는 사랑이 활동한다. 그의 아들에게 남긴 다음의 말은 그가 얼마만큼 하나님의 강권하시는 사랑에 의존하고 있는지를 보여준다.

"네가 개인적으로 조용히 물러나 사람들이 무엇을 말하고 있는지에 대해 마음쓰지 않는 것이 좋다. 왜냐하면 하나님께서 재판관이시지 그들이 결코 아니기 때문이다."

분명히 어네스트 길보른은 한국의 성결교회를 이끌어 주신 위대한 선교사로 우리 선교사들의 귀감이 된 분이시다.

참고문헌

김성영 외. 『성결교회인물전Ⅰ』. 서울: 도서출판 일정사, 1990.

박명수. “동양선교회와 한국 성결교회”. 『교회, 민족, 역사: 솔내 민경배 박사 고희기념논문집』, 2004.

이명직. 『성결교회약사』. 서울: 성결교회이사회, 1929.

이성준. 『동양선교회 창립자들의 성결 이해』. 부천: 서울신학대학교 대학원 석사논문. 2005.

길보른, E. A. “동양선교회가 가르치는 사중복음1 - 3”. 『활천』 78~80호. 1929, 5~7월.

길보른, E. A. “길보른의 성결론”. 『성결교회와신학』 10호. 2003.

길보른, E. A. 『성결 그리고 하나님의 뜻』. 서울: 예찬사, 1994.

Ernest A. Kilbourne, *The story of a Mission in Japan, Greenwood.* IN: OMS International, inc, 1907.

Edward and Esther Erny, *No Guarantee Bur God. The story of the Founders of the OMS. Greenwood.* IN: OMS 'International INC, 1969.

Isamu Yoneda, *Nakada Juji Den.* Tokyo: Nakada Juji Den Hakko Kao, 1959.

Yamazaki Washio and Hideo Chiozaki. *History of Japan Holiness Church.* Tokyo: Japan Holiness Church Publishing Department, 1970.

호주성산 성결신학 연구실.

http://cafe.naver.com/sungkyul.cafe?iframe_url=/ArticleRead.nhn%3Farticleid=218&

부록 1

〈세계 교회사 연대표〉

1. 고대사(1~590): 초대교회사

1) 사도시대(27~100): 교회 건설기

30. 예수 그리스도의 죽음

35. 바울의 회심(개종)

50. 최초 신약성경인 바울서신 제작

64. 로마대화재, 네로의 박해, 베드로와 바울의 선교

70. 예루살렘 함락(로마 베스파시아누스 황제 때 티토에 의해)

81~96. 도미티아누스 황제의 박해

64~286. 십대 박해(222년간)

2) 사도 후시대(100~313): 교회 핍박기

135~160. 몬타니스트 운동

200. 정경 형성이 시작됨(이레나이우스 활약)

285. 안토니 수도원(최초의 수도원)

3) 니케아 시대(313~590): 신학 조성기

313. 밀란 칙령(기독교 공인)

325. 니케아 회의 ①(아리우스 정죄, 아타나시우스 승리, 부활절 제정)

330. 콘스탄티노플 천도

340. 사도신경의 골자가 되는 로마신경 나옴

354~430. 어거스틴 생애(*413~426, 하나님의 도성 출간)

381. 콘스탄티노플 회의 ②(아포리나리우스의 인성제한설 정죄)

382. 로마(서방)교회의 정경목록 작성

388. 제롬(라틴어 벌게이트) 신약완성

392. 기독교 국교화(테오도시우스 1세)

395. 동서 로마분리

397. 칼타고 회의(어거스틴 활약, 신약 27권 정경목차 채택)

431. 에베소 회의 ③(네스토리우스 양성론 정죄)

449. 에베소 도적회의

451. 칼케톤 회의 ④(유스티케의 일성론 정죄)

476. 서로마 제국 멸망(게르만족에 의해)

529. 몬테가시노 수도원 창설(성베네딕트)

553. 콘스탄티노플 2차 회의 ⑤(칼케톤 신조 재확인)

2. 중세사(590~1517)

1) 로마교회 초기시대(590~800): 과도시대 선교 발달기

590. 교황 그레고리 1세 즉위(최초 교황 칭호 사용)

622. 모하메드가 메디나로 도주하여 이슬람교 세움

637. 이슬람교의 예루살렘 점령

680. 콘스탄티노플 3차 회의 ⑥(일의론 정죄, 이의론 채택)

787. 니케아 2차 회의 ⑦(성화숭배 결정)

2) 로마교회 성장시대(800~1073): 동서교회 분리기

800. 교황 레오 3세가 샤를마뉴에게 로마 황제의 제관 수여

869, 879. 콘스탄티노플 4차 회의 ⑧ (성령출처 문제로 포티우스 파면, 이오니우스 채택)

910. 블루니 수도원 개혁 시작(10세기)

962. 교황 요한 12세가 오토 1세에게 대관식(신성 로마제국)

1054. 동 · 서교회의 분리

3) 로마교회 전성시대(1073～1303): 그리스도교 실생활기

1073. 교황 그레고리 7세 즉위(힐데브란트)

1071. 셀주크투르크가 예루살렘 점령

1077. 카노사의 굴욕(독일 헨리 4세가 그레고리

1095. 클레멘트(클레르몽)회의(십자군 결정)

1096. 스콜라 철학의 시작

1096～1270(11～13C). 십자군 전쟁(8회, 약 200년간)

1122. 웜스 협약

1215. 영국에서 대헌장 발표(마그나 카르타)

로마 라테란 회의(화체설 채택, 이노센트 3세)

4) 로마교회 쇠퇴시대(1303～1517): 종교개혁 전초기

1303. 교황 보니페우스 사망

1309～1377. 교황청의 바벨론 포로

(클레멘트 4세-그레고리 11세, 아비뇽 유수, 70년간)

1350～1650(14～17C). 문예부흥(약 300년간)

1382. 존 위클리프 성경을 영어로 번역

1409. 피사 회의(두 교황 폐위, 알렉산더 5세 세움)

1414～1418. 콘스탄츠 회의(세 교황 면직, 마르틴 5세

1431. 바젤 회의(훗스파와 화협 체결)

1438～1439. 페라리 회의-플로렌스 회의(동서교회 합동문제)

1453. 동로마의 멸망(콘스탄티노플 함락, 오스만투르크에 의해)

1504. 장 칼뱅 탄생(～1564, 55세)

3. 근세사(1517~현재)

1) 종교개혁시대(1517~1648): 신교 발생기

1517. 종교개혁 시작(루터의 95개 조항: 34세)

1521. 웜스 국회(루터 재판)

1529. 슈파이어 국회(프로테스탄트란 용어가 처음 사용됨)

1530. 아우구스부르그 신앙고백문 작성(멜랑톤 기초)

1534. 영국 국회 수장령 통과

1536. 칼빵『기독교 강요』출간(27세)

1540. 로욜라 예수회 창설

1562. 위그노 전쟁

1572. 위그노 사건(성 바돌로매 대학살)

1594. 12. 그리그리오 세스페데스 신부 한국 웅천에 머뭄.

1598. 낭트 칙령(앙리 4세: 헨리 4세, 불란서 신교 자유 승인)

1618. 돌트 회의(칼빵파와 알미니안파의 분쟁조정 위해)

1618~1648. 30년 전쟁(독일)

1648. 웨스트팔리아 평화조약 체결

(독일, 스웨덴/가톨릭, 루터파, 칼빵파 동등 인정)

(웨스트민스터 신앙고백 작성, 1643~1649)

2) 근세시대(1648~1800): 신교 확장기

1706. 미국 최초의 장로교회 조직(메케미)

1727. 모라비안 교회(진젠도르프)

1739. 웨슬레 부흥운동(18C, 영국)

1780. 주일학교 시작(영국, 레이크스 창시)

1787. 미국의 독립

1789. 불란서 대혁명

1792. 윌리암 캐리의 선교사역 시작

3) 최근시대(1800~현재): 세계 기독화기

1804. 칸트 사망

1806(8. 6). 신성로마제국 멸망(프란츠 2세, 나폴레옹)

1833~1840. 옥스퍼드 운동(가톨릭의 도덕 재무장 종교운동)

1848. 공산당 선언

1863. 노예 폐지 공포(링컨)

1865. 구세군 창설(윌리암 부스)

1868~1870. 제1차 바티칸 회의(교황무오설 가결)

1914~1918. 제1차 세계대전

1918. 칼 바르트 『로마서 주석』 출간

1939~1945. 제2차 세계 대전

1948. 에큐메니컬 운동(암스테르담에서 WCC 조직)

1962~1965. 제2차 바티칸 회의(교황 요안네스 23세, 종교적 자유 선언)

1978. 교황 요한 바오로 2세 즉위(265대)

2005. 교황 베네딕트 16세 즉위

부록 2

〈한국기독교 역사〉

1627. 네덜란드 벨트브레(Jan T. Weltvree) 일본으로 교역차 향해 중 제주 앞 바다에 표류.

1653. 하멜(Hendrik Hamel), 일본으로 가던 중 제주에 표류 36명. 제주 감영에 압송.

1816. 맥스월과 홀 군함을 이끌고 군산 부근(충남 서천군 서면 마량진 갈곶) 정박, 조대복에게 영문성경을 전함.

1832. 7. 귀츨라프(네덜란드선교회), 충청도 고대에서 전도문서와 성경을 전함.

1874. 10. 로스 선교사 첫 번째 고려문 여행에서 상인 백홍준 부친에게 한문 신약전서를 전함.

1866. 9. 2. 토마스 선교사 대동강에서 성경을 가지고 들어오다 순교함.

1880. 백홍준, 기독교서적 휴대로 투옥되었다가 석방됨.

1882. 10. 6. 서상륜, 영국 성서공회의 한국 최초의 권서로 한국으로 파송받음.

1883. 10. 로스 선교사 요한복음, 누가복음, 사도행전 출간.

1884. 9. 20. 의료 선교사 앨런 미국 공사관의 공의로 한국에 입국함.

1884. 11. 로스, 웹스터와 서간도 한인촌을 방문 12월 한국인 75명에게 세례를 줌.

1885. 1. 21. 스크랜턴 의사 선교사 한국을 향해 뉴욕을 출발.

1885. 4. 5. 미국 장로교 선교사 언더우드와 미국 감리교선교사 아펜젤러 한국 인천에 입국함.

1885. 4. 5. 기독교대한감리회 여 선교회 창립.

1885. 4. 10. 앨런 선교사에 의해 광혜원 설립(국립병원으로 설립, 후에 제중원으로 개칭함).

1885. 10. 11. 앨런 선교사 집에서 외국인 12명이 한국 최초의 성찬식 거행.

1886. 5. 31. 이화여학교 설립(서울 정동에서 미 감리회 여선교사 스크랜턴 부인에 의해 설립).

1886. 6. 8. 배재학당 개교함.

1886. 7. 노춘경, 국내에서 한국인으로는 최초로 세례를 받음.

1887. 1. 서경조, 최명오, 정공빈 언더우드 선교사에게 세례받음.

1887. 9. 27. 새문안교회, 로스와 한국인 신자 14명이 참석하여 언더우드에 의해 설립.

1888. 4. 28. 금교령 법령(천주교에 전교를 금지한다는 법령).

1889. 토론토 대학 YMCA 파송한 게일, 독립선교사 팬윅 내한.

1889. 10. 호주 빅토리아장로교회에서 데이비스(J. H. Davies)목사 부부와 메리(Mary) 파송.

1890. 4. 데이비스 전도하며 부산으로 가던 중 과로와 천연두, 폐렴으로 한국 땅에서 순교.

1895. 7. 3. 한국 최초 교회인 소래교회가 한국인에 의해 설립.

1897. 5. 예수병원 설립. 남장로회 한국 여 선교사인 의사 잉골드에 의해서 설립 개원됨.

1897. 5. 2. 고양읍교회 설립. 미국 남감리회 초대선교사 리드 박사가 설립의 동기임.

1898. 9. 캐나다 장로교회 그리어슨(R. G. Grierson), 푸트, 맥레선교사 파송.

1900. 9. 9. 정동제일교회에서 『신약젼서』 출판기념예배 드림.

1901. 5. 14. 한국 최초의 목사 안수(김창식, 김기범).

1902. 6. 아펜젤러, 목포의 번역자회의 참석차 여행 중 선박충돌 사고로 순교함.

1903. 10. 28. 상류 지식층 지도자들과 청년 전도목적으로 "기독교청년회" 창설.

1906. 현 기독교한국침례회 교단창립총회(대화회), 교단명을 대한 기독교회로 정함.

1907. 5. 30. 김상준, 정빈, 양 씨가 "조선야소교 동양선교회 복음전도관"을 설립.

1907. 6. 감리교 협성신학교 개교.

1907. 9. 17. 대한예수교장로회 독노회 창설, 선교사 33명 모임(한국 최초의 목사 7명을 장립).

1908. 3. 1. 한국인 목사 길선주 주례로 최초의 세례식 거행.

1908. 10. 8. 구세군 한국 본영 창설.

1909. 7. 1. 구세공보 창간. 처음에는 구세신문이라는 제호로 발간됨.

1910. 2. 15. 구세군사관학교 개교(한국에 전해진 지 17개월 만에 사관학교 개교).

1911. 3. 13. 경성성서학원(서울신학대학교 전신) 설립.

1911. 9. 대구 남문교회에서 열린 제5회 조선노회에서 7개 노회 조직 결의.

1911. 12. 4. 경기, 충청노회 성립. 경성부 새문안교회에서 성립되었음.

1912. 2. 1. 한국교회 주일학교 위원회 설립.

1912. 9. 1. 대한예수교장로회 창립총회.

1914. 1. 19. 한국 최초의 유치원 이화유치원 개원.

1915. 12. 7. 기독신보 발행. 일제치하 교회신문 1937년까지 속간됨.

1916. 9. 2. 경북노회 분립. 제12회 경상노회에서 경북, 경남노회를 분립할 것을 허락받음.

1919. 2. 26. 한국기독교 연합공의회 조직.

1919. 3. 1. 삼일독립운동이 전국으로 전개됨.

1919. 3. 1. 금주동맹회 절제운동(1930년 YMCA를 중심으로 절제운동이 일어남).

1919. 4. 15. 수원 제암리교회 학살 사건 발생.

1922. 11. 20. 기독교양재여숙 창립(경성대한여자기독교청년회가 설립한 사회교육기관)

1922. 11. 25. 기성 교단기관지『활천』창간호 발행.

1923. 8. 18. 한국 YWCA연합회 결성.

1924. 9. 13. 경기노회 충청노회와 분립.

1925. 10. 1. 한국 최초의 신학박사 남궁혁, 평양신학교 부임.

1926. 11. 14. 서울에서 토마스 목사 순교 60주년 영국성서공회 한국지부 설립.

1926. 2. 18. 기독교연구회(한국YMCA) 창립(서울교회 중진들이 민족운동 목적).

1928. 7. 24. 청년 면려회 제3회 하계대회 및 정기총회(연세대학교).

1929. 2. 27. 성결교회 제1회 연회가 소집되고 교회법을 제정함.

1931. 9. 11. 금강산 기독교 수양관 봉헌(대한예수교장로회 총회에서 추진).

1931. 5. 29. 기독교 증험론 발행(평양 장로회신학교에서 발행함).

1931. 6. 14. 한국에서 최초의 여자 목사 안수(기감 여선교사들).

1933. 1. 20.『기독교세계』창간(기독교감리회의 교회기관지).

1934. 6. 14. 한국감리교선교 선교 50주년 기념식(배재학교).

1935. 12. 22. 기독교대한복음교회 창립(최태용 목사 중심으로 한국인들에 의해 조직된 교단).

1936. 5. 25. 천주교에서 신사참배 성명서 발표.

1936. 7. 19. 기독교보 발행(주간으로 1936. 1. 14. 창간된 <종교시보>를 개재하여 발행함).

1937. 4. 1. 그리스도교 한국선교회 설립(내한한 존 체이스 선교사에 의하여 설립).

1938. 2. 8. 주기철 목사 평양감옥에 구금됨.

1938. 2. 12. 장로교 평양신학교 학생들의 신사참배 반대운동.

1938. 9. 10. 일제 총독부가 장로교총회에서 신사참배를 결의하도록 강요함.

1938. 10. YMCA, YWCA를 해산시키고 일본기독교청년회에 종속시킴.

1938. 8. 16. <기독신문> 발행(1942년 4월 23일까지 발행된 개신교 각 교파의 연합신문)

1939. 11. 15. <기독교문답> 발행(기독교조선감리회 총리원 교육국 발행-이동욱 지음).

1941. 12. 31. 기독교대한감리회 청년연합회 창립.

1942. 4. 29. 기독교신문 발행(장로교, 감리교, 성결교, 구세군 합동기관지).

1943. 9. 일제 주일 밤 예배, 삼일기도회 금지령.

1944. 4. 21. 주기철 목사 순교.

1946. 4. 기독교조선성결교회 제1회 총회.

1945. 8. 15. 대한민국 일제하에서 해방됨.

1945. 9. 1. 출옥성도들 교회재건운동 시작, 북한장로교회 재건.

1946. 1. 17. 기독공보 발행(기독교공보의 후신으로 1951년 부산 피난 시절 복간됨).

1947. 5. 1. 기독교신문 발행(초교파 주간신문으로 순복음을 주장).

1948. 4. 20. 기독교박물관 설립(한국기독교박물관은 김양선 목사가 교회사 자료를 수집 개관).

1948. 5. 31. 대한민국 국회 첫 개회를 기도로 시작함.

1948. 6. 서울에서 장로회신학교 개교.

1951. 1. 9. 기독교연합전시비상대책위원회 창립(6 · 25사변 중에 조직된 국내 기독교 연합기관).

1951. 9. 18. 대한예수교장로회 총회신학교 개교.

1952. 12. 15. 세계적인 전도자 빌리그래함 목사 부산과 서울에서 전도 집회.

1953. 4. 기독교대한하나님의성회(순복음) 창립총회.

1953. 5. 한국선명회 창립과 함께 구호사업 개시.

1953. 7. 28. 기독교문화사 설립(기독교 출판기관, 김성준 목사).

1953. 11. 13. 기독교어린이문화관 창립(초교파 어린이 문화사업 및 출판사업기관).

1954. 12. 15. 기독교방송(CBS) 한국 최초의 민간방송으로 방송 개시.

1956. 9. 15. "한국기독교해방10년사" 장로회총회 종교교육부 발행.

1956. 12. 23. 극동방송 개국(복음주의 연맹선교회에 의해 개국).

1956. 3. 15. 기독교문화 발행(기독교 계간잡지).

1957. 11. 1. 한국대학생선교회(CCC) 창립.

1958. 5. 10. 한국예수교오순절교회 창립.

1958. 9. 1. 국방부 군종과 발족.

1958. 4. 19. 그리스도신학대학교 설립(그리스도교회무악기 선교사 체셔를 중심).

1959. 9. 24. 제44회 장로회총회에서 통합 측과 합동 측으로 분리됨.

1960. 5. 20. 기도 발행(세계문서선교회의 한국지부인 한국가정문서선교회의 기관지).

1961. 9. 1. 학생성경읽기선교회 광주시 대신동 이 사무엘 선교사와 Sarah Barrry 선교사 설립.

1962. 8. 31. 기독교근로전도회, 한국 설립(불우한 근로자와 불우청소년들에게

복음을 전함).

1963. 4. 28. 금주의 설교 발행(기독교 명 설교집 편찬회에서 편집. 발행).

1963. 4. 23. 기독교구국연합전도회 창립(기독교연합기구).

1963. 6. 3. 기독교오순절협동교회연합회 창립(국내 오순절교단으로 박덕종 목사에 의해 창립됨).

1964. 1. 21. 기독교인권옹호상담소 창립.

1965. 1. 4. 기독신보 발행(대한예수교장로회 합동 측 교단 기관지).

1966. 3. 1. 기독교사회윤리위원회 창립(부산기독복음병원 원장 장기려 박사를 중심으로 설립).

1967. 개편 찬송가 간행.

1968. 2. 24. 예수교 한국독립교회 연합회 총회 창립.

1969. 1. 10. 한국기독교의료선교협회 창립(기독교단체. 기독의료인, 기독실업인, 교역자 주축).

1972. 5. 29. 군복음화후원회 설립(한경직 목사를 중심으로 영락교회에서 설립).

1975. 8. 31. 기독교선교에 관한 서울선언 창립.

1978. 2. 16. 기독교서점협의회, 전국 창립(한국기독교서점 연합기구).

1979. 9. 15. 기성 교단창립 70주년 기념회관인 "성결회관" 준공.

1981. 1. 29. 100주년 기념 사업회 규약확정 20개 교단과 연합기관 참가.

1981. 4. 9. 한국찬송가공회 창립. 한국 개신교 통일찬송가 사업을 위한 교파 연합기관.

1983. 10. 한국찬송가공회에서 개신교가 함께 사용하는 558곡의 찬송가 발행.

1984. 8. 15. 한국 개신교 백 주년 선교대회(여의도 광장에서 예배드림).

1984. 8. 31. 한국교회 100주년 기념관 개관.

1986. 12. 10. 한국컴퓨터선교회(KCM) 창립.

1987. 9. 28. 제77차 침례교 연차 총회에서 기독교한국침례회 해외선교회 발족.

1988. 9. 9. 제1회 한국디아스포라 세계대회(서울영락교회).

1988. 12. 10. 국민일보 창간(1일 16면 발행).

1989. 4. 28. 한국기독교총연합회 설립(원로목사 10여 명의 제창으로 창설됨).

1989. 10. 8. 제1차 의료선교대회(한국기독교의료선교협회) 개최.

1991. 11. 5~8. 2000년대를 향한 민족과 세계복음화 회의 개최.

1992. 2. 4. 한국세계선교협의회(KWMA) 창립.

1992. 8. 15. 92세계성령화대성회 여의도광장에서 개최.

1995. 5. 15~17. 제2차 민족과 세계복음화 회의 개최.

1995. 5. 17~25. 95세계선교대회(GCOWE'95) 기독교21세기운동본부 주최로 서울에서 열림.

1996. 8. 5~10. 선교한국 '96(한양대학교) 1998. 8. 3~8 '98(부천실내체육관).

1997. 5. 30. 기성 교단창립 90주년기념대회 중앙교회에서 개최.

1987. 8. 10~13. 제1회 기독교사대회를 개최(기독교사단체연합 강원대에서).

1998. 12. 15. 기독교방송 표준 FM 개국(주파수 98.1MHz, 출력 10KW), 21일 대전방송 개국.

1999. 5. 5. 침례교선교 110주년 축하집회(잠실 올림픽주경기장).

1999. 10. 12. 기독교대책위원회 단군상 건립 중단 요구.

1999. 11. 30. 대한성서공회 무역의 날 '수출의 탑' 수상(105개 언어로 전 세계 성경의 20% 공급).

1999. 12. 23~25. 영적 각성과 세계선교를 위한 '한국교회비전 큰잔치'(성탄절 기념행사로 열림).

2000. 8. 14~18. 2000년 세계선교대회(KWMA 주최 서울에서 개최).

2001. 6. 8. 재단법인 아가페(기독교교도소) 법인창립 이사회를 개최.

2001. 9. 24. 미국 테러참사(9.11) 희생자 애도와 세계 평화를 위한 기도회를 여전도회관에서 개최.

2002. 10. 4. '신의주 특구' 북한교회 재건 박차.

2003. 10. 20. 한국교회 연합 7대 원칙 채택 합의, '한국교회 연합을 위한 선언문 발표(한기총).

2004. 12. 13. 한국선교 120주년 한기총 15주년 기념 '한국교회의 밤.'

2005. 4. 5. '한국선교 120주년 기념행사' 한국기독교총연합회와 한국 기독교교회협의회 주최로 인천내리교회에서 열림.

2005. 5. 24. 한국기독교교회협의회(KNCC)와 조선그리스도교연맹(북한)은 금강산 문화 회관에서 평화통일을 위한 기도회와 성가제를 가짐.

2005. 6. 13~23. 고신선교 50주년 기념 선교대회 개최.

2005. 6. 21. 예장 합동, 개혁교단과 '합동'(1979년 64회 총회에서 분열하여 26년 만에 합동에 합의함).

2005. 8. 11. MT 2030Project 발표(2030년까지 한국선교사 10만 명 파송 운동전개 시동).

2005. 11. 16~18. '제5회 한국선교지도자 국제 포럼' 강화 성산예수마을에서 KWMA 주최로 열려.

2005. 12. 한국선교사 1만 4,086명 파송(미국에 이어 제2의 선교사 파송 국가로 부상).

2006. 5. 28~6. 30. "2006년 세계선교대회 및 NCOWE IV" KWMA 주최로 전국 23개 교회에서 열림.

2006. 7. 24~28. "2006년 제19차 세계감리교대회(WMC)", 서울 금란교회에서 개최.

2007. 5. 27. 성결교 1백 주년 "개인 구원 넘어 민족과 세계로", 잠실 올림픽주경기장에서 개최.

2007. 7. 9. 2007 한국교회 대부흥 100주년 기념대회, 서울 상암동 월드컵경기장에서 개최.

2008. 1. 대한민국의 선교사가 168개국에서 1만 7,697명이 사역하고 있음.

부록 3
〈간추린 한국교회사 연표, 선교사 활동을 중심으로〉

1866. 제너럴셔먼호 사건(토마스 평양 대동강에서 순교) 발생.
병인양요

1871. 대원군 전국에 척화비 건립.
신미양요

1873. 대원군의 하야(下野)와 고종의 친정체제 확립.

1882. 최초의 한글 성서(누가 요한복음) 만주에서 출간(로스, 이응찬 등)
조미수호통상조약

1883. 조영수호통상조약

1884. 매클레이 한국방문해서 김옥균의 도움으로 고종의 선교사업 윤허받음.
앨런 서울에 도착.
갑신정변 때 앨런이 민영익의 중상을 치료.
일본에서 韓漢 성서와 한글 마가복음 번역 출간(이수정, 루미스).

1885. 언더우드, 아펜젤러 입국.
광혜원 개원(앨런).
헤론의 입국.
배재학당 설립(아펜젤러).
황해도 소래교회 설립(서상륜, 서경조).

1886. 이화학당 시작(스크랜턴 여사).
육영공원(育英公院) 설립(헐버트, 벙커, 길모아 교수).

1887. 새문안교회(언더우드) 설립.
정동교회(아펜젤러) 설립.
성서번역위원회 발족(언더우드, 아펜젤러, 스크랜턴, 헤론).

1888. 조정 기독교 금교령 발표.

1889. 배재학당 안에 三文出版社 설립(올링거)-최초의 인쇄소로 단편 성서, 전도용 소책자, 기독교정기간행물 이외에 독립신문, 협성신문 등 일반신문도 간행.

1890. 중국 지부의 선교사 네비어스 입국 세미나-네비어스 원칙 조선 선교에 적용.

자진전도(自進傳道, Self-Propagation)

자력운영(自力運營, Self-Support),

자주치리(自主治理, Self-Government)

헤론 이질로 병사(양화진에 최초로 매장)

성공회 선교 시작(코르프)

1892. 레이놀즈, 테이트 등 입국.

1893. 곤당골(승동)교회 설립(무어)-양반과 천민 같이 예배.

1894. 동학혁명과 청일전쟁.

1895. 명성황후 시해.

춘생문 사건(명성황후 죽음 후 불안해하는 고종을 이어(移御)하려는 음모에 선교사들이 개입했다는 일본의 주장).

1897. 평양 숭실학교 설립(베어드)

1898. 러시아정교회 선교 시작(니콜라이 알렉세예프)

1900. 장로교 남만주에 휘트모어와 안승원을 선교사로 파송.

1902. 벙커의 옥중전도로 이상재, 이원긍, 유성준 등 정부고관 기독교로 귀의, 아펜젤러 성서번역위원회 참석차 목포로 가던 중 익사.

앨런과 존스가 주도한 조선인들의 대규모 하와이 이주 시작(감리교 선교 차원).

1903. 황성기독교청년회(YMCA) 발족.

1904. 러일전쟁

세브란스의 기부금으로 남대문 밖에 종합병원 설립(에비슨)

대한매일신보 창간(베델).

1905. 고종 헐버트를 워싱턴에 밀파, 미국의 도움으로 일본의 침탈 막으려 시도. 한국복음주의선교회연합공의회 결성-장로교와 감리교의 협의체로 하나의 개신교회 설립을 목표로 함.

을사늑약(일제 외교권 박탈)

1906. 통감 이토 히로부미의 선교사 회유책(다수의 선교사들 일제의 현실적인 힘을 인정하고 협력) 성경기독교, 성경을 사랑하는 기독교인-선교사들이 본 당시 한국 기독교의 가장 큰 특징.

성서공회에 고용된 수많은 무명의 한국인 권서들은 전국 각지를 돌면서 성경과 기독교 소책자를 보급하는 역할.

1907. 평양대부흥운동(장대현교회)

동양선교회(성결교) 선교 시작.

장로교 독노회 조직.

상동교회에서 헐버트의 정보제공으로 헤이그 밀사사건 논의.

헐버트는 헤이그 현지에서 로비활동.

1908. 구세군 선교 시작(호가드)

1909. 선교구역 분할 확정(장로교와 감리교의 교단 사이에 선교의 중복을 없애고자 행정구역 단위로 선교구역을 분할하는 협정을 맺은 것).

1910. 한일합방

1912. 105인 사건-일제가 기독교 세력 제거 목적으로 데라우치 총독 암살 음모건을 조작해 서북지역의 기독교계 지도자 대거 검거. 선교사들 노력으로 외교 문제로 비화. 결국 날조로 밝혀짐. 교회에 자행된 일제의 엄청난 폭력.

1915. 연희전문학교 창립(북장로회, 캐나다장로회, 미감리회, 남감리회의 연합).

1913. 장로교 총회 산동지역 선교사(박태로, 사병순, 김영훈) 파송-선교사들 중국교회로 교적 이전.

재한외국인선교사들이 자국 파송교회의 교적을 유지한 것과 대조.

1919. 3·1 운동

장로교 총회에서 선교사에게는 언권(言權)만 주기로 결정

1925. '허시모' 사건(안식교 선교사 헤이머스가 자기 과수원의 사과를 따먹은 아이의 두 뺨에 초산은으로 '도적'이라 써서 추방당한 사건).

'조선기독교봉역자회의'(한국교회대표 31인과 선교사 31인이 모여 선교사들의 인종차별의식과 우월의식에 대한 열띤 논쟁)

1926. 구세군 한인사관 서양인과의 차별에 항거, 구세군 사학생 28명 퇴학.

1932. 해주 폐결핵 요양원에서 '크리스마스실' 발행(셔우드 홀).

1935. 신사참배 문제로 한국교회에 시련.

일제의 반(反)선교사 정책(영 · 미와의 관계 악화, 식민지 경영에 가시 같은 존재들, 신사참배 문제가 빌미 제공).

1936. 숭실학교 맥큔, 숭의여학교 스누크 신사참배 거부로 교장 인가 취소.

1937. '풀턴성명' - 강경한 신사참배 반대성명

맥큔과 언더우드의 차이(맥큔 '너는 내 앞에 다른 신을 경배하지 말라' - 우상숭배 절대불가; 언더우드 '가이사의 것은 가이사에게' - 타협적 찬성론).

신사참배 반대로 다수의 기독교학교들 폐교.

1938. 개역성서 발행 - 26년 동안 16명의 선교사들과 6명의 한국인이 번역에 참여. 장로교 총회 불법적으로 신사참배 가결(천주교와 타 교단들 이미 가결).

1940. 신사참배 반대로 기독교인 대거 검거.

외국 선교사 대거 추방 시작.

1941. 세계평화기도문사건 발발(미국 영국 부인 선교사 등 15명 구속)

대동아전쟁 발발

1942. 외국인 선교사 전원 출국, 몇 사람은 포로로 억류되어 일본군과 교환.

1945. 해방

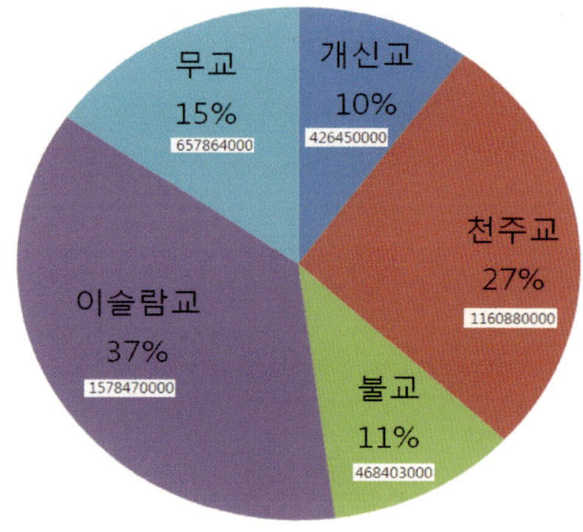

자료: 한국선교연구원, 『선교정보 모음집』

세계 종교 인구 분포(2011)

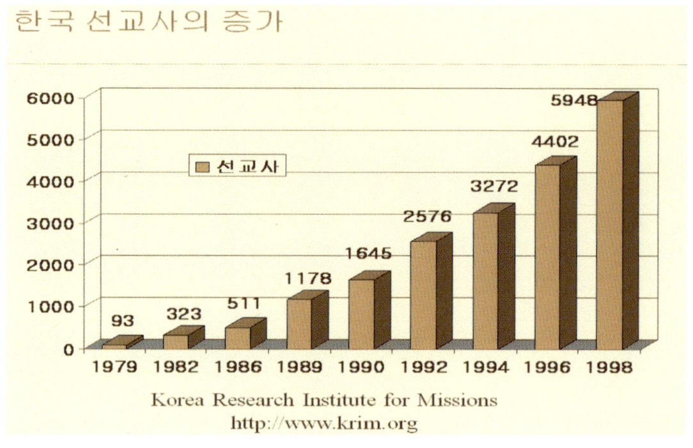

손석원

성결대학교 신학과 및 동 대학원 졸업
고려대학교 대학원 졸업(사회윤리교육전공)
숭실대학교 대학원 졸업(사회사업전공)
United Theological Seminary 선교신학박사 수료(D.Miss.)
Baguio Central University 철학박사 취득(Ph.D.)
서울기독대학교 명예신학박사(Th.D.)
Shepherd University 명예사회복지학 박사(D.S.W.)
서울산업대학교 최고경영 CEO과정 수료
소명성결교회 담임목사
미국 켄터키 벧엘교회 담임목사
성결대학교 교목실장, 일반대학원장 및 목회대학원장 역임
성결대학교 평생교육원장 역임
현) 한국교회성장선교연구원장
한국선교복지학회장
중국 청도 갈농대학교 설립추진위원장
한기총 이단전문위원
주라복지재단 법인이사
성결대학교 신학부교수(1982년부터～현재)

『인간과 윤리』(1983)
『성경과 현대선교』(2000)
『선교와 현대사회』(2001)
『칭찬받는 사람들』(2002)
『믿음, 소망, 사랑』(2002)
『예수의 생애』(2003)
『선교대사전』 외 다수
『Buddhist and Christian Mission in Korea』(2000) 외 55편
『Mission FOCUS, 2003, Volume 11』 국제학회논문발표

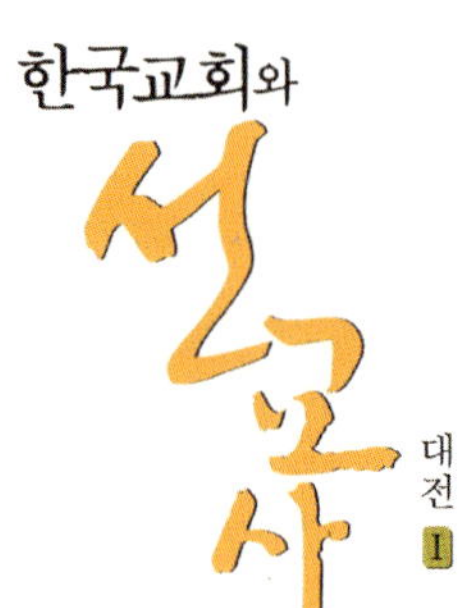

초판인쇄 | 2011년 9월 30일
초판발행 | 2011년 9월 30일

지 은 이 | 손석원
펴 낸 이 | 채종준
펴 낸 곳 | 한국학술정보(주)
주 소 | 경기도 파주시 문발동 파주출판문화정보산업단지 513-5
전 화 | 031) 908-3181(대표)
팩 스 | 031) 908-3189
홈페이지 | http://ebook.kstudy.com
E-mail | 출판사업부 publish@kstudy.com
등 록 | 제일산-115호(2000. 6. 19)

ISBN 978-89-268-2653-9 93230 (Paper Book)
978-89-268-2654-6 98230 (e-Book)

내일을여는지식 은 시대와 시대의 지식을 이어 갑니다.